Theorie und Praxis des Arbeitsrechts

herausgegeben von der Stiftung Theorie und Praxis
des Arbeitsrechts (Wolfgang-Hromadka-Stiftung)

Band 24

Sophie-Marie Hörer

Schutz vor unredlichem Whistleblowing durch Auskunftsansprüche Beschuldigter

Nomos

Onlineversion
Nomos eLibrary

Die Deutsche Nationalbibliothek verzeichnet diese Publikation in
der Deutschen Nationalbibliografie; detaillierte bibliografische
Daten sind im Internet über http://dnb.d-nb.de abrufbar.

Zugl.: Regensburg, Universität, Diss., 2024

u.d.T.: Schutz vor unredlichem Whistleblowing durch
Auskunftsansprüche Beschuldigter

ISBN 978-3-7560-1860-4 (Print)
ISBN 978-3-7489-4593-2 (ePDF)

1. Auflage 2024
© Nomos Verlagsgesellschaft, Baden-Baden 2024. Gesamtverantwortung für Druck
und Herstellung bei der Nomos Verlagsgesellschaft mbH & Co. KG. Alle Rechte, auch die
des Nachdrucks von Auszügen, der fotomechanischen Wiedergabe und der Übersetzung,
vorbehalten. Gedruckt auf alterungsbeständigem Papier.

Vorwort

Die vorliegende Arbeit wurde im Wintersemester 2023/2024 von der Fakultät für Rechtswissenschaft an der Universität Regensburg als Dissertation angenommen. Literatur und Rechtsprechung befinden sich auf dem Stand von Januar 2024.

Mein besonderer Dank gilt meinem Doktorvater, Herrn Professor Dr. *Frank Maschmann*, für die wissenschaftliche Förderung, sein persönliches Engagement und die hervorragende Betreuung in jeder Phase der Promotion. Ihm verdanke ich nicht nur die Anregung für diese Arbeit, sondern auch mein Interesse am Arbeitsrecht. Herrn Professor Dr. *Reinhard Richardi* danke ich sehr für die zügige Erstellung des Zweitgutachtens.

Der Stiftung Theorie und Praxis des Arbeitsrechts (Wolfgang-Hromadka-Stiftung) danke ich für die Aufnahme in ihre Schriftenreihe und den großzügig gewährten Druckkostenzuschuss.

Mein herzlicher Dank gilt meinen Kolleginnen und Kollegen am Lehrstuhl, insbesondere Frau *Gisela Schober*, die meine Zeit an der Universität Regensburg geprägt haben und auf deren Unterstützung ich mich stets verlassen konnte. Genauso danke ich meinen Freunden, *Jens Bauer*, Dr. *Isabella Clemm*, *Samuel Gafuß*, *Corinna Huber* und *Myriam Sauter*, die mir mit Rat und Tat während der Promotionszeit stets zur Seite standen. Nicht zuletzt danke ich *Amelie Hörer* und Dr. *Jonas Niepmann* für ihren Zuspruch.

Der größte Dank gebührt meinen Eltern, *Helga* und *Guido Hörer*, ohne die diese Arbeit nicht vorstellbar gewesen wäre. Ihr bedingungsloser Rückhalt und ihre immerwährende Unterstützung haben mich und meinen Ausbildungsweg wesentlich geprägt. Ihnen widme ich diese Arbeit.

Sophie-Marie Hörer, Regensburg

Inhaltsverzeichnis

Einführung 15
A. Problemdarstellung 15
B. Die konfligierenden Interessen im Kontext widerrechtlicher
   Hinweisgebermeldungen 16
    I. Die benachteiligte Position des Beschuldigten 17
    II. Die Zwangslage des Arbeitgebers 19
    III. Das Interesse des hinweisgebenden Arbeitnehmers 20
C. Gang der Arbeit 21

Kapitel 1: Rechtliche Rahmenbedingungen 25
A. Datenschutzgerechte Gestaltung der Datenströme und
   Rechtsgrundlagen 25
    I. Eröffnung des Anwendungsbereichs der DS-GVO 25
     1. Personenbezogene Daten i.S.d. Art. 4 Nr. 1 DS-GVO 26
     2. Verarbeitung i.S.d. Art. 4 Nr. 2 DS-GVO 28
      a) Strukturierung der Datenströme im Kontext von
       Hinweisgebersystemen 29
      b) Datenschutzrechtliche Vereinbarkeit der
       Verarbeitungsvorgänge im Hinweisgebersystem 30
     3. Zwischenergebnis 30
    II. Rechtsgrundlagen für die Datenverarbeitung in
     Hinweisgebersystemen 31
     1. Die Relevanz der Einwilligung 31
     2. Die Verarbeitung der gemeldeten Informationen durch
      die interne Meldestelle 32
      a) § 12 HinSchG als Rechtspflicht i.S.d. Art. 6 Abs. 1
       lit c. DS-GVO 33
      b) § 10 HinSchG als eigener Erlaubnistatbestand? 34
      c) Zwischenergebnis 35
     3. Der Auffangtatbestand des Art. 6 Abs. 1 lit. f DS-GVO 36
     4. Zwischenergebnis 37

Inhaltsverzeichnis

B. Das datenschutzrechtliche Auskunftsrecht gemäß Art. 15 Abs. 1 DS-GVO   37
    I. Telos des Anspruchs   38
    II. Recht auf Auskunft gemäß Art. 15 Abs. 1 DS-GVO   39
      1. Voraussetzungen   39
        a) Personenbezogenes Datum i.S.d. Art. 4 Nr. 1 DS-GVO   40
        b) Verarbeitung i.S.d. Art. 4 Nr. 2 DS-GVO   41
      2. Abgrenzung zu § 83 Abs. 1 BetrVG   41
        a) Inhalt des betriebsverfassungsrechtlichen Akteneinsichtsrechts   41
        b) Verhältnis zum datenschutzrechtlichen Auskunftsanspruch   42
          aa) § 83 Abs. 1 BetrVG als spezifischere Vorschrift?   44
          bb) Unbeschränktes Einsichtsrecht?   45
        c) Zusammenfassung   47
      3. Der Inhalt der Auskunft über personenbezogene Daten gemäß Art. 15 Abs. 1 DS-GVO   47
      4. Die Auskunft über die Herkunft der Daten gemäß Art. 15 Abs. 1 S. 1 Hs. 2 lit. g DS-GVO   48
      5. Datenverarbeitung durch Offenlegung gegenüber dem Auskunftsberechtigten   50
      6. Rechtliche Durchsetzung des Auskunftsanspruchs   53
        a) Antrag   53
          aa) Verfolgung anderer Zwecke als die Überprüfung der Rechtmäßigkeit   54
          bb) Präzisierungsobliegenheit des Antragstellers   54
        b) Antragsgegner   56
          aa) Grundsatz: Entscheidungsbefugnis des Arbeitgebers   57
             (i) Anknüpfungspunkt für die Entscheidungsbefugnis   57
             (ii) Entscheidungsbefugnis des Arbeitgebers für Datenverarbeitungsvorgänge im Hinweisgeberkontext   58

bb) Verantwortlichkeit der unternehmensinternen
Meldestelle? 60
(i) Kompetenz der Meldestelle 60
(ii) Konsequenzen für die Beurteilung des
Antragsgegners 61
(1) Entscheidungsbefugnis 61
(2) Adressat des
Vertraulichkeitsgebots 64
(3) Gemeinsame Verantwortlichkeit 64
(4) Auftragsdatenverarbeitung 65
cc) Verantwortlichkeit einer unternehmensfremden
Meldestelle? 66
(i) Vorteile externalisierter Meldestellen 66
(ii) Besonderheiten bei Auslagerung der
Meldestelle an eine Ombudsperson 67
(iii) Konsequenzen für die
Verantwortlichkeit in Bezug auf
das Auskunftsverlangen 67
dd) Konsequenzen für den Auskunftsantrag 73
ee) Zusammenfassung 74
c) Erfüllung 74
d) Gerichtliche Geltendmachung 75
7. Zusammenfassung 77

Kapitel 2: Das Abwägungserfordernis im Anwendungsbereich des
HinSchG 79

A. Die Entscheidung über das Auskunftsverlangen im Einzelfall 79
I. Einschränkung des Auskunftsanspruchs im Kontext des
HinSchG 80
1. Persönlicher und sachlicher Anwendungsbereich 81
2. Adressat des HinSchG 82
II. Materiell-rechtliche Perspektive: Die Verweigerung der
Auskunft mangels Vertraulichkeitsinteresse 82
1. Gewährleistung des Vertraulichkeitsgebots 83
2. Anforderungen an das Vertraulichkeitsgebot gemäß § 8
HinSchG 85
a) Beurteilungsmaßstab 85
b) Subjektive Komponente 86

Inhaltsverzeichnis

3. Ausschluss des Vertraulichkeitsgebots, § 9 Abs. 1 HinSchG	88
4. Zusammenfassung	89
5. Konsequenzen für die Abwägungsentscheidung	89
a) Datenschutzrechtliche Grundlage der §§ 8, 9 HinSchG	90
b) Kritische Würdigung	90
c) Zusammenfassung	94
B. Implementierung in die Entscheidung über den datenschutzrechtlichen Auskunftsanspruch	95
I. Feststellung der Beurteilungsgrundlage bei außergerichtlicher Geltendmachung des Auskunftsanspruchs	96
II. Wertungsmäßige Verteilung der Beweislast im gerichtlichen Verfahren	99
1. Die Darlegungs- und Beweislastverteilung in Bezug auf den Auskunftsanspruch gemäß Art. 15 Abs. 1 DS-GVO	99
a) Rechtslage vor Inkrafttreten des HinSchG	100
b) Rechtslage seit Einführung des HinSchG	101
2. Auflösung der Beweisproblematik	102
a) Anwendung der sekundären Darlegungslast auf das Merkmal des Wahrheitsgehalts	103
aa) Informationsgefälle	103
bb) Zumutbarkeit der Offenlegung für den Arbeitgeber	104
b) Anwendung der sekundären Darlegungslast auf das Merkmal des Verschuldens	105
aa) Informationsdefizit und Zumutbarkeit der Offenlegung	105
bb) Erfordernis einer Beweislastumkehr?	106
c) Die sekundäre Darlegungslast als Lösung der Beweisproblematik?	108
3. Konsequenz der sekundären Darlegungslast im Prozess	110
4. Anforderungen an die Darlegungslast sowie die Sorgfaltspflichten des Arbeitgebers	111
a) Offenlegung der durchgeführten Ermittlungsmaßnahmen und -ergebnisse	111
b) Offenlegung der Motive des Hinweisgebers?	113

c) Nachforschungsobliegenheit des Hinweisgebers 114
    aa) Begründung einer Obliegenheit für den
        Hinweisgeber 115
    bb) Konsequenz einer Nachforschungsobliegenheit 119
III. Zusammenfassung 119

Kapitel 3: Die Grenze des Auskunftsanspruchs bei Sachverhalten außerhalb des HinSchG 121

A. Die Einschränkung des Auskunftsanspruchs qua Gesetz oder Vertrag? 122
  I. Art. 15 Abs. 4 DS-GVO 122
    1. Anwendbarkeit auf Art. 15 Abs. 1 DS-GVO 123
    2. Begründung der Abwägungsentscheidung nach Ansicht des BGH 125
    3. Inhalt 126
    4. Gewährleistung des Verhältnismäßigkeitsprinzips 130
    5. Rechtsfolge 131
  II. Die Öffnungsklausel des Art. 23 Abs. 1 DS-GVO 132
  III. Erlass von § 29 Abs. 1 BDSG als Realisierung der Gestaltungsmöglichkeit i.S.d. Öffnungsklausel 133
    1. Überwiegend berechtigte Interessen eines Dritten 133
    2. Vereinbarkeit mit Unionsrecht 134
    3. Zwischenergebnis 136
  IV. Einschränkung des Auskunftsanspruchs durch Betriebsvereinbarung, Art. 88 DS-GVO 137
    1. Erlaubnistatbestand für die Datenverarbeitung im Rahmen einer Betriebsvereinbarung 137
        a) Bedeutungsverlust der datenschutzrechtlichen Generalklausel 138
        b) Konsequenzen für § 26 Abs. 4 BDSG 138
    2. Rechte des Betriebsrats 139
    3. Erlass einer unbedingten Vertraulichkeitszusage im Rahmen einer Betriebsvereinbarung 140
        a) Allgemeine inhaltliche Anforderungen 141
        b) Verschärfung der datenschutzrechtlichen Vorgaben durch Betriebsvereinbarung 142
    4. Zulässige kollektivrechtliche Regelungen im Kontext des Auskunftsverlangens 144

Inhaltsverzeichnis

V. Einschränkung des Auskunftsanspruchs durch Abschluss einer Vertraulichkeitsvereinbarung	145
VI. Zusammenfassung	147
B. Die verfassungsrechtlichen Grundlagen der konfligierenden Interessen	148
I. Europäischer Grundrechtsschutz	150
1. Primärrechtliche Bindung des Datenschutzrechts	150
a) Integration der verfassungsrechtlichen Garantien in das datenschutzrechtliche Mehrebenensystem	150
b) Drittwirkung der Charta-Grundrechte und Ausstrahlung in Privatrechtsverhältnisse	152
c) Rechts- und Rechtserkenntnisquellen des Datenschutzrechts	154
aa) Art. 8 EMRK und die Rechtsprechung des EGMR	154
(i) Anwendbarkeit der EMRK und der Rechtsprechung des EGMR auf das Datenschutzgrundrecht	154
(ii) Gewährleistung eines Mindestschutzstandards	155
bb) Kongruenter Grundrechtsschutz durch Art. 8 GRCh und 16 AEUV?	156
2. Zwischenergebnis	157
II. Nationaler Grundrechtsschutz	157
1. Das Recht auf informationelle Selbstbestimmung durch das Volkszählungs-Urteil	157
2. Bedeutungsverlust durch europäisiertes Datenschutzrecht	159
III. Verfassungsrechtlich geschützte Interessen der beteiligten Parteien	159
1. Interessen des Auskunftsberechtigten	160
a) Abwägungsrelevante Charta-Grundrechte	160
aa) Dogmatik des Datenschutzgrundrechts	161
bb) Verhältnis von Art. 7 GRCh zu Art. 8 GRCh	161
cc) Zwischenergebnis	163
b) Verfassungsrechtliche Gewährleistung des Rechts auf Schutz personenbezogener Daten	163
c) Der Fair-Trial-Grundsatz gemäß Art. 47 GRCh	165

d) Der Schutz durch die EMRK	166
2. Interessen des Unternehmens	167
a) Schutz der unternehmerischen Freiheit gemäß Art. 16 GRCh	168
b) Einbeziehung der EMRK	170
3. Interessen des Hinweisgebers	171
a) Das Recht auf Schutz personenbezogener Daten aus Sicht des Hinweisgebers	171
b) Die Relevanz des Rechts auf Meinungsfreiheit	171
IV. Die Implikation der verfassungsrechtlichen Grundlagen für eine Abwägungsentscheidung	175
V. Zwischenergebnis	177
C. Kriterien für die Abwägungsentscheidung des Arbeitgebers im Einzelfall	178
I. Wahrheitsgehalt einer Meldung	178
II. Verschuldensvorwurf bei unberechtigten Anzeigen	180
1. Nachforschungspflichten des Hinweisgebers	181
2. Motivation des Hinweisgebers	182
3. Zwischenergebnis	183
III. Schutzbedürftigkeit des hinweisgebenden Arbeitnehmers	184
IV. Geltendmachung des Auskunftsanspruchs während laufender Ermittlungen	184
1. Interesse des Arbeitgebers	185
2. Interesse des Hinweisgebers	186
3. Auswirkung laufender interner Untersuchungen	186
V. Vorwurf eines Verstoßes mit geringem Unrechtsgehalt	188
VI. Interesse an der Funktionsfähigkeit des Hinweisgebersystems	189
VII. Zusammenfassung	191
D. Darlegungs- und Beweislastverteilung im Prozess	192
Kapitel 4: Schutz vor unredlichen anonymen Hinweisgebermitteilungen	193
A. Relevanz und Implikationen anonymer Meldungen in der Praxis	194
I. Relevanz der anonymen Meldung in der Compliance-Praxis	194

Inhaltsverzeichnis

	II. Inhalt des Auskunftsanspruchs bei anonymer Hinweisgebermeldung	196
B.	Zulässigkeit anonymer Meldungen	196
	I. Verfassungs- und datenschutzrechtliche Bedenken gegenüber anonymen Meldekanälen	196
	1. Vereinbarkeit mit verfassungsrechtlichen Vorgaben	197
	2. Vereinbarkeit mit datenschutzrechtlichen Vorgaben	198
	3. Zwischenergebnis	200
	II. Entgegennahme anonymer Meldungen im Einzelfall	200
	III. Ergebnis	202
C.	Der Umgang mit anonymen Meldungen in der Praxis	202
	I. Auswirkungen auf Folgemaßnahmen	203
	II. Auswirkung auf die Interessenabwägung	205
D.	Zusammenfassung	206

Kapitel 5: Resümee und Zusammenfassung der Ergebnisse		207
A. Abschließende Gesamtschau		207
B. Lösung des Beispielsachverhalts		211
Literatur- und Quellenverzeichnis		213

Einführung

A. Problemdarstellung

Machen Arbeitnehmer im Rahmen ihres Arbeitsverhältnisses einen Auskunftsanspruch geltend, sprechen Stimmen in der Literatur mitunter von einem „Albtraum"[1] für Arbeitgeber. Allerdings kann der Auskunftsanspruch für den zu Unrecht beschuldigten Arbeitnehmer im Falle einer bösgläubigen Whistleblowermeldung unter Umständen die einzige Möglichkeit sein, sich anschließend gegen einen solchen Hinweis zu verteidigen.

Der Auskunftsanspruch der EU-Datenschutz-Grundverordnung (DS-GVO) in Art. 15 Abs. 1 gibt Betroffenen das Recht, von Verantwortlichen Auskunft darüber zu verlangen, ob diese personenbezogene Daten über sie verarbeiten. Ist dies der Fall, sind die Verantwortlichen verpflichtet, die entsprechenden Informationen nach den Vorgaben des Art. 15 Abs. 1 DS-GVO zur Verfügung zu stellen. Dem Auskunftsrecht kommt als „Magna Charta der Betroffenenrechte"[2] entscheidende Bedeutung bei der Durchsetzung des Rechts auf informationelle Selbstbestimmung zu. Den hohen Stellenwert des Art. 15 DS-GVO verdeutlicht die primärrechtliche Verankerung des Rechts auf Auskunft in Art. 8 Abs. 2 S. 2 EU-Grundrechtecharta (GRCh): Die umfassende Auskunft über die Verarbeitung seiner personenbezogenen Daten ermöglicht dem Betroffenen die Überprüfung, ob die ihn betreffenden Daten rechtmäßig verarbeitet wurden, sodass er im Falle rechtswidriger Datenverarbeitung weitere Betroffenenrechte[3] geltend machen kann.[4]

Der datenschutzrechtlich Verantwortliche steht allerdings vor einer Herausforderung, insofern das Auskunftsrecht und der – ebenfalls primärrechtlich verankerte – Schutz von Hinweisgebern im Widerstreit stehen: Legt der Hinweisgeber über Meldekanäle ein angebliches Fehlverhalten

---

1 So etwa *Brors/Werlitz/Maschek*, DSB 2021, 147.
2 Stiftung Datenschutz/*Kühling*, Daten Debatten Bd. 1, Zukunft der informationellen Selbstbestimmung, Datenschutz und die Rolle des Rechts, S. 49, 60 f.; *Pauly/Mende*, CCZ 2022, 28, 29; BeckOK DatenschutzR/*Schmidt-Wudy*, Art. 15 DS-GVO Rn. 2.
3 Beispielsweise Art. 16 ff. DS-GVO oder Art. 82 DS-GVO.
4 Erwägungsgrund. 63 S. 1 DS-GVO; Franzen/Gallner/Oetker/*Franzen*, Art. 15 DS-GVO Rn. 1; Sydow/*Specht*, Art. 15 DS-GVO Rn. 1.

Einführung

unternehmensangehöriger Personen offen, kollidiert sein Vertraulichkeitsinteresse mit dem Auskunftsinteresse des Beschuldigten. Hinweisgebermeldungen über angebliche Pflichtverletzungen dienen dem Unternehmen oftmals als Anstoß, interne Ermittlungen zur Aufklärung einzuleiten und sind dabei richtungsweisend für den Ermittlungsprozess.[5] Während Hinweisgeber durch das am 02.07.2023 in Kraft getretene Hinweisgeberschutzgesetz (HinSchG) und das dort normierte Vertraulichkeitsgebot gemäß § 8 HinSchG sowie das Verbot von Repressalien gemäß § 36 HinSchG umfassend geschützt werden, bleibt der Schutz beschuldigter Personen dahinter zurück. Die Absicherung der Interessen des redlichen Hinweisgebers, dessen Meldung zur effektiven Aufklärung von Straftaten dienen kann, ist zwar angemessen. Unwahre Meldungen an den Arbeitgeber setzen den beschuldigten Arbeitnehmer allerdings regelmäßig erheblichen Belastungen aus. Stellt sich nachträglich die Unwahrheit eines Hinweises heraus, war der Betroffene möglicherweise bereits einem persönlichkeitsrechtsbeeinträchtigenden Ermittlungsprozedere ausgesetzt. Derartige Maßnahmen und Gerüchte über ein angebliches Fehlverhalten verbreiten sich in Unternehmen oft rasant und haften dem Arbeitnehmer auch nachträglich an. Das HinSchG sieht in § 38 zwar einen Schadensersatzanspruch für Falschmeldungen vor und auch eine zivilrechtliche Haftung des unredlichen Hinweisgebers ist gemäß §§ 1004 Abs. 1 S. 1 BGB analog, 823 Abs. 1 BGB i.V.m. Art. 2 Abs. 1, Art. 1 Abs. 1 GG möglich. Die Geltendmachung dieser Ansprüche setzt allerdings jeweils die Kenntnisnahme der Identität des Hinweisgebers voraus, die dem Beschuldigten aufgrund des Vertraulichkeitsschutzes regelmäßig verwehrt bleibt.

B. *Die konfligierenden Interessen im Kontext widerrechtlicher Hinweisgebermeldungen*

Um das Konfliktpotential des Auskunftsanspruchs im Kontext von Meldungen wider besseres Wissen im Hinweisgebersystem zu veranschaulichen, bedarf es zunächst einer Darstellung der konkret widerstreitenden Interessen der beteiligten Parteien. Zur Illustration dient ein beispielhafter Sachverhalt:

Arbeitgeber V wird darüber informiert, dass Mitarbeiterin M über ein internes Hinweisgebersystem ihren Vorgesetzten B der Belästigung gegenüber

---

[5] So für Meldungen im Hochschulbetrieb *Herrmann*, OdW 2020, 65, 75.

– nicht näher benannten – weiblichen Beschäftigten beschuldigt hatte. Die Meldestelle des Arbeitgebers sichert der M Vertraulichkeit zu. B bestreitet den Vorwurf gegenüber V. Da er sicher wisse, kein Unrecht begangen zu haben, müsse es sich um eine falsche Verdächtigung handeln. Von den falschen Vorwürfen und deren Auswirkungen auf seine berufliche Stellung fühlt sich B beeinträchtigt und verlangt daraufhin Auskunft über die Identität des Hinweisgebers, um zivilrechtliche Schritte gegen die Meldung einzuleiten. V verweigert diesen Anspruch aufgrund der zugesicherten Vertraulichkeit gegenüber der Hinweisgeberin M sowie aufgrund des gesetzlich in § 8 HinSchG vorgesehenen Vertraulichkeitsschutzes. Tatsächlich hatte M berufliche Nachteile des B bezweckt, da sie dessen kürzliche Beförderung verärgert hatte.

I. Die benachteiligte Position des Beschuldigten

Der von einer Meldung betroffene Arbeitnehmer befindet sich im Falle widerrechtlichen, also vorsätzlich oder grob fahrlässig falschen Whistleblowings in einer ungünstigen Situation.

Zwar bleibt das Schutzbedürfnis des Betroffenen im HinSchG nicht gänzlich unberücksichtigt, indem nach § 1 Abs. 2 HinSchG auch Personen, die Gegenstand einer Meldung oder Offenlegung sind, geschützt werden sollen. Diese Vorgabe wird vor allem durch das Vertraulichkeitsgebot in § 8 Abs. 1 Nr. 2 HinSchG und den Schadensersatzanspruch des Beschuldigten nach einer Falschmeldung in § 38 HinSchG umgesetzt. Das HinSchG dient allerdings vorrangig dem Schutz des Hinweisgebers. Deutlich bringt dies beispielsweise § 9 HinSchG zum Ausdruck: Danach ist die Einwilligung des Hinweisgebers in die Offenlegung seiner Identität nach § 9 Abs. 3 Nr. 2 HinSchG zwingend, während eine solche einschränkende Regelung für die beschuldigte Person in § 9 Abs. 3 Nr. 3 HinSchG fehlt.[6] Auch der Schadensersatzanspruch gemäß § 38 HinSchG verhilft dem zu Unrecht Beschuldigten im Verhältnis zu zivilrechtlichen Ansprüchen nicht zu einer vereinfachten Geltendmachung seines in Folge einer Falschmeldung entstandenen Schadens.[7]

---

6 *Bayreuther*, NZA-Beil. 2022, 20, 26.
7 *Gerdemann*, Stellungnahme zu den Gesetzentwürfen BT-Drucksache 20/5992 und BT-Drucksache 20/5991, S. 17.

Einführung

Abgesehen von diesen vergleichsweise spärlichen Schutzgewährleistungen des HinSchG aus Sicht der betroffenen Person[8] stehen vor allem praktische Hindernisse der effektiven Berücksichtigung seiner Interessen entgegen. Regelmäßig ist der beschuldigten Person aufgrund des Vertraulichkeitsgebots in § 8 Abs. 1 HinSchG die Identität des Hinweisgebers nicht bekannt, sodass die Geltendmachung von Ansprüchen mangels Anspruchsgegners rein tatsächlich ausgeschlossen ist. Zwar handelt es sich bei § 8 Abs. 1 HinSchG um keinen absoluten Vertraulichkeitsschutz wie die Ausnahmeregelung in § 9 Abs. 1 HinSchG zeigt. Danach wird der unredliche Hinweisgeber grundsätzlich nicht geschützt. Dem zu Unrecht Beschuldigten mag jedoch allenfalls der Nachweis seiner Unschuld gelingen; nahezu unmöglich wird es dagegen sein, das subjektive Merkmal des vorsätzlich oder grob fahrlässigen Verhaltens des Hinweisgebers zu belegen, wenn noch nicht einmal dessen Identität bekannt ist.[9]

Auch wenn sich nachträglich die Unwahrheit eines gemeldeten Vorwurfs herausstellt, erleidet der Beschuldigte mitunter erhebliche negative Konsequenzen; etwaige Ermittlungsmaßnahmen, die im Anschluss an eine Hinweisgebermeldung eingeleitet werden, tragen zu Viktimisierung und Stigmatisierung[10] bei. Ebenso kann die Meldung je nach Informationsgehalt und Gewicht zur Beeinträchtigung des Persönlichkeitsrechts führen[11] und Anlass für die Verbreitung von Gerüchten sein, die eine erhebliche Gefahr von beruflichen und sozialen Nachteilen begründen. Dieser Situation ist der Betroffene nahezu hilflos ausgesetzt.

Dieser weitestgehenden Schutzlosigkeit des Beschuldigten kann durch die Geltendmachung des datenschutzrechtlichen Auskunftsanspruchs gemäß Art. 15 Abs. 1 DS-GVO begegnet werden. Der Auskunftsanspruch dient dem Schutz personenbezogener Daten, der primärrechtlich durch Art. 7 Abs. 1 i.V.m. Art. 8 Abs. 1 GRCh gewährleistet wird. Der Auskunftsanspruch selbst ist verfassungsrechtlich in Art. 8 Abs. 2 S. 1 GRCh garantiert. Der in einer Meldung beschuldigte Arbeitnehmer hat ein besonderes Interesse zu erfahren, welches konkrete Fehlverhalten ihm durch die Meldung des Hinweisgebers zum Vorwurf gemacht wird, um sich gegen unwahre Mit-

---

8 Ebenso kritisch *Dilling*, CCZ 2021, 60, 66 f.
9 Siehe *Gerdemann*, Stellungnahme zu den Gesetzentwürfen BT-Drucksache 20/5992 und BT-Drucksache 20/5991, S. 17.
10 DSK, Orientierungshilfe der Datenschutzaufsichtsbehörde zur Whistleblowing-Hotlines: Firmeninterne Warnsysteme und Beschäftigtendatenschutz v. 14.11.2018, S. 5.
11 *Bayreuther* in FS Schmidt, S. 690.

teilungen zur Wehr zu setzen. Daneben ist es für den betroffenen Arbeitnehmer wichtig zu wissen, von wem die ihn betreffenden Informationen stammen. Eine diesbezügliche Auskunft erlaubt es ihm, sich gegen die Vorwürfe zu verteidigen und sein durch die DS-GVO garantiertes Datenschutzrecht wahrzunehmen. Dieses Recht umfasst im Wesentlichen auch die Überprüfung der Rechtmäßigkeit der Datenverarbeitung. Eine solche Kontrolle ist jedoch in der Regel nur dann möglich, wenn der Auskunftsberechtigte vollständige Kenntnis über alle im Zusammenhang mit der Meldung verarbeiteten Daten erhält. Ergibt die Überprüfung der Rechtmäßigkeit, dass die Datenverarbeitung unrechtmäßig erfolgt ist, kann sich der Beschuldigte durch die Geltendmachung (zivilrechtlicher) Unterlassungs- oder Schadensersatzansprüche gemäß §§ 1004 Abs. 1 S. 1 BGB analog, 823 Abs. 1 BGB i.V.m. Art. 2 Abs. 1, Art. 1 Abs. 1 GG[12] bzw. § 38 HinSchG gegen Falschmeldungen zur Wehr setzen.[13]

II. Die Zwangslage des Arbeitgebers

Der Arbeitgeber gerät durch widerrechtliche Hinweisgebermeldungen sowohl aus compliance- als auch aus arbeitsrechtlicher Sicht in Bedrängnis.

Macht der beschuldigte Arbeitnehmer einen Auskunftsanspruch gemäß Art. 15 Abs. 1 DS-GVO aufgrund einer (vermeintlichen) unredlichen Hinweisgebermeldung geltend, verstößt der Arbeitgeber gegen §§ 8, 9 HinSchG, wenn er dem Beschuldigten die Identität des Hinweisgebers offenlegt, obwohl dessen Vertraulichkeitsschutz das Auskunftsinteresse überwiegt. Auf der anderen Seite droht ein Verstoß gegen Art. 15 Abs. 1 DS-GVO,[14] sofern die Rechte des Hinweisgebers dem Auskunftsanspruch nicht entgegenstehen, da er bösgläubig einen falschen Verdacht mitgeteilt hat. Eine korrekte Entscheidung kann erst dann getroffen werden, wenn dem Arbeitgeber alle sachverhaltsrelevanten Umstände bekannt sind. Dass eine vollständige (rechtzeitige) Aufklärung des Sachverhalts in der Praxis trotz der Möglichkeit interner Ermittlungen nicht immer möglich ist, löst ein Compliance-Risiko für den Arbeitgeber aus, dem sowohl bei Verstoß gegen

---

12 BGH 22.02.2022, NJW-RR 2022, 764, 769.
13 BGH 29.03.2022, ZD 2022, 497, 498; LAG Berlin-Brandenburg 30.03.2023, NZA-RR 2023, 454, 457.
14 Siehe zu den Risiken bei Erfüllung des Art. 15 DS-GVO allgemein, *Krämer/Burghoff*, ZD 2022, 428, 430 f.

Einführung

das HinSchG als auch gegen die DS-GVO Schadensersatzansprüche[15] oder Bußgeld[16] drohen.[17]

Abseits des Risikos, eine Ordnungswidrigkeit nach dem HinSchG zu begehen, hat der datenverarbeitende Arbeitgeber zudem ein Interesse daran, seine Aufgaben im Rahmen seiner Compliance-Verantwortlichkeit ordnungsgemäß zu erfüllen. Das Hinweisgebersystem soll als Compliance-Maßnahme sachgerecht und effektiv[18] dazu beitragen, präventiv Informationen über Fehlverhalten zu erlangen und repressiv gemeldete Verstöße aufzuklären, um so Schäden vom Unternehmen abwenden zu können. Aus Sicht eines Unternehmens stellt insbesondere der Schutz der Hinweisgeber vor Repressalien ein wirksames Mittel dar, um die Funktionsfähigkeit eines Whistleblower-Systems zu garantieren. In der Theorie sinkt die Hemmung, Missstände aufzudecken, je sicherer sich der Mitarbeiter sein kann, keine negativen Konsequenzen befürchten zu müssen.

Aus arbeitsrechtlicher Sicht muss der Arbeitgeber seine Fürsorge- und Rücksichtnahmepflichten gemäß §§ 611a, 241 Abs. 1 BGB gegenüber seinen Arbeitnehmern wahren.[19] Dies bedeutet, dass der beschuldigte Arbeitnehmer beispielsweise im Rahmen interner Ermittlungen nicht vorschnell verurteilt und sein Persönlichkeitsschutz nicht außer Acht gelassen werden darf. Gleichzeitig unterfällt auch der redliche Hinweisgeber der Fürsorgepflicht durch den Arbeitgeber.

Der Arbeitgeber steckt folglich in einem Dilemma, wenn er zu entscheiden hat, ob er das Auskunftsverlangen des Beschuldigten aufgrund eines entgegenstehenden Vertraulichkeitsinteresses des Hinweisgebers verweigert, ohne abschließend beurteilen zu können, ob die Meldung gerechtfertigt war oder nicht.

III. Das Interesse des hinweisgebenden Arbeitnehmers

Weitgehend synonym zum Begriff des „Whistleblowers" wird der Begriff des „Hinweisgebers" bzw. der „hinweisgebenden Person" verwendet.[20]

---

15 Art. 82 Abs. 1 DS-GVO; *Hartung/Degginger*, DB 2021, 2744, 2746; *Maschmann*, NZA-Beil. 2022, 50 f.; *Mohn*, NZA 2022, 1159.
16 § 40 Abs. 3 HinSchG bzw. Art. 83 Abs. 5 DS-GVO.
17 *Bayreuther*, NZA-Beil. 2022, 20, 27.
18 BGH 22.02.2022, NJW-RR 2022, 764, 768.
19 MüKoBGB/*Spinner*, § 611 BGB Rn. 900; *Lühning*, ZD 2023, 136, 137.
20 Ruhmannseder/Behr/Krakow/*Behr/Krakow/Ruhmannseder*, Kap. 1 Rn. 8.

Wird die Identität des Hinweisgebers durch die Erteilung der Auskunft gemäß Art. 15 Abs. 1 DS-GVO offengelegt, führt dies zum Eingriff in das Vertraulichkeitsinteresse des Hinweisgebers. Der Schutz des Hinweisgebers wird primärrechtlich durch die einheitliche Schutzverbürgung in Art. 7 Abs. 1 i.V.m. Art. 8 Abs. 1 GRCh gewährleistet.[21] Zudem kann sich der (redliche) Whistleblower auf die Meinungsfreiheit gemäß Art. 5 Abs. 1 GG[22] bzw. Art. 11 GRCh und Art. 10 EMRK[23] stützen.[24] Durch die Aufdeckung der Identität kann der Hinweisgeber firmeninternen Streitigkeiten mit Kollegen ebenso wie Repressalien und Benachteiligungen durch Vorgesetzte ausgesetzt sein.[25] Zu beachten gilt es, dass der Schutz des Hinweisgebers durch die Vorschriften des HinSchG und insbesondere durch das in § 8 HinSchG normierte Vertraulichkeitsgebot einfachgesetzlich normiert ist. Das Interesse des Hinweisgebers tritt jedoch dann hinter den Interessen des Beschuldigten zurück, wenn eine Berufung auf § 8 HinSchG aufgrund der Unredlichkeit der meldenden Person ausgeschlossen ist. In einem solchen Fall ist der Whistleblower nicht schutzbedürftig.

C. Gang der Arbeit

In Kapitel 1 werden zunächst die rechtlichen Rahmenbedingungen des Untersuchungsgegenstands erläutert. Vorangestellt werden Ausführungen zur Eröffnung des Anwendungsbereichs der DS-GVO im Kontext von Meldungen im Hinweisgebersystem. Die Verarbeitung personenbezogener Daten in diesem Zusammenhang ist Bedingung für die anschließende Geltendmachung eines Auskunftsanspruchs gemäß Art. 15 Abs. 1 DS-GVO. Der Anspruch bezieht sich auf verschiedene Datenverarbeitungsvorgänge, deren datenschutzrechtliche Zulässigkeit knapp erörtert wird.

Der Fokus liegt anschließend auf der inhaltlichen Eingrenzung des datenschutzrechtlichen Auskunftsanspruchs gemäß Art. 15 Abs. 1 DS-GVO, wobei in diesem Rahmen auch die Abgrenzung zum betriebsverfassungsrechtlichen Akteneinsichtsrecht gemäß § 83 Abs. 1 BetrVG eine Rolle spielt. Zentral für die rechtliche Geltendmachung des Auskunftsrechts ist außerdem die Frage nach dem korrekten Antragsgegner. Angesichts weitreichen-

---

21 BGH 22.02.2022, NJW-RR 2022, 764, 768.
22 BAG 15.12.2016, NZA 2017, 703, 704.
23 EGMR 12.02.2008, BeckRS 2011, 77277 Rn. 77 – Guja/Moldau.
24 *Tinnefeld/Rauhofer*, DuD 2009, 717; siehe hierzu auch Kap. 3 B. III. 3.
25 Siehe die beispielhafte Aufzählung von Repressalien in BT-Drs. 20/5992, S. 81.

Einführung

der gesetzlicher Befugnisse durch das HinSchG ist die Bestimmung der datenschutzrechtlichen Verantwortlichkeit nicht unmittelbar eindeutig.

Sodann wird in Kapitel 2 untersucht, ob und wie dem Auskunftsrecht eines zu Unrecht Beschuldigten im Anwendungsbereich des HinSchG Rechnung getragen werden kann. Hierfür bedarf es zunächst der Prüfung, welche Sachverhalte dem HinSchG unterfallen. Der Anspruch gemäß Art. 15 Abs. 1 DS-GVO gilt prinzipiell nicht uneingeschränkt; im Kontext des HinSchG beruht eine potenzielle Einschränkung auf dem Vertraulichkeitsgebot gemäß § 8 Abs. 1 HinSchG. Daher wird im Hinblick auf den materiell-rechtlichen Rahmen erläutert, unter welchen Voraussetzungen sich der unredliche Whistleblower nicht auf sein Vertraulichkeitsinteresse berufen kann. Zugleich wird die datenschutzrechtliche Verankerung der §§ 8, 9 HinSchG untersucht. Neben der materiell-rechtlichen Perspektive liegt das Hauptaugenmerk auf der prozessualen Durchsetzung des Auskunftsanspruchs. Die Bestimmungen des HinSchG führen in der Konsequenz zu einer Verteilung der Darlegungs- und Beweislast zu Ungunsten eines (unrechtmäßig) Beschuldigten, sodass zu untersuchen ist, ob eine wertungsmäßige Neuverteilung der Beweislastgrundsätze in Betracht kommt.

Im Anschluss befasst sich Kapitel 3 ausschließlich mit Sachverhalten, die nicht dem Anwendungsbereich des HinSchG unterfallen. Es gilt zu diskutieren, auf welche gesetzliche oder vertragliche Grundlage eine etwaige Einschränkung des Auskunftsanspruchs gestützt werden kann, wobei insbesondere die Frage nach einer kollektivvertraglichen Begrenzung des Anspruchs aufgeworfen wird.

Da den potenziellen Beschränkungsgrundlagen im Ergebnis jeweils eine Verhältnismäßigkeitsprüfung zu Grunde liegt und das sekundärrechtliche Auskunftsrecht ausdrücklich in Art. 8 Abs. 2 S. 2 GRCh verankert ist, sollen die verfassungsrechtlichen Grundlagen für den mehrpoligen Grundrechtskonflikt beleuchtet werden. Die Untersuchung in Kapitel 3 wird verdeutlichen, dass es an klaren Vorgaben fehlt, wie der Konflikt zwischen Auskunftsinteresse und dem Interesse anderer Personen aufzulösen ist. Vor diesem Hintergrund wird die bis dahin theoretisch besprochene Güterabwägung auf den Einzelfall übertragen, indem Kriterien definiert werden, die das Ergebnis einer Abwägungsentscheidung im Einzelfall vorhersehbar machen können.

In Kapitel 4 gilt es schließlich die speziellen Herausforderungen im Hinblick auf anonyme Meldungen in Einklang mit dem Schutzbedürfnis des zu Unrecht beschuldigten Arbeitnehmers zu bringen. Nach Überlegungen zur Zulässigkeit derartiger Meldungen soll ein praktischer Umgang insbesondere in Bezug auf etwaige Folgemaßnahmen aufgezeigt werden.

Die Arbeit schließt mit der Lösung des in der Einleitung skizzierten Beispielssachverhalts und einer Zusammenfassung der wesentlichen Ergebnisse der Untersuchung.

Kapitel 1: Rechtliche Rahmenbedingungen

In den für die Arbeit relevanten Konstellationen stehen sich das Transparenzinteresse des von einer Hinweisgebermeldung Betroffenen und der Vertraulichkeitsschutz des Whistleblowers gegenüber.

Die Konfliktsituation zwischen der beschuldigten und der hinweisgebenden Person ist Ausgangslage für die folgende Untersuchung und bedarf einer Auflösung, die den Parteien und den widerstreitenden Interessen gerecht wird. Hierfür soll zunächst der datenschutzrechtliche Kontext abgesteckt werden. Die Geltendmachung eines Auskunftsanspruchs gemäß Art. 15 Abs. 1 DS-GVO setzt die Verarbeitung personenbezogener Daten voraus. Vorab werden daher die personenbezogenen Daten, die im Rahmen einer Hinweisgebermeldung verarbeitet werden, sowie die Verarbeitungsvorgänge innerhalb eines Hinweisgebersystems bestimmt.

A. Datenschutzgerechte Gestaltung der Datenströme und Rechtsgrundlagen

Probleme im Kontext von Fällen mit Hinweisgeberbeteiligung ergeben sich vor allem da, wo datenschutzrechtliche Vorgaben und Rechte berührt werden. Die für Hinweisgebermeldungen relevanten datenschutzrechtlichen Bestimmungen werden daher vorangestellt.

I. Eröffnung des Anwendungsbereichs der DS-GVO

Die Eröffnung des Anwendungsbereichs der DS-GVO setzt gemäß Art. 2 Abs. 1 DS-GVO die Verarbeitung personenbezogener Daten voraus.[26] Werden Informationen von Whistleblowern im Kontext eines Hinweisgebersystems, sei es auf internen oder unternehmensfremden Meldewegen, weitergegeben, werden hierbei in der Regel personenbezogene Daten i.S.d. Art. 4 Nr. 1 DS-GVO verarbeitet.[27]

---

26 Taeger/Gabel/*Schmidt*, Art. 2 DS-GVO Rn. 7.
27 *Baade/Hößl*, DStR 2023, 1265, 1267; Franzen/Gallner/Oetker/*Franzen*, § 26 BDSG Rn. 26; *Rüdiger/Adelberg*, K&R 2023, 172, 175; *Thüsing/Fütterer/Jänsch*, RDV 2018,

Kapitel 1: Rechtliche Rahmenbedingungen

1. Personenbezogene Daten i.S.d. Art. 4 Nr. 1 DS-GVO

Personenbezogene Daten in diesem Sinne sind „alle Informationen, die sich auf eine identifizierte oder identifizierbare natürliche Person beziehen". Nicht erforderlich ist danach, dass eine Person namentlich in Verbindung mit einem Datum gebracht wird.[28] Es genügt stattdessen, dass weitere Informationen oder Merkmale unmittelbar oder mittelbar wie beispielsweise durch eine Telefonnummer oder eine Online-Kennung zur Identifizierung einer Person führen können.[29]

Zum Teil wird versucht, das Merkmal „Personenbezug" gemäß Art. 4 Nr. 1 DS-GVO bereits auf Tatbestandsebene durch einschränkende Auslegung einzugrenzen.[30] Die überwiegend vertretene Meinung und auch der EuGH[31] lassen dagegen eine Tendenz hin zu einem unbeschränkten Begriffsverständnis erkennen.[32] Bereits zur alten Rechtslage vor Einführung der DS-GVO beurteilte die Art.-29-Datenschutzgruppe ein personenbezogenes Datum maßgeblich danach, ob die Information ein Inhalts-, Zweck- oder Ergebniselement impliziert.[33] Ein Personenbezug kann entsprechend dieser Kriterien hergestellt werden, wenn die verarbeiteten Informationen von der Person handeln (Inhaltselement), die Verwendung der Daten zu einer Beurteilung oder Beeinflussung der betroffenen Person führen (Zweckelement) oder sich die verarbeiteten Informationen auf die Rechte

---

133, 135; *Sixt*, Whistleblowing im Spannungsfeld von Macht, Geheimnis und Information, S. 275.

28 Franzen/Gallner/Oetker/*Franzen*, Art. 4 DS-GVO Rn. 4.
29 Vgl. Art. 4 Nr. 1 Hs. 2 DS-GVO Franzen/Gallner/Oetker/*Franzen*, Art. 4 DS-GVO Rn. 4; Kühling/Buchner/*Klar/Kühling*, Art. 4 Nr. 1 DS-GVO Rn. 18 f.; BeckOK DatenschutzR/*Schild*, Art. 4 DS-GVO Rn. 14 ff.
30 So *Härting*, CR 2019, 219, 224 mit Bezugnahme auf die Rechtsprechung des England and Wales Court of Appeal (Civil Division) 16.2.2017, BeckRS 2017, 156713; ablehnend, *Engeler/Quiel*, NJW 2019, 2201, 2202; *Klachin/Schaff/Rauer*, ZD 2021, 663, 664; *Lembke/Fischels*, NZA 2022, 513, 516; einschränkend auch LG Köln, 19.06.2019, BeckRS 2019, 12820 Rn. 23.
31 EuGH 04.05.2023, NJW 2023, 2253, 2254 Rn. 23 – Österreichische Datenschutzbehörde; EuGH 20.12.2017, NJW 2018, 767 f. Rn. 34 – Nowak/Data Protection Commissioner.
32 BGH 15.06.2021, NJW 2021, 2726, 2728; OLG München 04.10.2021, BeckRS 2021, 29747 Rn. 20 f.; *Lembke/Fischels*, NZA 2022, 513, 516; *Brink/Joos*, ZD 2019, 483, 486; so auch EDPB Guidelines 01/2022, Version 2.0 v. 28.03.2023, S. 16 Rn. 35.
33 Art.-29-Datenschutzgruppe, WP 136, S. 11; vgl. auch Kühling/Buchner/*Klar/Kühling*, Art. 4 Nr. 1 DS-GVO Rn. 14; Schantz/Wolff/*Schantz*, Das neue Datenschutzrecht, Rn. 274.

und Interessen einer Person auswirken können (Ergebniselement).³⁴ Dabei genügt ein Datum den Anforderungen des Art. 4 Nr. 1 DS-GVO, sobald es eines der drei Elemente enthält.³⁵ Dieser Beurteilung entspricht im Wesentlichen auch die Rechtsprechung des EuGH, die einen Personenbezug annimmt, „wenn die Information aufgrund ihres Inhalts, ihres Zwecks oder ihrer Auswirkungen mit einer bestimmten Person verknüpft ist"³⁶. Auch der BGH vertritt eine weite Auslegung des Tatbestandsmerkmals und urteilt, dass dieses nicht auf sensible oder private Informationen beschränkt ist:³⁷ Maßgeblich sei vielmehr allein der Personenbezug eines Datums, unabhängig davon, ob die Information subjektiver oder objektiver Natur ist.³⁸ So stellte der BGH beispielsweise in seiner Entscheidung vom 22.02.2022 für die Informationen „starke Geruchsbelästigung und Ungeziefer im Treppenhaus" fest, dass es sich um Daten i.S.d. Art. 4 Nr. 1 DS-GVO handelt, da diese durch die Verknüpfung mit der Wohnung des Beschuldigten Personenbezug erhalten.³⁹ Eine Begrenzung auf Tatbestandsebene ist danach richtigerweise abzulehnen.

Die Definition der personenbezogenen Daten i.S.d. Art. 4 Nr. 1 DS-GVO umfasst demgemäß auch Informationen, die im Rahmen eines Hinweisgebersystems verarbeitet werden. Regelmäßig wird der Whistleblower in seiner Meldung ausdrücklich den Namen des Beschuldigten nennen. Die Meldung über einen (vermeintlichen) Verstoß des Betroffenen beinhaltet eine Information „über" ihn,⁴⁰ sodass der Personenbezug bereits aufgrund eines Inhaltselements vorliegt. Dies gilt insofern für alle Informationen, die den Verdacht des Fehlverhaltens umschreiben – sei es Tatzeit, -ort

---

34 Art.-29-Datenschutzgruppe, WP 136, S. 11 ff.
35 Art.-29-Datenschutzgruppe, WP 136, S. 13.
36 EuGH 20.12.2017, NJW 2018, 767 f. Rn. 33 ff. – Nowak/Data Protection Commissioner; nachfolgend EuGH 04.05.2023, NJW 2023, 2253, 2254 Rn. 23 – Österreichische Datenschutzbehörde.
37 Der Begriff „personenbezogene Daten" „ist nicht auf sensible oder private Informationen beschränkt, sondern umfasst potenziell alle Arten von Informationen sowohl objektiver als auch subjektiver Natur in Form von Stellungnahmen oder Beurteilungen [...], wenn die Information aufgrund ihres Inhalts, ihres Zwecks oder ihrer Auswirkungen mit einer bestimmten Person verknüpft ist", vgl. BGH 15.06.2021, NJW 2021, 2726, 2727.
38 BGH 15.06.2021, NJW 2021, 2726, 2727 mit Verweis auf EuGH 20.12.2017, NJW 2018, 767 f. Rn. 33 ff. – Nowak/Data Protection Commissioner.
39 BGH 22.02.2022, NJW-RR 2022, 764, 766.
40 *Dzida/Granetzny*, NZA 2020, 1201, 1205; *Sixt*, Whistleblowing im Spannungsfeld von Macht, Geheimnis und Information, S. 275.

Kapitel 1: Rechtliche Rahmenbedingungen

und -hergang – und dadurch dem Betroffenen zuzuordnen sind. Dass es sich bei der Äußerung eines Verdachts zunächst regelmäßig um eine laienhafte Einschätzung des Hinweisgebers handelt, steht der Qualität als Information i.S.d. Art. 4 Nr. 10 DS-GVO nicht entgegen.[41] Maßgeblich ist allein der Bezug zur betroffenen Person, während der Wahrheitsgehalt der Information ohne Bedeutung ist.[42] Sofern der Inhalt einer Meldung eine inhalts-, zweck- oder ergebnisgerichtete Verknüpfung mit der beschuldigten Person aufweist, sind ihr die Informationen in Gänze als personenbezogene Daten zuzuordnen.[43]

Darüber hinausgehende Informationen, die nur lose mit der betroffenen Person in Zusammenhang stehen, wie beispielsweise interne Vermerke der Meldestelle oder des Arbeitgebers, sind ebenfalls vom weiten Begriffsverständnis des personenbezogenen Datums umfasst. Zwar fehlt es diesen Daten ggf. an einem Inhaltselement, jedoch dienen derartige Vermerke und Daten der Beurteilung und der Beeinflussung und können sich darüber hinaus erheblich auf die Rechte und Interessen des Beschuldigten auswirken.

2. Verarbeitung i.S.d. Art. 4 Nr. 2 DS-GVO

Verarbeitung i.S.d. Art. 4 Nr. 2 DS-GVO meint „jeden mit oder ohne Hilfe automatisierter Verfahren ausgeführten Vorgang oder jede solche Vorgangsreihe im Zusammenhang mit personenbezogenen Daten wie das Erheben, das Erfassen, [...], die Speicherung, [...], die Verwendung, die Offenlegung durch Übermittlung, [...], das Löschen oder die Vernichtung".

Gehen Meldungen im Hinweisgebersystem ein, löst dies mehrere Datenverarbeitungsvorgänge aus, die in einer Vorgangsreihe ablaufen. Die einzelnen Datenströme sollen nachfolgend systematisch dargestellt werden.

---

41 Ehmann/Selmayr/*Klabunde*, Art. 4 DS-GVO Rn. 9.
42 Ehmann/Selmayr/*Klabunde*, Art. 4 DS-GVO Rn. 9.
43 So für Schreiben einer Person an einen Dritten, Kühling/Buchner/*Klar/Kühling*, Art. 4 Nr. 1 DS-GVO Rn. 39.

a) Strukturierung der Datenströme im Kontext von Hinweisgebersystemen

Bereits der erste Erhalt der Meldung ist vom Begriff des Art. 4 Nr. 2 DS-GVO umfasst.[44] Dadurch gelangt die Information über ein mögliches Fehlverhalten in den Verfügungsbereich des Verantwortlichen.[45] Das Erfassen[46] der Meldung wird durch sein aktives Tun begründet, wobei die Bereitstellung einer entsprechenden Infrastruktur zur Entgegennahme von personenbezogenen Daten genügt.[47] Der Verantwortliche, der ein Hinweisgebersystem nach den Vorgaben des § 12 HinSchG einrichtet, ermöglicht durch dieses aktive Tun die Abgabe von Hinweisen.

Eng verknüpft mit der Erfassung der Informationen ist auch deren Speicherung im Hinweisgebersystem.[48] Die gemeldeten Daten müssen nach ihrer Entgegennahme durch den Verantwortlichen in verkörperter Form gesichert werden.[49] Eine solche Aufzeichnungspflicht lässt sich hinsichtlich des Inhalts der Meldung und der Herkunft der Information aus den Dokumentations- und Verfahrensvorschriften in §§ 10, 11, 17, 28 HinSchG ableiten.[50]

Gibt die Meldestelle Informationen aufgrund etwaiger Folgemaßnahmen beispielsweise an den Arbeitgeber oder gesonderte Organisationseinheiten gemäß § 18 Nr. 4 HinSchG weiter, wird wiederum ein Datenverarbeitungsvorgang ausgelöst. Legt der Verantwortliche personenbezogene Daten durch Übermittlung gezielt offen und ermöglicht er so anderen Stellen

---

44 *Fehr*, ZD 2022, 256, 257; Ruhmannseder/Behr/Krakow/*Rieken*, Kap. 5 Rn. 390.
45 Auernhammer/Eßer/*Eßer*, Art. 4 DS-GVO Rn. 38; Kühling/Buchner/*Herbst*, Art. 4 Nr. 2 DS-GVO Rn. 21.
46 Im Gegensatz zum Erheben von Daten ist das Erfassen breiter angelegt und dient nicht nur der eigenen Beschaffung von Informationen, vgl. Auernhammer/Eßer/*Eßer*, Art. 4 DS-GVO Rn. 41; Kühling/Buchner/*Herbst*, Art. 4 Nr. 2 DS-GVO Rn. 21; dagegen im Erfassen die „technische Formgebung" sehend Simitis/Hornung/Spiecker gen. Döhmann/*Roßnagel*, Art. 4 Nr. 2 DS-GVO Rn. 16; ähnlich auch Taeger/Gabel/Arning/*Rothkegel*, Art. 4 DS-GVO Rn. 73 vom „Vorgang der Fixierung" sprechend.
47 So für die Bereitstellung eines Kontaktformulars Auernhammer/Eßer/*Eßer*, Art. 4 DS-GVO Rn. 38; Kühling/Buchner/*Herbst*, Art. 4 Nr. 2 DS-GVO Rn. 21.
48 Kühling/Buchner/*Herbst*, Art. 4 Nr. 2 DS-GVO Rn. 22.
49 Kühling/Buchner/*Herbst*, Art. 4 Nr. 2 DS-GVO Rn. 24.
50 *Peisker*, Der datenschutzrechtliche Auskunftsanspruch, S. 340; eine Dokumentation hat allerdings unter Beachtung des Vertraulichkeitsgebots nach § 8 HinSchG zu erfolgen *Dzida/Seibt*, NZA 2023, 657, 661.

Kapitel 1: Rechtliche Rahmenbedingungen

den Zugriff auf die Inhalte der Hinweisgebermeldung, liegt folglich eine Übermittlung i.S.d. Art. 4 Nr. 2 DS-GVO vor.[51]

Jede weitere Datenverarbeitung im Zusammenhang mit einer Hinweisgebermeldung kann schließlich unter den Oberbegriff des „Verwendens" gefasst werden. Sofern der Verantwortliche die personenbezogenen Daten der Meldung für einen bestimmten Zweck nutzt, verarbeitet er diese Informationen im datenschutzrechtlichen Sinne.[52] Hierunter fällt beispielsweise die Prüfung der Informationen auf ihre Stichhaltigkeit gemäß § 17 Abs. 1 Nr. 4 HinSchG.[53]

b) Datenschutzrechtliche Vereinbarkeit der Verarbeitungsvorgänge im Hinweisgebersystem

Die Vereinbarkeit von Hinweisgebermeldungen mit dem Datenschutzrecht ist unter Berücksichtigung der Vorschriften der DS-GVO gewährleistet. Um deren Ziel, den Schutz personenbezogener Daten, sicherstellen zu können, müssen die Datenströme den Vorgaben des Art. 6 DS-GVO genügen. Zur Wahrung der Rechtmäßigkeit setzt das in Art. 6 Abs. 1 DS-GVO normierte „Verbot mit Erlaubnisvorbehalt" entweder das Eingreifen einer normativen Rechtsgrundlage oder die ausdrückliche Einwilligung des von der Verarbeitung Betroffenen voraus.[54]

3. Zwischenergebnis

Werden personenbezogene Daten im Zusammenhang mit Hinweisen eines Whistleblowers innerhalb eines Hinweisgebersystems verarbeitet, ist der Anwendungsbereich der DS-GVO eröffnet. Infolgedessen kann die Geltendmachung eines Auskunftsverlangens gemäß Art. 15 Abs. 1 DS-GVO

---

[51] Simitis/Hornung/Spiecker gen. Döhmann/*Roßnagel*, Art. 4 Nr. 2 DS-GVO Rn. 26; siehe zur Übermittlung allgemein Kühling/Buchner/*Herbst*, Art. 4 Nr. 2 DS-GVO Rn. 29 ff.

[52] Siehe zur Verwendung allgemein, Simitis/Hornung/Spiecker gen. Döhmann/*Roßnagel*, Art. 4 Nr. 2 DS-GVO Rn. 24; Paal/Pauly/*Ernst*, Art. 4 DS-GVO Rn. 29; Kühling/Buchner/*Herbst*, Art. 4 Nr. 2 DS-GVO Rn. 29 ff.

[53] *Fehr*, ZD 2022, 256 f.; *Nikol*, CB 2023, 351, 352.

[54] *Baade/Hößl*, DStR 2023, 1265, 1267; Kühling/Buchner/*Buchner/Petri*, Art. 6 DS-GVO Rn. 13; SWK-ArbR/*Panzer-Heemeier*, Datenschutz Rn. 14.

begründet sein.⁵⁵ Diesem liegen die soeben beschriebenen Datenverarbeitungsvorgänge zu Grunde, die ihrerseits den datenschutzrechtlichen Rechtmäßigkeitsanforderungen entsprechen müssen. Im Folgenden werden daher zunächst die einschlägigen Erlaubnistatbestände beleuchtet.

II. Rechtsgrundlagen für die Datenverarbeitung in Hinweisgebersystemen

Nach dem „Verbot mit Erlaubnisvorbehalt"⁵⁶ muss jede Form der Verarbeitung personenbezogener Daten im Zusammenhang mit einem Hinweisgebersystem vom Tatbestand einer Erlaubnisnorm erfasst sein, unabhängig davon, ob der Verantwortliche eine öffentliche Stelle oder eine Privatperson ist.⁵⁷

Die entscheidende Datenverarbeitungsgrundlage im Zusammenhang mit Hinweisgebersystemen ist insofern Art. 6 Abs. 1 DS-GVO. Die Darstellung der Rechtmäßigkeit der einzelnen Datenströme begrenzt sich auf die Verarbeitungsvorgänge, die für die anschließende Geltendmachung des Auskunftsanspruchs von Relevanz sind: die Entgegennahme bzw. Erfassung personenbezogener Daten sowie die anschließende Verwendung der Daten beispielsweise aufgrund von Folgemaßnahmen.⁵⁸

1. Die Relevanz der Einwilligung

Eine Verarbeitung im Anwendungsbereich der DS-GVO ist nach Art. 6 Abs. 1 lit. a DS-GVO rechtmäßig, wenn die von der Datenverarbeitung betroffene Person in die Verarbeitung eingewilligt hat. Unabhängig von den strengen Anforderungen, die nach Art. 4 Nr. 11 DS-GVO an eine solche Einwilligung zu stellen sind, kommt sie im vorliegenden Kontext aus praktischen Gründen allenfalls für die Verarbeitung der Daten des Hinweisgebers selbst in Betracht. Dispositionsbefähigt ist nur derjenige, der von der Verarbeitung selbst betroffen ist.⁵⁹ Der Whistleblower kann zwar der

---

55 Dazu sogleich unter B.
56 Däubler, Gläserne Belegschaften § 2 Rn. 49a.
57 Wybitul/*Pötters/Rauer*, Art. 6 DS-GVO Rn. 7, 8.
58 Siehe für eine differenzierte Ausführung zur Einordnung und Zulässigkeit der einzelnen Datenströme im Hinweisgebersystem, *Musiol*, Hinweisgeberschutz und Datenschutz, S. 157 ff.
59 Ruhmannseder/Behr/Krakow/*Rieken*, Kap. 5 Rn. 409.

Kapitel 1: Rechtliche Rahmenbedingungen

Verarbeitung seiner eigenen, nicht jedoch der Verarbeitung der Daten des Beschuldigten oder Dritter zustimmen. Zusätzlich muss die Einwilligung freiwillig erfolgen, wobei im Beschäftigungskontext der besonderen Problematik des Über- und Unterordnungsverhältnisses und der daraus resultierenden Abhängigkeit eines Arbeitnehmers Rechnung zu tragen ist.[60] Nicht zuletzt ist die Einwilligung widerruflich[61] und stellt damit keine geeignete, praxistaugliche Rechtsgrundlage für die Datenverarbeitung im Hinweisgebersystem dar.[62] Die Verarbeitung der personenbezogenen Informationen im Kontext einer Whistleblowermeldung muss folglich auf einen anderen Erlaubnistatbestand gestützt werden.

2. Die Verarbeitung der gemeldeten Informationen durch die interne Meldestelle

Die Datenerhebung und -verarbeitung innerhalb eines Hinweisgebersystems könnte auf Art. 6 Abs. 1 lit. c DS-GVO gestützt werden.

Die Norm ist als Rechtsgrundlage für die Datenverarbeitung zur Erfüllung einer rechtlichen Verpflichtung vorgesehen. In einem solchen Fall handelt es sich um ein Gebot zur Datenverarbeitung statt um ein Verbot mit Erlaubnisvorbehalt.[63] Die rechtliche Verpflichtung des Art. 6 Abs. 1 lit. c DS-GVO setzt eine sich unmittelbar auf eine Datenverarbeitung beziehende gesetzliche Pflicht voraus.[64] Die Datenverarbeitung darf demzufolge nicht nur ‚bei Gelegenheit' Bestandteil der Erfüllung der Rechtspflicht, sondern muss immanentes Element der Norm sein. Musste eine derartige Rechtspflicht im Zusammenhang mit Meldungen im Hinweisgebersystem bis auf wenige Ausnahmen bislang abgelehnt werden,[65] ergibt sich eine solche künftig aus der Pflicht, eine interne Meldestelle einzurichten und ein entsprechendes Meldeverfahren auszuführen, vgl. § 12 HinSchG.

---

60 DSK, Orientierungshilfe der Datenschutzaufsichtsbehörde zur Whistleblowing-Hotlines: Firmeninterne Warnsysteme und Beschäftigtendatenschutz v. 14.11.2018, S. 7; im Ergebnis auch *Nikol*, CB 2023, 351, 352.
61 Ruhmannseder/Behr/Krakow/*Rieken*, Kap. 5 Rn. 410.
62 *Nikol*, CB 2023, 351, 352; *Rüdiger/Adelberg*, K&R 2023, 172, 175.
63 Taeger/Gabel/*Taeger*, Art. 6 DS-GVO Rn. 79.
64 Kühling/Buchner/*Buchner/Petri*, Art. 6 DS-GVO Rn. 76; Sydow/Marsch/*Reimer*, Art. 6 DS-GVO Rn. 46; *Piltz* in FS Taeger, S. 351, 353; BeckOK Datenschutzrecht/*Albers/Veit*, Art. 6 Rn. 48; Simitis/Hornung/Spiecker gen. Döhmann/*Roßnagel*, Art. 6 DS-GVO Rn. 51.
65 So *Weidmann*, DB 2019, 2393 beispielsweise für § 25a Abs. 1 Satz 6 Nr. 3 KWG, § 23 Abs. 6 VAG und § 4d FinDAG.

a) § 12 HinSchG als Rechtspflicht i.S.d. Art. 6 Abs. 1 lit c. DS-GVO

Nach § 12 Abs. 1 S. 1 HinSchG sind Beschäftigungsgeber zur Einrichtung und zum Betrieb interner Meldestellen verpflichtet, sofern sie gemäß § 12 Abs. 2 HinSchG mindestens 50 Mitarbeiter beschäftigen oder einer branchenabhängigen Ausnahme i.S.d. § 12 Abs. 3 HinSchG unterfallen. Danach ergibt sich eine Rechtspflicht i.S.d. Art. 6 Abs. 1 lit. c DS-GVO, die zur Datenverarbeitung ermächtigt.[66] Dass die Pflicht ausdrücklich lediglich auf die Errichtung und den Betrieb der Meldestelle Bezug nimmt, steht der Annahme einer Rechtspflicht i.S.d. Art. 6 Abs. 1 lit. c DS-GVO nicht entgegen. Muss eine interne Meldestelle betrieben werden, impliziert dies die Pflicht zur Datenerfassung.[67] Mit § 12 HinSchG wird zudem ein öffentliches Interesse i.S.d. Art. 6 Abs. 3 S. 4 DS-GVO verfolgt. Die Zwecke des HinSchG – der Schutz von Hinweisgeberinteressen und die Schaffung von Rechtssicherheit[68] – schlagen sich in der Pflicht zur Errichtung interner Meldestellen nieder.

Neben der Entgegennahme kann auch die Verwendung der Daten im Zusammenhang mit der Prüfung, ob der Anwendungsbereich des HinSchG eröffnet ist und die Überprüfung der Stichhaltigkeit gemäß § 17 Abs. 1 Nr. 2 und Nr. 4 HinSchG auf den Erlaubnistatbestand des § 6 Abs. 1 lit. c DS-GVO gestützt werden.[69] Die Rechtspflicht für die konkrete Datenverarbeitung ergibt sich aus dem soeben genannten Art. 17 Abs. 1 Nr. 2 und Nr. 4 HinSchG. Danach *„prüft"* die Meldestelle, ob das HinSchG eröffnet und die Meldung stichhaltig ist. Der Wortlaut macht insofern deutlich, dass es sich hierbei um eine Verpflichtung handelt und der Meldestelle gerade keine Entscheidungsfreiheit verbleibt. Obschon die Aufgaben in § 17 Abs. 1 Nr. 2 und Nr. 4 HinSchG nicht ausdrücklich eine Pflicht zur Datenverarbeitung normieren, stellt die Vorschrift einen ausreichenden Bezug zur Datenverarbeitung her. Eine Meldestelle führt das Meldeverfahren nur

---

66 *Baade/Hößl*, DStR 2023, 1265, 1267; *Bayreuther*, NZA-Beil. 2022, 20, 22; Ruhmannseder/Behr/Krakow/*Berger*, Kap. 5 Rn. 413; *Fehr*, ZD 2022, 256, 257; *Mengel*, Compliance und Arbeitsrecht, § 1 Rn. 40; *Schmidt*, Regelungsoptionen des deutschen Gesetzgebers zum Whistleblower-Schutz in Umsetzung der EU-RL 2019/1937, S. 299.
67 *Schmidt*, Regelungsoptionen des deutschen Gesetzgebers zum Whistleblower-Schutz in Umsetzung der EU-Richtlinie 2019/1937, S. 299; *Sixt*, Whistleblowing im Spannungsfeld von Macht, Geheimnis und Information, S. 288; *Musiol*, Hinweisgeberschutz und Datenschutz, S. 283.
68 BT-Drs. 20/5992, S. 1.
69 So auch *Rüdiger/Adelberg*, K&R 2023, 172, 177.

dann rechtmäßig durch, wenn sie die in § 17 Abs. 1 Nr. 2 und Nr. 4 HinSchG genannten Aufgaben erfüllt.[70] Unterlässt sie eine solche Prüfung, die eine Verarbeitung personenbezogener Daten zwingend voraussetzt, verstößt sie gegen eine Pflicht aus dem HinSchG. Im Übrigen sind andere als die genannten Aufgabennormen der Meldestelle oder anderer Einheiten gemäß §§ 16, 17, 18 HinSchG nicht Inhalt einer Rechtspflicht.[71] Diese Normen enthalten keine Verpflichtung, die sich unmittelbar auf die Datenverarbeitung bezieht, was für den Rückgriff auf Art. 6 Abs. 1 lit. c allerdings zwingende Voraussetzung ist.[72] Beispielsweise „kann" die Meldesstelle gemäß § 18 Nr. 4 HinSchG das Verfahren abgeben. Der Meldestelle verbleibt insofern ein Beurteilungsspielraum, der einer Rechtspflicht entgegensteht.[73] Angesichts der Schutzbedürftigkeit, die dem Hinweisgeber im Anwendungsbereich des HinSchG zukommt und etwaiger Folgemaßnahmen, die abhängig von der Plausibilität einer Meldung sein können, ist die Annahme einer Rechtspflicht abzulehnen.

b) § 10 HinSchG als eigener Erlaubnistatbestand?

Dagegen wird teilweise argumentiert, dass sich die Rechtmäßigkeit der Datenverarbeitung unmittelbar aus der Verarbeitungsbefugnis des § 10 HinSchG ergebe.[74] Folgt man dieser Ansicht, dient § 10 HinSchG Unternehmen im Anwendungsbereich des HinSchG künftig als spezieller Erlaubnistatbestand für die Verarbeitung personenbezogener Daten, die im Zusammengang mit der internen Meldestelle anfallen.[75] Dass Mitgliedstaaten spezifischere Bestimmungen vorsehen können, lasse sich Art. 6 Abs. 3 S. 3, Abs. 2 DS-GVO entnehmen,[76] wobei die Vertreter dieser Ansicht im HinSchG eine entsprechende rechtliche Verpflichtung sehen.

---

70 Vgl. *Rüdiger/Adelberg*, K&R 2023, 172, 177.
71 So wohl *Nikol*, CB 2023, 351, 352; dagegen pauschalierend, *Fehr*, ZD 2022, 256, 257 f.
72 Vgl. Kühling/Buchner/*Buchner/Petri*, Art. 6 DS-GVO Rn. 76; *Nikol*, CB 2023, 351, 352.
73 So auch *Musiol*, Hinweisgeberschutz und Datenschutz, S. 294.
74 *Bayreuther*, NZA-Beil. 2022, 20, 22; *Fehr*, ZD 2022, 256, 258; *Fehr*, DB 2023, 180, 182; ablehnend *Nikol*, CB 2023, 351, 352; *Rüdiger/Adelberg*, K&R 2023, 172, 177.
75 *Mengel*, Compliance und Arbeitsrecht, § 7 Rn. 59; *Bruns*, NJW 2023, 1609, 1616; *Fehr*, DB 2023, 180, 182.
76 Die lediglich klarstellende Funktion des Art. 6 Abs. 2 DS-GVO betonend Kühling/Buchner/*Buchner/Petri*, Art. 6 DS-GVO Rn. 93.

Richtigerweise stützt sich demgegenüber die Datenverarbeitung im Anwendungsbereich des HinSchG – jedenfalls für die Erfassung der Daten[77] – auf Art. 6 Abs. 1 lit. c DS-GVO i.V.m. mit § 12 HinSchG.[78] Da § 10 HinSchG auf keine datenschutzrechtliche Öffnungsklausel gestützt werden kann,[79] kann die Norm nicht als eigener Erlaubnistatbestand verstanden werden. Art. 6 Abs. 2 und 3 DS-GVO sieht zwar prinzipiell die Kompetenz zur Schaffung mitgliedstaatlicher Regelungen vor; hierbei handelt es sich allerdings um keine generelle Öffnungsklausel.[80] Die Vorschrift eröffnet mitgliedstaatliche Kompetenz vielmehr ausschließlich zu den in Art. 6 Abs. 1 lit. c DS-GVO benannten Zwecken, mithin zur Schaffung einer rechtlichen Verpflichtung. Eine solche Rechtspflicht kann § 10 HinSchG bereits dem Wortlaut nach nicht entnommen werden. Ausdrücklich normiert die Vorschrift lediglich die Befugnis einer Meldestelle zur Datenverarbeitung.[81] Die bloße Ermächtigung zur Verarbeitung von Daten begründet indes keine Pflicht der Meldestelle.[82]

Im Übrigen führt eine nationale Vorschrift nicht dazu, dass Art. 6 Abs. 1 lit. c DS-GVO zurücktritt.[83] Hierfür spricht insbesondere der Zweck der DS-GVO, eine Aufsplittung eines einheitliches Datenschutzgrundrechts durch unterschiedliche mitgliedsstaatliche Bestimmungen zu verhindern.

c) Zwischenergebnis

Für die Datenverarbeitungsvorgänge der Entgegennahme und der Verwendung i.S.d. § 17 Abs. 1 Nr. 2 und 4 HinSchG ist Art. 6 Abs. 1 lit. c DS-GVO

---

77 *Croonebrock/Hansen*, ArbR 2022, 139, 141.
78 *Nikol*, CB 2023, 351, 352.
79 *Rüdiger/Adelberg*, K&R 2023, 172, 177.
80 Vgl. Ehmann/Selmayr/*Heberlein*, Art. 6 DS-GVO Rn. 39; a.A. Simitis/Hornung/Spiecker/*Roßnagel*, Art. 6 DS-GVO Rn. 22 ff.; der Rückgriff auf die Öffnungsklausel in Art. 88 DS-GVO ist aufgrund des umfangreichenden Regelungsweite des § 10 HinSchG ebenfalls ausgeschlossen, vgl. ausführlich, *Musiol*, Hinweisgeberschutz und Datenschutz, S. 233 f.
81 So auch KPMG, Stellungnahme zum Entwurf eines Gesetzes für einen besseren Schutz hinweisgebender Personen sowie zur Umsetzung der Richtlinie zum Schutz von Personen, die Verstöße gegen das Unionsrecht melden, 11.05.2022, S. 3; *Nikol*, CB 2021, 351, 352.
82 Auernhammer/*Kramer*, Art. 6 DS-GVO Rn. 53; BeckOK DatenschutzR/*Albers/Veit*, Art. 6 DS-GVO Rn. 48 f.; Sydow/Marsch/*Reimer*, Art. 6 DS-GVO Rn. 37; *Musiol*, Hinweisgeberschutz und Datenschutz, S. 235; *Nikol*, CB 2021, 351, 352.
83 Gola/Heckmann/*Schulz*, Art. 6 DS-GVO Rn. 55.

i.V.m. der entsprechenden Rechtspflicht des HinSchG Ermächtigungstatbestand. Für die übrigen Datenströme, insbesondere die Datenströme im Zusammenhang mit Folgemaßnahmen, bedarf es einer abweichenden Erlaubnisnorm.

3. Der Auffangtatbestand des Art. 6 Abs. 1 lit. f DS-GVO

Für die Datenverarbeitungsvorgänge, die nicht von einer Rechtspflicht des HinSchG erfasst sind, sowie für Sachverhalte außerhalb des HinSchG kommt schließlich der Auffangtatbestand des Art. 6 Abs. 1 lit. f DS-GVO als Rechtsgrundlage in Betracht.[84] Die „zentrale Abwägungsklausel der Verordnung"[85] setzt voraus, dass die Datenverarbeitung zur Wahrung berechtigter Interessen erforderlich ist und die Interessen oder Grundrechte und Grundfreiheiten der betroffenen Person, die den Schutz personenbezogener Daten erfordern, nicht überwiegen. Im Gegensatz zu den weiteren, für konkrete Fälle vorgesehenen Erlaubnistatbestände des Art. 6 Abs. 1 DS-GVO sieht Art. 6 Abs. 1 lit. f DS-GVO ausdrücklich eine Interessenabwägung zwischen den Interessen des Verantwortlichen der Datenverarbeitung einerseits und den Interessen des Betroffenen andererseits vor.

Liegt ein berechtigtes Interesse vor, muss die konkrete Datenverarbeitung daher zum Schutz dieses Interesses erforderlich sein. Demnach muss die Verarbeitung abgesehen von ihrer Erforderlichkeit zusätzlich einer Interessenabwägung im Einzelfall standhalten.[86] Das Vorhaben, strafrechtlich relevantes Verhalten und sonstige Verstöße mit Hilfe eines Hinweisgebersystems aufzudecken, stellt prinzipiell ein berechtigtes Interesse für die Datenverarbeitung dar.[87]

---

[84] *Altenbach/Dierkes* CCZ 2020, 126, 127; *Croonenbrock/Hansen*, ArbRAktuell 2022, 139, 141; *Groß/Platzer* NZA 2017, 1097, 1102; Kühling/Buchner/*Maschmann*, § 26 BDSG Rn. 5; *Mengel*, Compliance und Arbeitsrecht, § 1 Rn. 40; *Nikol*, CB 2023, 351, 353.
[85] *Herfurth*, ZD 2018, 514.
[86] Wybitul/*Pötters/Rauer*, Art. 6 DS-GVO Rn. 46 f.
[87] Ruhmannseder/Behr/Krakow/*Berger*, Kap. 5 Rn. 414; *Groß/Platzer*, NZA 2017, 1097, 1102; *Rüdiger/Adelberg*, K&R 2023, 172, 175.

4. Zwischenergebnis

Die Zulässigkeit einer Datenverarbeitung innerhalb eines Hinweisgebersystems bestimmt sich nach Art. 6 Abs. 1 lit. c DS-GVO i.V.m. §§ 12 ff. HinSchG sowie nach Art. 6 Abs. 1 lit. f DS-GVO.

Nach Bestimmung der für Hinweisgebermeldungen relevanten datenschutzrechtlichen Grundlagen soll im folgenden der datenschutzrechtliche Auskunftsanspruch beleuchtet werden.

B. Das datenschutzrechtliche Auskunftsrecht gemäß Art. 15 Abs. 1 DS-GVO

Der datenschutzrechtliche Auskunftsanspruch gemäß Art. 15 Abs. 1 DS-GVO führt aufgrund zahlreicher ungeklärter Rechtsfragen zu kontroversen Debatten in der Praxis.[88] Insbesondere wegen seiner weitreichenden Auslegung haftet dem Anspruch der Ruf eines ‚Discovery'-Instruments an.[89] Auch die Tatsache, dass das Auskunftsrecht häufig erst gegen Ende eines Arbeitsverhältnisses oder im Zusammenhang mit Kündigungsschutzklagen geltend gemacht wird,[90] hat die öffentliche Wahrnehmung geprägt. So wird dem Auskunftsverlangen angelastet, primär aufgrund seines „Lästigkeitswert"[91] ausgeübt zu werden. Dabei gerät in Vergessenheit, dass die sekundärrechtliche Ausgestaltung des Auskunftsrechts in Art. 15 Abs. 1 DS-GVO einem gewichtigen Ziel in Gestalt des Rechts auf Schutz personenbezogener Daten gemäß Art. 8 GRCh dient.

Im weiteren Verlauf sollen die Grundzüge des Auskunftsrechts,[92] soweit es für die Untersuchung erforderlich ist, erläutert und auf umstrittene Punkte hingewiesen werden.

---

88 Nach *Radtke*, K&R 2023, 121 werden „Auskunftsersuchen [...] zu einem noch schärferen Schwert im Datenschutzrecht".
89 Siehe *Fuhlrott*, ArbRAktuell 2020, 103, 104; *Hartung/Degginger*, DB 2021, 2744; *Riemer*, ZD 2019, 413, 414; *Riemer*, DSB 2019, 223 ff.; in Bezug auf Art. 15 Abs. 3 DS-GVO, *Sandhu*, EuZW 2023, 575, 579; ablehnend, *Dörr*, MDR 2022, 605, 608; *Koreng*, NJW 2021, 2692, 2694.
90 *Böhm/Brams*, NZA-RR 2020, 449, 451; *Hartung/Degginger*, DB 2021, 2744; *Hinrichs/Sander*, AuA 2019, 467; *Schulte/Wege*, NZA 2019, 1110, 1112; *Dörr*, MDR 2022, 605, 609.
91 *Hartung/Degginger*, DB 2021, 2744, 2747; *Hinrichs/Sander*, AuA 2019, 467; H/W/K/*Lembke*, DS-GVO Einl. Rn. 104b.
92 Siehe umfassend zur Regelungsreichweite des Art. 15 DS-GVO *Peisker*, Der datenschutzrechtliche Auskunftsanspruch, S. 165 ff.

Kapitel 1: Rechtliche Rahmenbedingungen

I. Telos des Anspruchs

Der Auskunftsanspruch ist neben Art. 13 und Art. 14 DS-GVO zentrales Instrument zur Durchsetzung des Datenschutzrechts. Als bedeutsames Betroffenenrecht fördert Art. 15 DS-GVO den Schutz personenbezogener Daten, indem er den Auskunftsberechtigten Kenntnis von Datenverarbeitungsvorgängen vermittelt. Insofern dient das Auskunftsrecht der Gewährleistung des Transparenzgebots, welches ausdrücklich in Art. 5 Abs. 1 lit. a Alt. 3 DS-GVO normiert ist. Der Betroffene soll die Möglichkeit erhalten, zu überprüfen, ob ihn betreffende personenbezogene Daten überhaupt verarbeitet wurden und ob dies rechtmäßig erfolgte, sodass er gegen rechtswidrige Datenverarbeitung weitere Betroffenenrechte, beispielsweise Art. 16 ff. DS-GVO oder Art. 82 DS-GVO, geltend machen kann.[93] Grundrechtlich sind das Auskunftsrecht und das zugrunde liegende Prinzip der Transparenz in Art. 8 Abs. 2 GRCh garantiert.[94]

Die bedeutende Rolle des Auskunftsrechts im Beschäftigungskontext lässt sich insbesondere durch die notorische Informationsasymmetrie im Arbeitsverhältnis und den Schutzbedarf des Arbeitnehmers aufgrund des Über- und Unterordnungsverhältnisses begründen. Der Arbeitgeber hat ab Beginn eines Arbeitsverhältnisses ein großes Interesse daran, möglichst viele Daten seiner Arbeitnehmer zu verarbeiten. Ein umfangreiches Datennetzwerk ermöglicht ihm eine optimale Organisation seiner Betriebsabläufe und die effiziente Nutzung seines Personals. Neben Optimierungsaspekten ist eine lückenlose Datenverarbeitung auch aufgrund der den Arbeitgeber treffenden Fürsorge- und Sorgfaltspflichten unerlässlich. Ein Unternehmen kann darüber hinaus seiner Compliance-Verantwortung nur dann gerecht werden, wenn ihm die Verarbeitung compliance-relevanter Informationen möglich ist. Diese Datenverarbeitungsvorgänge enthalten regelmäßig personenbezogene Informationen von Arbeitnehmern, die der Arbeitgeber beispielsweise in Personalakten sammelt. Für den Arbeitnehmer ergibt sich hieraus ein struktureller Nachteil gegenüber dem Arbeitgeber, der durch die Offenlegung der Datenverarbeitungsvorgänge ausgeglichen werden muss. Das BVerfG stellte bereits 1983 fest: *„Wer nicht mit hinreichender Sicherheit überschauen kann, welche ihn betreffende Informationen in bestimmten Be-*

---

93 Erwägungsgrund 63 S. 1 DS-GVO; Franzen/Gallner/Oetker/*Franzen*, Art. 15 DS-GVO Rn. 1; Sydow/*Specht*, Art. 15 DS-GVO Rn. 1.
94 Kühling/Buchner/*Bäcker*, Art. 15 DS-GVO Rn. 5; Paal/Pauly/*Paal*, Art. 15 DS-GVO Rn. 3; Paal/*Nikol*, CB 2022, 466, 467.

reichen seiner sozialen Umwelt bekannt sind, und wer das Wissen möglicher Kommunikationspartner nicht einigermaßen abzuschätzen vermag, kann in seiner Freiheit wesentlich gehemmt werden, aus eigener Selbstbestimmung zu planen oder zu entscheiden."[95]

Besonders brisant wird die Datenverarbeitung, wenn Hinweisgeber fälschlicherweise Informationen über angebliches Fehlverhalten von Arbeitnehmern mitteilen, weil dann womöglich persönlichkeitsrechtsbeeinträchtigende Daten zulasten des Betroffenen verarbeitet werden, was erhebliche berufliche und soziale Konsequenzen nach sich ziehen kann. Der beschuldigte Arbeitnehmer, der keinerlei Einfluss auf diese Vorgänge hat, ist mit einem strukturell überlegenen Arbeitgeber konfrontiert, der zugleich über einen bedeutenden Wissensvorsprung verfügt. Dieser Informationsasymmetrie versucht der Auskunftsanspruch im Beschäftigungskontext entgegenzuwirken.

II. Recht auf Auskunft gemäß Art. 15 Abs. 1 DS-GVO

1. Voraussetzungen

Alleinige Voraussetzung des Rechts auf Auskunft ist die Verarbeitung (Art. 4 Nr. 2 DS-GVO) personenbezogener Daten (Art. 4 Nr. 1 DS-GVO),[96] wobei die Art der personenbezogenen Daten für den Anspruch unerheblich ist. Einen Personenbezug i.S.d. Art. 4 Nr. 1 DS-GVO weisen Daten immer dann auf, wenn sie sich auf eine identifizierte oder identifizierbare natürliche Person beziehen. Nicht erforderlich ist danach, dass eine Person namentlich in Verbindung mit einem Datum gebracht wird.[97] Der datenschutzrechtliche Auskunftsanspruch gilt – anders als beispielsweise § 83 BetrVG – nicht ausschließlich im Arbeitsrecht,[98] sondern ist als allgemeiner Auskunftsanspruch unabhängig von dem zugrunde liegenden Verhältnis ausgestaltet. Gleichwohl kommt dem Auskunftsrecht im Arbeitsverhältnis, wie soeben erläutert, eine besondere Relevanz zu. Stehen dem Auskunftsanspruch berechtigte Versagungsgründe entgegen, sind diese vom Verantwortlichen

---

95 BVerfG 15.12.1983, BVerfGE 65, 1, 43; BVerfG, 06.11.2019, GRUR 2020, 74 Rn. 84 – Recht auf Vergessen I.
96 H/W/K/*Lembke*, DS-GVO Einl. Rn. 104e; *Lembke/Fischels*, NZA 2022, 513, 515.
97 Franzen/Gallner/Oetker/*Franzen*, Art. 4 DS-GVO Rn. 4; siehe ausführlich Kap. 1 A. I. 1.
98 *Lentz*, ArbRB 2019, 150, 151f.

Kapitel 1: Rechtliche Rahmenbedingungen

vorzubringen. Das Fehlen solcher Gründe ist dagegen keine anspruchsbegründende Voraussetzung.[99]

a) Personenbezogenes Datum i.S.d. Art. 4 Nr. 1 DS-GVO

Wie bereits festgestellt, ist der Begriff des personenbezogenen Datums umfassend zu verstehen.[100] Eine Eingrenzung des Auskunftsanspruchs auf Tatbestandsebene durch die einschränkende Auslegung des Merkmals „Personenbezug" gemäß Art. 4 Nr. 1 DS-GVO scheidet demgemäß aus.

Dem Telos des Auskunftsanspruchs in Gestalt der Überprüfung der Rechtmäßigkeit kann nur entsprochen werden, wenn der Auskunftsberechtigte alle ihn betreffenden Informationen erhält.[101] Eine klare Trennung zwischen aussagekräftigen („biographischen") Informationen[102] und nicht signifikanten Daten, wie von *Härting* vertreten,[103] ist in der Praxis nur schwer umsetzbar. Eine fehlerhafte Differenzierung würde zulasten des Auskunftsberechtigten gehen und verstieße gegen das Transparenzgebot gemäß Art. 5 Abs. 1 lit. a Alt. 3 DS-GVO.[104]

Da die Hinweisgebermeldung in ihrer Gesamtheit der Definition des personenbezogenen Datums i.S.d. Art. 4 Nr. 1 DS-GVO unterfällt,[105] bezieht sich der Anspruch gemäß Art. 15 Abs. 1 DS-GVO auf die Erteilung der Auskunft im Umfang der eingegangenen Meldung sowie auf alle im Zusammenhang mit dieser Meldung stehenden Informationen, die sich aus der weitergehenden Verarbeitung und Überprüfung der Mitteilung ergeben.

---

99 *Peisker,* Der datenschutzrechtliche Auskunftsanspruch, S. 203.
100 Siehe Kap. A. I. 1; BGH 15.06.2021, NJW 2021, 2726, 2728; OLG München 04.10.2021, BeckRS 2021, 29747 Rn. 20 f.; *Lembke/Fischels,* NZA 2022, 513, 516; *Brink/Joos,* ZD 2019, 483, 486; EDPB Guidelines 01/2022, Version 2.0 v. 28.03.2023, S. 16 Rn. 35.
101 So auch *Paal/Nikol,* CB 2022, 466, 468.
102 So aber *Härting,* CR 2019, 219, 224.
103 *Härting,* CR 2019, 219, 224.
104 In der Praxis wurden von der Rechtsprechung beispielsweise die Schreiben des Antragsstellers an den Verantwortlichen, auch solche, deren Inhalt bereits bekannt ist, sonstige Korrespondenz (BGH 15.06.2021, NJW 2021, 2726, 2728), interne Vermerke oder interne Kommunikation (BGH 15.06.2021, NJW 2021, 2726, 2728; vgl. auch OLG Köln 26.07.2019, BeckRS 2019, 16261 Rn. 63; a.A. LG Köln, 19.06.2019, BeckRS 2019, 12820 Rn. 23) und korrigierte Prüfungsarbeiten (EuGH 20.12.2017, ZD 2018, 113 – Nowak/Data Protection Commissioner) als vom Umfang des Art. 15 DS-GVO erfasst, anerkannt.
105 Siehe Kap. 1 A. I. 1.

b) Verarbeitung i.S.d. Art. 4 Nr. 2 DS-GVO

Geht eine Meldung im Hinweisgebersystem ein, löst dies eine Reihe von Datenverarbeitungsvorgängen aus, die insbesondere die Erhebung, Speicherung und Übermittlung der Informationen aus der Meldung umfassen.[106] Diese Datenverarbeitungsreihe begründet folglich einen Anspruch auf Auskunft gemäß Art. 15 Abs. 1 DS-GVO.

2. Abgrenzung zu § 83 Abs. 1 BetrVG

Vermeintliche Abgrenzungsprobleme bestehen zwischen Art. 15 DS-GVO und § 83 BetrVG, da sich sowohl der Anwendungsbereich der Vorschriften als auch ihre Zielsetzung überlagern. Der Arbeitgeber, der Personalakten i.S.d. § 83 Abs. 1 S. 1 BetrVG führt, verarbeitet gleichzeitig Daten gemäß Art. 2 Abs. 1 i.V.m. Art. 4 Nr. 2 DS-GVO.[107] Darüber hinaus dienen beide Vorschriften der Sicherstellung der Transparenz und ermöglichen dem Betroffenen die Überprüfung der Richtigkeit der gesammelten Daten.[108] Gleichzeitig gilt die DS-GVO, sofern personenbezogene Daten verarbeitet werden, als EU-Verordnung gemäß Art. 288 AEUV unmittelbar und zwingend,[109] sodass das Verhältnis zu einer nationalen Norm der Klärung bedarf.

a) Inhalt des betriebsverfassungsrechtlichen Akteneinsichtsrechts

§ 83 Abs. 1 S. 1 BetrVG normiert das Recht eines Arbeitnehmers im bestehenden Arbeitsverhältnis, Einsicht in die über ihn geführte Personalakte zu nehmen.[110] Inhaltlich ist das Einsichtsrecht damit auf den Gegenstand der Personalakte beschränkt. Der Begriff der Personalakte ist dem materiel-

---

106 Siehe Kap. 1 A. I. 2.
107 *Franzen*, NZA 2020, 1593.
108 BAG 16.11.2010, NZA 2011, 453, 456; *Franzen*, NZA 2020, 1593, 1594.
109 *Buchholtz*, DÖV 2017, 837, 838; *Düwell/Boemke/Lakies*, § 83 BetrVG Rn. 43; *Brink/Joos*, ZD 2019, 483, 485; BeckOK ArbR/*Werner*, § 83 BetrVG Rn. 19; *Wybitul/Brams*, NZA 2019, 672, 673.
110 BAG 11.05.1994, BeckRS 1004, 30749362, III.1; BAG 16.11.2010, NZA 2011, 453, 454.

Kapitel 1: Rechtliche Rahmenbedingungen

len Personalaktenbegriff zufolge allerdings großzügig auszulegen:[111] Danach sind sämtliche Unterlagen umfasst, die das persönliche und dienstliche Verhältnis eines Mitarbeiters betreffen. Maßgebliches Kriterium für die Zuordnung zur Personalakte ist indes nicht die Bezeichnung als solche, sondern allein der innere Zusammenhang zum Dienstverhältnis.[112] Eine solche Konnexität zum Arbeitsverhältnis besteht mithin für Unterlagen, die Informationen über Meldungen im Hinweisgebersystem und sich daran anschließende interne Ermittlungen enthalten.[113] Das Recht auf Einsichtnahme gibt dem Arbeitnehmer schon dem Wortlaut nach keinen Anspruch auf die Bereitstellung der Unterlagen der Personalakte in verkörperter Form.[114] Das hindert den Arbeitnehmer zwar nicht daran, im Rahmen der Einsichtnahme eigenständig Notizen oder Kopien anzufertigen; der Arbeitgeber ist hierzu dagegen nicht verpflichtet.[115] Zeitlich und örtlich sind dem Einsichtsrecht Grenzen auferlegt.[116] Der Arbeitnehmer kann sein Recht nur während der Arbeitszeit[117] und in den Räumen des Betriebs[118] wahrnehmen.

b) Verhältnis zum datenschutzrechtlichen Auskunftsanspruch

Im Hinblick auf den vergleichbaren Zweck und die partiellen inhaltlichen Überlagerungen stellt sich die Frage, auf welche Anspruchsgrundlage ein Auskunfts- bzw. Einsichtsbegehren des Arbeitnehmers in den für die Arbeit relevanten Fallkonstellationen gestützt werden kann. Die generelle

---

111 BAG 07.05.1980, AuR 1981, 124; BAG 13.04.1988, NZA 1988, 654; LAG Baden-Württemberg 12.08.2000, AuR 2001, 192; Düwell/*Boemke/Lakies*, § 83 BetrVG Rn. 4; Fitting, § 83 BetrVG Rn. 3 ff.; GK-Wiese/*Franzen*, § 83 BetrVG Rn. 4; *Hunold*, AuA 2007, 724; *Fritz/Nolden*, CCZ 2010, 170, 176.
112 BAG 19.07.2012, NZA 2013, 91; Düwell/*Boemke/Lakies*, § 83 BetrVG Rn. 4; *Franzen*, NZA 2020, 1593, 1594; Richardi/*Thüsing*, § 83 BetrVG Rn. 6; ErfK/*Kania*, § 83 BetrVG Rn. 2; Fitting, § 83 BetrVG Rn. 3; siehe Münchener Hdb/*Reichold*, § 95 Rn. 1 m.w.N.
113 LAG Baden-Württemberg 20.12.2018, NZA-RR 2019, 242, 249; GK-BetrVG/*Franzen*, § 83 Rn. 5; BeckOK ArbR/*Werner*, § 83 BetrVG Rn. 7.
114 Richardi/*Thüsing*, § 83 BetrVG Rn. 17.
115 Fitting, § 83 BetrVG Rn. 11; GK-BetrVG/*Franzen*, § 83 Rn. 23 f.; Richardi/*Thüsing*, § 83 BetrVG Rn. 17; BeckOK ArbR/*Werner*, § 83 BetrVG Rn. 7.
116 *Wünschelbaum*, BB 2019, 2102, 2106.
117 Düwell/*Boemke/Lakies*, § 83 BetrVG Rn.17; Fitting, § 83 Rn. 12; GK-BetrVG/*Franzen*, § 83 Rn. 22; Richardi/*Thüsing*, § 83 BetrVG Rn. 22; *Klasen/Schaefer*, DB 2012, 1384, 1387.
118 Richardi/*Thüsing*, § 83 BetrVG Rn. 17.

B. Das datenschutzrechtliche Auskunftsrecht gemäß Art. 15 Abs. 1 DS-GVO

Vorrangstellung der DS-GVO gemäß Art. 288 Abs. 2 AEUV tritt im Beschäftigungskontext zugunsten nationaler Vorschriften zurück, deren Erlass die Öffnungsklausel des Art. 88 DS-GVO erlaubt. Danach können für die Datenverarbeitung im Arbeitsverhältnis „spezifischere Vorschriften" erlassen werden, die die bestehenden Regelungen konkretisieren,[119] dabei jedoch gemäß Art. 88 Abs. 2 DS-GVO die Rechte der Betroffenen, insbesondere den Transparenzgrundsatz i.S.d. Art. 5 Abs. 1 lit. a Alt. 3 DS-GVO, beachten.[120]

Ungeachtet dessen wird teilweise die Ansicht vertreten, dass § 83 Abs. 1 S. 1 BetrVG für im Zusammenhang mit dem Beschäftigungsverhältnis stehende Informationen ein umfassendes Einsichtsrecht gewährt und daher als „tatbestandskongruent"[121] mit dem Auskunftsanspruch gemäß Art. 15 Abs. 1 DS-GVO zu sehen ist.[122] Als speziellere Vorschrift gehe § 83 Abs. 1 S. 1 BetrVG daher grundsätzlich dem Auskunftsrecht aus Art. 15 Abs. 1 DS-GVO vor.[123] Nur soweit Art. 15 DS-GVO über den Regelungsbereich des § 83 Abs. 1 S. 1 BetrVG hinausgehe, gelte die Vorrangstellung des betriebsverfassungsrechtlichen Einsichtsrechts nicht.[124] Diese Auffassung antizipierend, tritt das Auskunftsrecht gemäß Art. 15 Abs. 1 DS-GVO – mit Ausnahme der Auskunft über die Datenkategorien gemäß Art. 15 Abs. 1 Hs. 2 lit. a-h DS-GVO und der Auskunft über nicht in der Personalakte gesammelte Daten – hinter § 83 Abs. 1 S. 1 BetrVG zurück.

Der Ansatz, einen Vorrang des betriebsverfassungsrechtlichen Einsichtsrechts über das Kriterium der „Tatbestandskongruenz" zu begründen, überzeugt jedoch nicht.[125] Für die Entscheidung über das Verhältnis zwischen § 83 Abs. 1 BetrVG und Art. 15 Abs. 1 DS-GVO bleibt Art. 88 DS-GVO maßgebliche Grundlage.

---

119 Taeger/Gabel/*Zöll*, Art. 88 DS-GVO Rn. 12; Ehmann/Selmayr/*Selk*, Art. 88 DS-GVO Rn. 92; Schantz/Wolff/*Wolff*, Besondere Verarbeitungssituationen, Rn. 1334.
120 *Franzen*, NZA 2020, 1593, 1595; Ehmann/Selmayr/*Selk*, Art. 88 DS-GVO Rn. 117 ff.
121 Siehe zum Begriff der „Tatbestandskongruenz" BT-Drs. 18/11325, S. 79; ausführlich zur Rechtslage vor Einführung der DS-GVO, die nach *Franzen*, NZA 2020, 1593, 1596 unverändert gilt: *Gola*, RDV 2020, 169, 176.
122 Ebenso *Franzen*, NZA 2020, 1593, 1596; im Ergebnis auch *Gola*, RDV 2020, 169, 176.
123 ErfK/*Kania*, § 83 BetrVG Rn. 13; *Franzen*, NZA 2020, 1593, 1596; Düwell/*Boemke*/ Lakies, § 83 BetrVG Rn. 59; GK-BetrVG/*Franzen*, § 83 Rn. 68; Bayreuther in FS Schmidt, S. 688; im Ergebnis auch *Gola*, RDV 2020, 169, 176; so zum BDSG, ArbG Stuttgart 19.12.2017, BeckRS 2017, 155279 Rn. 80.
124 Düwell/*Boemke*/*Lakies*, § 83 BetrVG Rn. 60; Däubler, Gläserne Belegschaften § 10 Rn. 537; *Gola*, RDV 2020, 169, 176, der lediglich eine umfassende Tatbestandskongruenz ablehnt; im Ergebnis wohl auch BDDH/*Brink*/*Joos*, § 83 BetrVG Rn. 7.
125 Siehe *Fuhlrott*, NZA-RR 2019, 242, 252, ausführlich dazu *Peisker*, Der datenschutzrechtliche Auskunftsanspruch, S. 147 f.

aa) § 83 Abs. 1 BetrVG als spezifischere Vorschrift?

Mit § 83 Abs. 1 BetrVG könnte der nationale Gesetzgeber eine spezifischere Vorschrift i.S.d. Art. 88 Abs. 1 DS-GVO geschaffen haben. Teilweise wird diese Vorgabe im Sinne eines Mindeststandards verstanden,[126] der darauf abziele, ein relativ geringeres Schutzniveau zu verhindern. In diesem Zusammenhang sei entscheidend, ob § 83 Abs. 1 BetrVG dem Transparenzinteresse des betroffenen Arbeitnehmers Grenzen setzt, die Art. 15 Abs. 1 DS-GVO nicht vorsieht. Richtigerweise liegt eine spezifischere Vorschrift allerdings dann vor, wenn die Norm die Vorgaben der DS-GVO konkretisiert und präzisiert, ohne – entsprechend dem Vollharmonisierungsgedanken[127] – nach unten oder oben abzuweichen.[128] Einer Entscheidung zwischen beiden Ansichten bedarf es allerdings ohnehin nicht, wenn § 83 Abs. 1 BetrVG schon nicht die inhaltlichen Anforderungen des Art. 88 Abs. 2 DS-GVO erfüllt. Vorschriften i.S.d. Art. 88 Abs. 1 DS-GVO müssen danach „geeignete und besondere Maßnahmen zur Wahrung der menschlichen Würde, der berechtigten Interessen und der Grundrechte der betroffenen Person, insbesondere im Hinblick auf die Transparenz der Verarbeitung" umfassen.

Die Vereinbarkeit des nationalen Einsichtsrecht gemäß § 83 Abs. 1 BetrVG mit den Vorgaben des Art. 88 Abs. 2 DS-GVO ist insbesondere im Hinblick auf das ausdrücklich betonte Transparenzgebot i.S.d. Art. 5 Abs. 1 lit. a Alt. 3 DS-GVO als kritisch zu beurteilen.[129] Bejaht man den Vorrang des Einsichtsrechts gemäß § 83 Abs. 1 BetrVG lediglich für den Anspruch auf Negativauskunft in Art. 15 Abs. 1 Hs. 1 DS-GVO sowie den Anspruch auf konkrete Auskunft gemäß Art. 15 Abs. 1 Hs. 2 DS-GVO, liegt hierin gleichwohl eine unverhältnismäßige Einschränkung des Transparenzgebot. Das Einsichtsrecht ist im Gegensatz zum Auskunftsanspruch[130] zeitlich und örtlich beschränkt. Der Arbeitnehmer kann von seinem Recht ausnahmslos

---

126 Paal/Pauly/*Pauly*, Art. 88 DS-GVO Rn. 4; Sydow/Marsch/*Tiedemann*, Art. 88 DS-GVO Rn. 3; *Körner*, NZA 2016, 1383 ff.; *Düwell/Brink*, NZA 2016, 665, 666; *Kort*, DB 2016, 711, 714; Wybitul/Sörup/*Pötters*, ZD 2015, 559, 561.
127 A.A. wohl EuGH 30.03.2023, NZA 2023, 487, 489 Rn. 51 – Hauptpersonalrat.
128 Kühling/Buchner/*Maschmann*, Art. 88 DS-GVO Rn. 40; Gola/Heckmann/*Pötters*, Art. 88 DS-GVO Rn. 23 ff.; Franzen/Gallner/Oetker/*Franzen*, Art. 88 DS-GVO Rn. 10; Ehmann/Selmayr/*Selk*, Art. 88 DS-GVO Rn. 72; Schantz/Wolff/*Wolff*, Besondere Verarbeitungssituationen, Rn. 1334; *Franzen*, EuZA 2017, 313, 344 f.; *Maschmann*, DB 2016, 2480, 2484.
129 *Peisker*, Der datenschutzrechtliche Auskunftsanspruch, S. 155 ff.
130 *Lentz*, ArbRB 2019, 150, 151.

B. Das datenschutzrechtliche Auskunftsrecht gemäß Art. 15 Abs. 1 DS-GVO

nur während der Arbeitszeit, unter Einhaltung etwaiger Rücksichtnahmepflichten gegenüber dem Betrieb[131] und am Arbeitsort Gebrauch machen. Eine Entscheidung, über welche Informationen der Arbeitnehmer Notizen oder Kopien anfertigen möchte, muss vor Ort getroffen werden.[132] Vergisst der Arbeitnehmer, über entscheidende Unterlagen Notizen anzufertigen, kann er das Einsichtsrecht zwar erneut ausüben,[133] eine jederzeitige Verfügbarkeit der Informationen wird allerdings nicht gewährleistet. Dies geht zulasten des Arbeitnehmers. Dem Auskunftsrecht kommt mithin ein höherer Transparenzgehalt zu, da er für die betroffene Person unbegrenzten Zugang zu den sie betreffenden Daten bedeutet. Die Einschränkung des Zugriffs für die Unterlagen in der Personalakte stellt dagegen einen unverhältnismäßigen Eingriff in das Transparenzinteresse dar.[134] Es ist Aufgabe der DS-GVO, einen Gleichlauf für Datenschutzrechte zu gewährleisten, für den insbesondere die Betroffenenrechte von maßgeblicher Bedeutung sind. Eine uneinheitliche Behandlung verschiedener personenbezogener Daten würde diesem Ziel zuwiderlaufen. Nicht nachvollziehbar erscheint es zudem, warum dem Arbeitnehmer die Daten außerhalb der Personalakte umfassender zur Verfügung stehen sollten als die Daten in der Personalakte, die ggf. von größerem Interesse für ihn sind. Zudem könnte der Arbeitgeber einseitig darüber entscheiden, hinsichtlich welcher Daten er lediglich Einsichtnahmemöglichkeiten gewährleisten muss, indem er relevante Daten in die Personalakte aufnimmt und den Arbeitnehmer damit zeitlich und örtlich an sein Einsichtsrecht bindet. Die Vorgaben des Art. 88 Abs. 2 DS-GVO und insbesondere das primärrechtlich in Art. 8 Abs. 2 S. 2 GRCh determinierte Transparenzgebot erfüllt § 83 Abs. 1 BetrVG demzufolge nicht.

bb) Unbeschränktes Einsichtsrecht?

Zudem spricht gegen einen Vorrang des Einsichtsrechts die Ansicht des LAG Baden-Württemberg, wonach das Recht nach § 83 Abs. 1 S. 1 BetrVG

---

[131] GK-BetrVG/*Franzen*, § 83 Rn. 22; ErfK/*Kania*, § 83 BetrVG Rn. 4; Richardi/*Thüsing* § 83 BetrVG Rn. 22.
[132] *Peisker*, Der datenschutzrechtliche Auskunftsanspruch, S. 157; *Wünschelbaum*, BB 2019, 2102, 2106.
[133] Ohne besonderen Anlass kann erneute Einsicht nur in einem angemessenen zeitlichen Abstand verlangt werden, siehe Richardi/*Thüsing* § 83 BetrVG Rn. 21.
[134] *Wünschelbaum*, BB 2019, 2102, 2106.

Kapitel 1: Rechtliche Rahmenbedingungen

weitestgehend unbeschränkt zu gewährleisten ist.[135] Ein gesetzlich uneingeschränktes Einsichtsrecht steht im Widerspruch zu Art. 15 DS-GVO,[136] der beispielsweise durch Art. 15 Abs. 4 DS-GVO sowie durch Art. 23 Abs. 1 lit. i DS-GVO ausdrücklich beschränkbar ist.[137] Beide Einschränkungstatbestände setzen jeweils eine Abwägung mit entgegenstehenden konfligierenden Interessen voraus. Das LAG Baden-Württemberg bezog das Anonymitätsinteresse Dritter zwar insofern ein, als Schwärzungen entsprechender Passagen vorzunehmen seien.[138] Eine Abwägung mit dem Anonymitätsinteresse fand jedoch nicht statt.[139]

Durch die pauschale Anonymisierung durch Schwärzung[140] oder sonstige Unkenntlichmachung der Identität in der Personalakte wird die Frage nach einem Ausgleich widerstreitender Interessen zugunsten des Hinweisgebers unzulässig vereinfacht, respektive sogar umgangen.[141] Warum dem Hinweisgeber im Arbeitsverhältnis ein weitreichender, pauschalisierter Schutz zukommen soll, kann nicht allein mit den besonderen Gegebenheiten des Arbeitsrechts begründet werden. Richtig ist, dass der Whistleblower aufgrund der Gefahr von Benachteiligung und Stigmatisierung schutzbedürftig ist. Der einsichtsberechtigte Arbeitnehmer ist indes gleichfalls schutzbedürftig, was sich ausdrücklich bereits aus Art. 8 Abs. 2 S. 2 GRCh ergibt. Ein unbeschränktes Einsichtsrecht mag zwar zunächst den Eindruck eines den betroffenen Arbeitnehmer begünstigenden Rechtes erwecken. Kann ihm dieses Recht pauschal durch eine tatsächliche Handlung des Arbeitgebers – die Schwärzung – versagt werden, führt dies jedoch zu einer einseitigen Benachteiligung des betroffenen Arbeitnehmers.

Der Verzicht auf eine Interessenabwägung im Rahmen des § 83 Abs. 1 S. 1 BetrVG bewirkt eine Abweichung von den Anforderungen des Art. 15 DS-GVO nach unten. Dies steht im Widerspruch zum Vollharmonisierungsgedanken der DS-GVO sowie dem Anwendungsvorrang aus Art. 288

---

135 LAG Baden-Württemberg 20.12.2018, NZA-RR 2019, 242, 249; im Ergebnis wohl auch *Brobeil*, Die Auswirkungen der Richtlinie (EU) 2019/1937 auf Arbeitnehmer-Hinweisgeber, S. 281 f.; *Zikesch/Sörup*, ArbRAktuell 2020, 383, 384.
136 *Weiler/Kaspers*, Compliance aktuell 12/2020, 2103 Rn. 11.
137 Siehe dazu Kap. 3 A.
138 LAG Baden-Württemberg 20.12.2018, NZA-RR 2019, 242, 249.
139 So auch *Wybitul/Brams*, NZA 2019, 672, 673, a.A. *Weiler/Kaspers*, Compliance aktuell 12/2020, 2103 Rn. 12.
140 Zustimmend MAH ArbR/*Dendorfer-Ditges*, § 35 Rn. 287.
141 So aber noch D/W/W/S /*Däubler*, Art. 15 DS-GVO Rn. 42.

B. Das datenschutzrechtliche Auskunftsrecht gemäß Art. 15 Abs. 1 DS-GVO

AEUV.[142] Das LAG hätte richtigerweise den Vorrang des Art. 15 Abs. 1 DS-GVO erkennen, oder jedenfalls im Rahmen des § 83 Abs. 1 BetrVG eine Interessenabwägung in Betracht ziehen müssen.

c) Zusammenfassung

Die Regelung des § 83 Abs. 1 BetrVG führt im Beschäftigungsverhältnis nicht zur Verdrängung des Art. 15 Abs. 1 DS-GVO. Dies gilt sowohl für die generelle Auskunft gemäß Art. 15 Abs. 1 Hs. 1 DS-GVO als auch für die Fälle der Auskunft über die Herkunft der Daten i.S.d. Art. 15 Abs. 1 Hs. 2 DS-GVO. Die Ansicht, wonach § 83 Abs. 1 BetrVG dem Auskunftsanspruch des Art. 15 Abs. 1 HS. 1 DS-GVO im Übrigen vorgeht, ist abzulehnen. Gegen ein Nebeneinander der Vorschriften in Fällen, in denen sowohl Informationen aus der Personalakte als auch weiterführende Daten erfragt werden, spricht, dass § 83 Abs. 1 BetrVG die Anforderungen des Art. 88 Abs. 2 DS-GVO nicht erfüllt.[143] Wird ein Nebeneinander der Vorschriften mit der Rechtsprechung des LAG Baden-Württemberg gleichwohl bejaht, so bedarf es in jedem Fall einer Interessenabwägung zwischen dem Anonymitätsinteresse des Hinweisgebers und dem Auskunftsinteresse des betroffenen Arbeitnehmers.

3. Der Inhalt der Auskunft über personenbezogene Daten gemäß Art. 15 Abs. 1 DS-GVO

Art. 15 Abs. 1 DS-GVO normiert einen zweistufigen Anspruch:[144] Gemäß Art. 15 Abs. 1 Hs. 1 DS-GVO kann der Betroffene zunächst Auskunft darüber verlangen, ob der Verantwortliche überhaupt personenbezogene Daten verarbeitet hat. Das „Ob" der Verarbeitung erfasst dabei nicht nur die Bestätigung der Durchführung einer Datenverarbeitung, sondern auch die sog.

---

142 *Wybitul/Brams*, NZA 2019, 672, 673; SWK-ArbR/*Panzer-Heemeier*, Datenschutz Rn. 54e.
143 So aber LAG Baden-Württemberg, NZA-RR 2019, 242, 249, 250; *Gola*, RDV 2020, 169, 176 nimmt an, dass sich die beiden Normen zu „einem System" ergänzen.
144 Paal/Pauly/*Paal*, Art. 15 DS-GVO Rn. 19 ff.; BeckOK DatenschutzR/*Schmidt-Wudy*, Art. 15 DS-GVO Rn. 50 f.

Kapitel 1: Rechtliche Rahmenbedingungen

Negativauskunft.[145] Wird dem Betroffenen eine Verarbeitung i.S.d. Art. 4 Nr. 2 DS-GVO bestätigt, erhält er in einem zweiten Schritt sowohl vollständige Auskunft über die konkret verarbeiteten personenbezogenen Daten (Art. 15 Abs. 1 Hs. 2 DS-GVO), als auch über die im Katalog des Art. 15 Abs. 1 Hs. 2 lit. a-h DS-GVO zusätzlich aufgeführten Informationen.[146] Der Beschuldigte ist demzufolge beispielsweise über das ihm vorgeworfene Fehlverhalten und die dem Sachverhalt zugrunde liegenden Umstände zu unterrichten, sofern für den Anspruch keine Einschränkungen gelten.[147] Darüber hinausgehende Informationen, die nur lose mit der betroffenen Person im Zusammenhang stehen, wie beispielsweise Aufzeichnungen infolge einer Stichhaltigkeitsprüfung oder interne Vermerke der Meldestelle oder des Arbeitgebers, sind ebenfalls gemäß Art. 15 Abs. 1 DS-GVO zu beauskunften. Zwar fehlt es diesen Daten ggf. an einem Inhaltselement, jedoch dienen derartige Vermerke und Daten der Beurteilung und Beeinflussung und können erhebliche Auswirkungen auf die Rechte und Interessen des Beschuldigten haben. Nicht zuletzt unterfallen auch etwaige Ermittlungsergebnisse aus Folgemaßnahmen, die im unmittelbaren Zusammenhang mit dem angeblichen Fehlverhalten des Beschuldigten stehen, dem Anspruch gemäß Art. 15 Abs. 1 S. 1 Hs. 2 DS-GVO.

Beruht eine Datenverarbeitung auf einer Meldung durch einen Hinweisgeber, ist neben der Auskunft über den Inhalt der Meldung die Information über die Herkunft der Daten gemäß Art. 15 Abs. 1 S. 1 Hs. 2 lit. g DS-GVO von besonderer Relevanz.

4. Die Auskunft über die Herkunft der Daten gemäß Art. 15 Abs. 1 S. 1 Hs. 2 lit. g DS-GVO

Der Auskunftsberechtigte hat einen Anspruch auf alle verfügbaren Informationen über die Herkunft ihn betreffender Daten, sofern diese nicht bei der betroffenen Person erhoben wurden, vgl. Art. 15 Abs. 1 S. 1 Hs. 2 lit. g DS-GVO. Zu informieren ist über den Namen oder die Bezeichnung

---

145 Simitis/Hornung/Spiecker gen. Döhmann/*Dix*, Art. 15 DS-GVO Rn. 12; Kühling/Buchner/*Bäcker*, Art. 15 DS-GVO Rn. 7; Paal/Pauly/*Paal*, Art. 15 DS-GVO Rn. 19; BeckOK DatenschutzR/*Schmidt-Wudy*, Art. 15 DS-GVO Rn. 50; *Dörr*, MDR 2022, 605, 606.
146 Simitis/Hornung/Spiecker gen. Döhmann/*Dix*, Art. 15 DS-GVO Rn. 16; *Lembke/Fischels*, NZA 2022, 513, 514; Taeger/Gabel/*Mester*, Art. 15 DS-GVO Rn. 2.
147 Siehe Kap. 2 und 3.

der entsprechenden Person oder Organisation, von der die entsprechenden Informationen stammen.[148] Dass nicht nur der Inhalt einer Datenverarbeitung, sondern auch die Herkunft[149] von der Reichweite des Auskunftsrechts umfasst ist, ist im Hinblick auf das Schutzbedürfnis des Betroffenen sinnvoll. Regelmäßig geht von Informationen, die ihren Ursprung nicht unmittelbar in der eigenen Person haben, eine größere Gefahr aus. Daten, die von Dritten bereitgestellt werden, entziehen sich der direkten Kontrolle seitens der betroffenen Person und erfordern daher jedenfalls eine nachträgliche Möglichkeit zur Überprüfung der Rechtmäßigkeit ihrer Verarbeitung.[150] Ergibt die Überprüfung, dass eine Datenverarbeitung rechtswidrig erfolgt ist, kann der Auskunftsberechtigte infolgedessen Ansprüche gegen die Quelle der fehlerhaften Informationen geltend machen.[151]

Voraussetzung für die Erfüllung des Anspruchs ist insoweit, dass der Verantwortliche tatsächlich Informationen über die Herkunft hat.[152] Andernfalls ist ihm die Erteilung der Auskunft faktisch unmöglich.[153] Im Anwendungsbereich des HinSchG kann der Verantwortliche das Auskunftsverlangen nicht dadurch umgehen, dass er die Informationen über die Herkunft des Verdachts nicht speichert. Eine generelle datenschutzrechtliche Speicherpflicht dieser Informationen ergibt sich zwar für Art. 15 Abs. 1 lit. g DS-GVO prinzipiell nicht.[154] Für das HinSchG lässt sich eine Aufzeichnungspflicht hinsichtlich der Quelle der Informationen allerdings aus den Dokumentationsvorschriften in §§ 10, 11, 17, 28 HinSchG ableiten.[155]

Nach aktueller Rechtsprechung des BGH ist nicht maßgeblich, dass die Daten vom Verantwortlichen selbst aktiv beschafft wurden. Der BGH bejaht den Auskunftsanspruch hinsichtlich der Herkunft der Daten vielmehr auch dann, wenn ihm die Informationen durch einen Dritten, beispiels-

---

148 Kühling/Buchner/*Bäcker*, Art. 14 DS-GVO Rn. 20.
149 Gleichbedeutend wird in Art. 14 Abs. 2 lit. f DS-GVO der Begriff „Quelle" verwendet, vgl. *Mohn*, NZA 2022, 1159.
150 Ähnlich auch Kühling/Buchner/*Bäcker*, Art. 14 DS-GVO Rn. 19.
151 Simitis/Hornung/Spiecker gen. Döhmann/*Dix*, Art. 15 DS-GVO Rn. 24.
152 Simitis/Hornung/Spiecker gen. Döhmann/*Dix*, Art. 15 DS-GVO Rn. 24; *Mohn*, NZA 2022, 1159, 1160 f.
153 So für die Erteilung von Informationen über konkrete Empfänger, EuGH 12.01.2023, NVwZ 2023, 319 Rn. 48 – Österreichische Post.
154 Taeger/Gabel/*Mester*, Art. 15 DS-GVO Rn. 2.
155 *Peisker*, Der datenschutzrechtliche Auskunftsanspruch, S. 340; eine Dokumentation hat allerdings unter Beachtung des Vertraulichkeitsgebots nach § 8 HinSchG zu erfolgen, *Dzida/Seibt*, NZA 2023, 657, 661.

Kapitel 1: Rechtliche Rahmenbedingungen

weise den Hinweisgeber, ohne Aufforderung zugetragen wurden.[156] Eine restriktive Sichtweise, wie sie noch erstinstanzlich durch das LG vertreten wurde, sei weder mit dem Wortlaut der Vorschrift noch mit ihrem Sinn und Zweck zu begründen.[157] Eine andere, einschränkende Auslegung würde die Kataloginformation des Art. 15 Abs. 1 Hs. 2 lit. g DS-GVO nahezu redundant machen, da die Herkunft der Informationen für den Betroffenen der Datenverarbeitung regelmäßig nur dann von Interesse ist, wenn der Verantwortliche und der Informant nicht in einer Person zusammenfallen. Zudem würden Spontanübermittlungen[158] nicht mehr von lit. g umfasst sein, sodass jede nicht beim Betroffenen selbst erhobene Information stets auf eine Initiative des Verantwortlichen selbst zurückgeführt werden müsste und damit zu einer nicht vom Zweck der DS-GVO vorgesehenen Einschränkung führen würde. Der Argumentation des BGH ist gerade im Hinblick auf Meldungen im Hinweisgebersystem zuzustimmen. Die Einrichtung eines Meldekanals erfolgt im Anwendungsbereich des HinSchG zukünftig aufgrund der gesetzlichen Pflicht in § 12 HinSchG. Nutzen Hinweisgeber den Meldekanal, wird zwar die Infrastruktur des Unternehmens in Anspruch genommen; seiner Einrichtung kommt jedoch kein Aufforderungscharakter des Arbeitgebers im Hinblick auf die konkrete Meldung zu. Könnte der Auskunftsberechtigte in einem solchen Fall von vornherein keine Auskunft über die Identität des Hinweisgebers verlangen, wäre das Transparenzgebot gemäß Art. 5 Abs. 1 lit. a Alt. 3 DS-GVO zu seinen Lasten unangemessen beeinträchtigt.

5. Datenverarbeitung durch Offenlegung gegenüber dem Auskunftsberechtigten

Die Verarbeitung der gemeldeten Daten durch Erfüllung eines Auskunftsverlangens gemäß Art. 15 Abs. 1 DS-GVO gegenüber dem Auskunftsberechtigten stellt einen eigenen Datenverarbeitungsvorgang in Form der Offenle-

---

156 BGH 22.02.2022, NJW-RR 2022, 764, 766; a.A. LG Ravensburg 06.03.2020, BeckRS 2020, 55930 Rn. 28; das OLG Stuttgart 10.12.2020, BeckRS 55920 Rn. 37ff. als 2. Instanz in diesem Verfahren, sieht im Ergebnis von einer endgültigen Entscheidung ab, auch wenn sie systematische Gründe für die Auslegung des LG anerkennt.
157 BGH 22.02.2022, NJW-RR 2022, 764, 766.
158 Nach Kühling/Buchner/*Bäcker*, Art. 14 DS-GVO Rn. 11; Taeger/Gabel/*Mester*, Art. 14 DS-GVO Rn. 5.

B. Das datenschutzrechtliche Auskunftsrecht gemäß Art. 15 Abs. 1 DS-GVO

gung dar, für dessen Rechtmäßigkeit die Voraussetzungen eines Erlaubnistatbestands erfüllt sein müssen.[159]

Die Offenlegung der auskunftsrelevanten Informationen gegenüber dem Auskunftsberechtigten kann auf Art. 6 Abs. 1 lit. c DS-GVO gestützt werden,[160] sofern die Verarbeitung durch eine Rechtspflicht i.S.d. Art. 6 Abs. 3 DS-GVO vorgegeben ist. Eine mögliche rechtliche Verpflichtung könnte sich aus dem HinSchG ergeben. Die Offenlegung durch Weitergabe von Daten i.S.d. Art. 15 Abs. 1 DS-GVO begründet allerdings keine der Meldestelle inhärente Datenverarbeitungspflicht, sodass § 10 HinSchG als eine solche Rechtspflicht nicht in Betracht kommt. Die Meldestellen erheben, speichern und verarbeiten Daten zum Zwecke der Aufdeckung von Missständen. Die Offenlegung der Daten an eine von einer Verarbeitung betroffene Person dient dagegen der Schaffung von Transparenz, wie ausdrücklich in Art. 5 Abs. 1 lit. a DS-GVO vorgesehen.

Die rechtliche Verpflichtung kann sich indessen aus Art. 15 Abs. 1 DS-GVO ergeben, wobei Art. 6 Abs. 1 lit. c DS-GVO eine sich unmittelbar auf eine Datenverarbeitung beziehende Pflicht voraussetzt.[161] Dass Art. 15 Abs. 1 DS-GVO nicht konkret von einer „Verarbeitung" spricht, ist nach überzeugender, rein auslegungsbasierter Verpflichtung zur Datenverarbeitung nicht hinderlich.[162] Die der Art. 13 ff. DS-GVO inhärenten Datenverarbeitungen sind charakteristisch eng mit dem jeweiligen Betroffenenrecht verknüpft.[163] Die Datenverarbeitung im Sinne einer Offenlegung der Daten gemäß Art. 4 Nr. 2 DS-GVO ist zwingende Konsequenz eines rechtmäßigen Auskunftsersuchens.[164] Die unionsrechtlichen Vorschriften der DS-GVO können gemäß Art. 6 Abs. 3 S. 1 lit. a DS-GVO ebenfalls taugliche Rechtsgrundlage sein,[165] wobei der Auskunftsanspruch den Betroffenen zur Überprüfung der

---

[159] BGH 22.02.2022, NJW-RR 2022, 764, 767; *Nikol*, CB 2023, 351, 353; *Paal/Nikol*, CB 2022, 466, 468.
[160] Sydow/Marsch/*Bienemann*, Art. 15 DS-GVO Rn. 43; *Engelhardt*, RDi 2022, 298, 303; *Paal/Nikol*, CB 2022, 466, 469.
[161] Kühling/Buchner/*Buchner/Petri*, Art. 6 DS-GVO Rn. 76; *Paal/Nikol*, CB 2022, 466, 469; Sydow/Marsch/*Reimer*, Art. 6 DS-GVO Rn. 46; *Piltz* in FS Taeger, S. 351, 353; BeckOK DatenschutzR/*Albers/Veit*, Art. 6 Rn. 48.
[162] *Piltz* in FS Taeger, S. 351, 354.
[163] *Radtke*, Gemeinsame Verantwortlichkeit unter der DS-GVO, S. 109.
[164] Vgl. BGH 22.02.22, NJW-RR 2022, 764, 767.
[165] Sydow/Marsch/*Riemer*, Art. 6 DS-GVO Rn. 42.

Kapitel 1: Rechtliche Rahmenbedingungen

Rechtmäßigkeit der Datenverarbeitung dient.[166] Art. 15 DS-GVO bezweckt insofern den Schutz personenbezogener Daten, was zugleich einem öffentlichen Interesse i.S.d. Art. 6 Abs. 3 S. 4 DS-GVO entspricht.[167] Die Berufung auf Art. 15 Abs. 1 DS-GVO ist im Übrigen nicht dadurch ausgeschlossen, dass es sich bei der Datenverarbeitung im Beschäftigungsverhältnis um rein privatrechtliche Sachverhalte handelt.

Weitere Voraussetzung des in Art. 6 Abs. 1 lit. c DS-GVO normierten Erlaubnistatbestands ist die Erforderlichkeit der Datenverarbeitung. Dies meint die Einhaltung der durch die rechtliche Verpflichtung vorgegebenen Grenzen.[168] Die Rechtmäßigkeit der Datenverarbeitung beurteilt sich danach ausschließlich nach den Vorgaben der rechtlichen Verpflichtung; Art. 6 Abs. 1 lit. c DS-GVO gilt insoweit als bloße „Scharniernorm"[169]. Da sich in diesem Fall die Rechtmäßigkeit auf die rechtliche Verpflichtung in Art. 15 Abs. 1 DS-GVO stützt, ist die inhärente Interessenabwägung[170] dieser Vorschrift für die Beurteilung der Rechtmäßigkeit der Offenlegung maßgeblich.

Abweichend davon stützt sich der BGH in seiner Entscheidung vom 22.02.2022 ausschließlich auf Art. 6 Abs. 1 lit. f DS-GVO als Ermächtigungstatbestand,[171] ohne – fälschlicherweise – Art. 6 Abs. 1 lit. c überhaupt in Betracht zu ziehen.[172] Im Ergebnis sieht der BGH in diesem Vorgehen eine der DS-GVO immanente Einschränkung des datenschutzrechtlichen Auskunftsanspruchs, da die Anwendung des Erlaubnistatbestands in Art. 6 Abs. 1 lit. f DS-GVO die Abwägung der jeweiligen konkurrierenden Interessen voraussetzt. Das Gericht betont gleichzeitig, dass unabhängig von der Grundlage, die für eine Beschränkung des Auskunftsrechts herangezo-

---

166 Nach *Piltz* in FS Taeger, S. 351, 356 genügt die Erkennbarkeit des Zwecks aus dem Kontext; so auch Auernhammer/*Kramer* Art. 6 DS-GVO Rn. 93; siehe auch EG 63 S. 1 DS-GVO.
167 *Piltz* in FS Taeger, S. 351, 358.
168 Kühling/Buchner/*Buchner/Petri*, Art. 6 DS-GVO Rn. 81 f.; Paal/Pauly/*Frenzel*, Art. 6 DS-GVO Rn. 16; so für die Erforderlichkeit iRd § 26 Abs. 1 S. 1 BDSG, BAG 07.05.2019, NZA 2019, 1218 Rn. 43; so auch *Heuschmid*, SR 2019, 1, 11; a.A. *Wybitul*, NZA 2017, 413, 419.
169 Simitis/Hornung/Spiecker/*Roßnagel*, Art. 6 DS-GVO Rn. 52.
170 Siehe dazu sogleich Kap. 3 A. I.
171 BGH 22.02.22, NJW-RR 2022, 764, 767.
172 *Engelhardt*, RDi 2022, 298, 303; so auch *Peisker*, Der datenschutzrechtliche Auskunftsanspruch gemäß Art. 15 DS-GVO, S. 413; nach *Gündel*, ZWE 2022, 250, 251, wäre Art. 6 Abs. 1 lit. c DS-GVO allenfalls richtige Rechtsgrundlage, sofern § 18 WEG neben Art. 15 DS-GVO geltend gemacht wird.

gen wird, stets eine sorgfältige Abwägung zwischen den Interessen des Auskunftsberechtigten und den Interessen des Hinweisgebers erforderlich ist.[173] Wenngleich das Gericht Art. 6 Abs. 1 lit. c DS-GVO nicht in seine Erwägungen einbezieht und den Ausführungen folglich nicht pauschal zuzustimmen ist, kann der Entscheidung die generelle Bedeutung der Interessensabwägung entnommen werden.[174]

6. Rechtliche Durchsetzung des Auskunftsanspruchs

Der Auskunftsanspruch gemäß Art. 15 Abs. 1 DS-GVO kann sowohl außergerichtlich als auch gerichtlich geltend gemacht werden.

Für die außergerichtliche Ausübung des Auskunftsrechts bedarf es lediglich der Stellung eines Antrags gegenüber dem Verantwortlichen. Die Modalitäten für die Auskunftserteilung richten sich dabei nach den Vorschriften in Art. 12 Abs. 2 bis 6 DS-GVO.

a) Antrag

Da Art. 15 DS-GVO den Verantwortlichen – anders als bei Art. 13 und 14 DS-GVO – nicht automatisch zur Erfüllung verpflichtet, ist die Stellung eines Antrags obligatorisch, vgl. Art. 12 Abs. 2, Abs. 3, Abs. 4, Art. 15 Abs. 3 S. 3 DS-GVO. Die Antragstellung setzt dabei weder eine bestimmte Form[175] noch einen bestimmten Inhalt voraus. Einer Begründung des Antrags bedarf es überdies nicht.[176]

---

173 BGH 22.02.22, NJW-RR 2022, 764, 767: „auf die selben Gesichtspunkte käme es an, sollte [...]".
174 *Engelhardt*, RDi 2022, 298, 303; zur Einschränkung des Auskunftsanspruch im Übrigen siehe Kap. 3 A.
175 Kühling/Buchner/*Bäcker*, Art. 15 DS-GVO Rn. 30.
176 Gola/Heckmann/*Franck*, Art. 15 DS-GVO Rn. 25; Simitis/Hornung/Spiecker gen. Döhmann/*Dix*, Art. 15 DS-GVO Rn. 11; Taeger/Gabel/*Mester*, Art. 15 DS-GVO Rn. 14.

Kapitel 1: Rechtliche Rahmenbedingungen

aa) Verfolgung anderer Zwecke als die Überprüfung der Rechtmäßigkeit

Nach Maßgabe der Begründungsfreiheit kann einem Antrag des Beschuldigten nicht entgegengehalten werden, dass er andere Zwecke als die Überprüfung der Rechtmäßigkeit einer Datenverarbeitung[177] verfolgt.[178] Eine solche Begrenzung kann dem Wortlaut des Art. 15 DS-GVO nicht entnommen werden. Im Übrigen schließen auch andere Zwecke nicht aus, dass der Beschuldigte darüber hinaus auch die Rechtmäßigkeit einer Datenverarbeitung prüft.[179] Aus der Überlegung, dass der beschuldigte Arbeitnehmer das Auskunftsverlangen als ‚Discovery-Tool' nutzen könnte, ergibt sich nichts anderes.[180] Die Geltendmachung des Auskunftsanspruchs ist gerade keine Discovery nach angloamerikanischem Vorbild. Für vorliegende Sachverhalte besteht schon kein Risiko für eine Discovery durch die Hintertür[181], da der Auskunftsberechtigte mit seinem Anspruch keine Ausspähung des Prozessgegners bezweckt, um in einem nachfolgenden Prozess eine bessere Ausgangsposition durch Beweismittel zu erreichen, die ihm grundsätzlich nicht offengelegt werden müssten. Der zu Unrecht beschuldigte Auskunftsberechtigte macht seinen Anspruchs stattdessen geltend, um die Identität des unredlichen Hinweisgebers aufzudecken und so ggf. Folgeansprüche gegen diesen geltend machen zu können. Dieses Recht ist gerade durch die Geltendmachung des Art. 15 Abs. 1 S. 1 Hs. 2 DS-GVO gesetzlich fundiert.

bb) Präzisierungsobliegenheit des Antragstellers

Nach Erwägungsgrund 63 S. 7 DS-GVO kann der Verantwortliche bei der Verarbeitung großer Informationsmengen[182] eine Präzisierung des Aus-

---

177 Vgl. Erwägungsgrund 63 S. 1 DS-GVO.
178 BGH 29.03.2022, GRUR-RS 2022, 9584 Rn. 18; LAG Berlin-Brandenburg 30.03.2023, NZA-RR 2023, 454, 457; unter Berufung auf Art. 12 Abs. 5 DS-GVO statt vieler, *Lembke*, NJW 2020, 1841, 1845.
179 BGH 29.03.2022, GRUR-RS 2022, 9584 Rn. 18; LAG Berlin-Brandenburg 30.03.2023, NZA-RR 2023, 454, 457.
180 So aber *Lensdorf*, CR 2019, 304, 307 f.; ebenfalls kritisch *Hartung/Degginger*, DB 2021, 2744.
181 Paal/Pauly/Paal, Art. 15 DS-GVO Rn. 33a; so aber *Riemer*, DAR 2022, 127, 129.
182 Beispielsweise die Datenverarbeitung im Arbeitsverhältnis benennend, EDPB Guidelines 01/22, Version 2.0 v. 28.03.2023, S. 17.

B. Das datenschutzrechtliche Auskunftsrecht gemäß Art. 15 Abs. 1 DS-GVO

kunftsersuchens verlangen.[183] Hierbei handelt es sich allerdings weder um eine Rechtspflicht, noch um eine Obliegenheit, die zu einer Einschränkung des Auskunftsanspruchs führen könnte.[184] Der Auffassung, wonach aus Erwägungsgrund 63 S. 7 DS-GVO eine abgestufte Erfüllungslast abgeleitet werden kann,[185] ist nicht zu folgen. Dem steht bereits der eindeutige Wortlaut des Art. 15 DS-GVO entgegen, der keine derartige materiell-rechtliche Einschränkung vorsieht.[186] Eine Herleitung einer solchen Obliegenheit aus dem Wortlaut des Erwägungsgrundes 63 S. 7 DS-GVO ist angesichts der fehlenden Bindungswirkung von Erwägungsgründen abzulehnen.[187] Diese dienen der Präzisierung und können dabei – jedenfalls durch den bloßen Verweis auf den Wortlaut des Erwägungsgrunds[188] – keine vom Wortlaut abweichende Obliegenheit begründen.[189] Entscheidendes Argument gegen die Einschränkung des Auskunftsanspruchs durch Aufbürdung einer Erfüllungslast ist jedoch der Zweck des Auskunftsrechts. Der Anspruch soll dem Betroffenen eine umfassende Rechtmäßigkeitsprüfung der Datenverarbeitungsvorgänge ermöglichen. Wird dem betroffenen Arbeitnehmer eine Pflicht zur Präzisierung abverlangt, hinge die Überprüfung der Rechtmä-

---

183 In Erwägungsgrund 63 S. 7 DS-GVO heißt es: „Verarbeitet der Verantwortliche eine große Menge von Informationen über die betroffene Person, so sollte er verlangen können, dass die betroffene Person präzisiert, auf welche Information oder welche Verarbeitungsvorgänge sich ihr Auskunftsersuchen bezieht, bevor er ihr Auskunft erteilt".

184 Ebenso die alte Rechtslage gemäß §§ 19 Abs. 1 S. 2, 34 Abs. 1 S. 2 BDSG; EDPB, Guidelines 01/22, Version 2.0 v. 28.03.2023, S. 17; Simitis/Hornung/Spiecker gen. Döhmann/*Dix*, Art. 15 DS-GVO Rn. 11; Ehmann/Selmayr/*Ehmann*, Art. 15 DS-GVO Rn. 24; *Deutschmann*, ZD 2021, 414, 415; *Lapp*, NJW 2019, 345, 346; krit. *Dörr*, MDR 2022, 605, 607; für eine Pflicht wohl *Fuhlrott*, AuA, 336, 338; so auch *Lentz*, ArbRB 2019, 150, 152; *Petri*, DuD 2018, 347, 348.

185 ArbG Bonn 16.7.2020, NZA-RR 2020, 614 m.Anm. *Fuhlrott*; LAG Hessen 10.6.2021, NZA-RR 2021, 654, 656; *Lembke/Fischels*, NZA 2022, 513, 517.

186 So auch *Peisker*, Der datenschutzrechtliche Auskunftsanspruch, S. 250; siehe für die prozessrechtlichen Bestimmtheitsanforderungen des BAG Kap. 1 B. II. 6. d).

187 EuGH 19.11.1998, BeckRS 2004, 74578 Rn. 54 – Nilsson u.a.; EuGH 25.11.1998, LMRR 1999, 125 Rn. 30 – Manfredi; EuGH 24.11.2005, BeckRS 2005, 70929 Rn. 32 – Deutsches Milch-Kontor; EDPB, Guidelines 01/22, Version 2.0 v. 28.03.2023, S. 17; weniger restriktiv, aber mit Verweis auf die erhöhte Argumentationslast bei Rechtsfortbildungen, *Gumpp*, ZfPW 2022, 446, 475 f.

188 *Gumpp*, ZfPW 2022, 446, 475 f.; so aber LAG Baden-Württemberg 27.07.2023, NZA-RR 2023, 511, 515; LAG Hamm 02.12.2022, ZD 2023, 468, 469.

189 Ebenso *Peisker*, Der datenschutzrechtliche Auskunftsanspruch, S. 250; ähnlich OLG Köln, 10.08.2023, NZA-RR 2023, 515, 518 m.Anm. Riemer; BeckOK DatenschutzR/*Schmidt-Wudy*, Art. 15 DS-GVO Rn. 47; a.A. LAG Baden-Württemberg 27.07.2023, NZA-RR 2023, 511, 515; LAG Hamm 02.12.2022, ZD 2023, 468, 469.

ßigkeit von dem konkreten Auskunftsverlangen des Betroffenen und seiner Befähigung, einen solchen eindeutig bestimmten Antrag zu stellen, ab.[190] Durch die Möglichkeit der Präzisierung wird dem Recht des Betroffenen dagegen vielmehr entsprochen, statt es zu begrenzen, da ihm die Ausübung seiner Betroffenenrechte i.S.d. Art. 12 Abs. 2 S. 1 DS-GVO erleichtert werden kann und seinem Auskunftsrecht dementsprechend größtmögliche Wirkung zukommt.[191]

b) Antragsgegner

Entscheidend für die Geltendmachung des Auskunftsverlangens ist die Zuständigkeit für dessen Erfüllung. Die Verpflichtung hierzu folgt nach dem Wortlaut des Art. 15 Abs. 1 S. 1 DS-GVO aus der datenschutzrechtlichen Verantwortlichkeit i.S.d. Art. 4 Nr. 7 DS-GVO. Die Zuweisung der Verantwortlichkeit hat für die Gewährleistung des Schutzniveaus der DS-GVO aus sich heraus eine Schlüsselfunktion inne. Die Zuständigkeit der verantwortlichen Stelle erstreckt sich neben der Einhaltung der datenschutzrechtlichen Grundsätze und Vorschriften auch auf die Sicherstellung der Rechte der Betroffenen.[192] Der Verantwortliche muss insbesondere Sorge dafür tragen, dass Daten rechtmäßig und transparent verarbeitet werden und dass betroffene Personen ihre Rechte gegenüber dem Verantwortlichen ausüben können. Nicht zuletzt haftet er für Verstöße gegen die DS-GVO.[193] Der Bestimmung des Verantwortlichen kommt daher auch für die Ausübung des Auskunftsanspruchs gemäß Art. 15 Abs. 1 DS-GVO eine entscheidende Bedeutung zu.

Im Kontext von Hinweisgebermeldungen ergeben sich durch die Beteiligung von Meldestellen besondere Schwierigkeiten, wenn es um das Verhältnis zum Arbeitgeber und die Beurteilung der Verantwortlichkeit geht. Bislang nicht zweifelsfrei geklärt ist daher die Verantwortlichkeit für Datenverarbeitungsvorgänge in diesem Zusammenhang. Die Errichtung von Hinweisgeberkanälen obliegt hier zwar dem Arbeitgeber, der Meldestelle kommt jedoch gemäß § 15 Abs. 1 S. 1 HinSchG eine gesetzlich normierte Unabhängigkeit zu.

---

190 Vgl. *Peisker*, Der datenschutzrechtliche Auskunftsanspruch, S. 252.
191 So ausdrücklich EDPB, Guidelines 01/22, Version 2.0 v. 28.03.2023, S. 17.
192 EDPB Guidelines 07/20, Version 2.1 v. 07.07.2021, S. 3; *Conrad*, DuD 2019, 563.
193 Simitis/Hornung/Spieker gen. Döhmann/*Petri*, Art. 4 Nr. 7 DS-GVO Rn. 20; *Jung/Hansch*, ZD 2019, 143; *Paal/Nikol*, PinG 2022, 211.

B. Das datenschutzrechtliche Auskunftsrecht gemäß Art. 15 Abs. 1 DS-GVO

Vor diesem Hintergrund sollen die einzelnen Kriterien des Art. 4 Nr. 7 DS-GVO auf unternehmensinterne und -fremde Meldekanäle übertragen werden, um zu klären, gegen wen sich der Auskunftsanspruch richtet.

aa) Grundsatz: Entscheidungsbefugnis des Arbeitgebers

Der Verantwortliche ist in Art. 4 Nr. 7 DS-GVO als „die natürliche oder juristische Person, Behörde, Einrichtung oder andere Stelle, die allein oder gemeinsam mit anderen über die Zwecke und Mittel der Verarbeitung von personenbezogenen Daten entscheidet" legaldefiniert. Maßgebliches Kriterium ist hiernach die faktische Entscheidungsbefugnis bzw. die Entscheidungsgewalt über die Zwecke und Mittel des konkreten Datenverarbeitungsschritts.[194]

(i) Anknüpfungspunkt für die Entscheidungsbefugnis

Dem Recht des Betroffenen, gemäß Art. 15 Abs. 1 DS-GVO Auskunft über die Verarbeitung seiner Daten zu erhalten, entspricht die Pflicht des Verantwortlichen, dem Auskunftsbegehren nachzukommen.[195] Nur derjenige, der als Verantwortlicher personenbezogene Daten verarbeitet hat, ist in der Lage, ein Auskunftsbegehren gemäß Art. 15 DS-GVO zu erfüllen. Im Umkehrschluss lässt sich hieraus ableiten, dass für die Identifizierung der verantwortlichen Stelle im Rahmen des Art. 15 DS-GVO die Verantwortlichkeit für die ursprüngliche Datenverarbeitung heranzuziehen ist.[196] Maßgeblicher Anknüpfungspunkt ist folglich die Verantwortlichkeit für die Verarbeitung der Meldung im Hinweisgebersystem. Nichts anderes ergibt sich daraus, dass die Offenlegung der Informationen im Wege einer Auskunftserteilung selbst als Datenverarbeitung i.S.d. Art. 4 Nr. 2 DS-GVO zu qualifizieren ist, für die Art. 6 Abs. 1 DS-GVO als Rechtsgrundlage heranzuziehen ist.[197] Hierdurch erfährt die Erfüllung des Auskunftsverlangens Rechtssicherheit,[198] ohne dass sich am Anknüpfungspunkt für die

---

194 *Maschmann*, NZA 2020, 1207, 1208 f.
195 Vgl. *Radtke*, Gemeinsame Verantwortlichkeit unter der DS-GVO, S. 108.
196 *Bayreuther*, DB 2023, 1537, 1541; *Musiol*, Hinweisgeberschutz und Datenschutz, S. 525; *Radtke*, Gemeinsame Verantwortlichkeit unter der DS-GVO, S. 108.
197 Vgl. Kap. 1 B. II. 5.
198 *Radtke*, Gemeinsame Verantwortlichkeit unter der DS-GVO, S. 108.

Kapitel 1: Rechtliche Rahmenbedingungen

Entscheidungsbefugnis etwas ändert. Die effektive Überprüfung der Rechtmäßigkeit einer Datenverarbeitung, die Art. 15 Abs. 1 DS-GVO bezweckt, lässt sich nur erreichen, wenn die Verantwortlichkeit für die Erteilung der Auskunft mit der Verantwortlichkeit über die ursprüngliche Verarbeitung gleichläuft. Für dieses Ergebnis spricht auch der Wortlaut des Art. 15 Abs. 1 DS-GVO selbst, wonach die betroffene Person „*von dem Verantwortlichen eine Bestätigung darüber [...] verlangen [kann], ob sie betreffende personenbezogene Daten verarbeitet werden.*" Der Verantwortliche in Art. 15 Abs. 1 DS-GVO nimmt ausdrücklich Bezug auf eine dem Betroffenenrecht vorgehende Verarbeitung, die konsequenterweise nur von der verantwortlichen Stelle selbst offengelegt werden kann.

Im Kontext einer Hinweisgebermeldung ist demgemäß die Verantwortlichkeit für die Datenströme innerhalb eines Hinweisgebersystems zur Identifizierung des Antragsgegners des Auskunftsverlangens gemäß Art. 15 Abs. 1 DS-GVO von entscheidender Bedeutung.

(ii) Entscheidungsbefugnis des Arbeitgebers für Datenverarbeitungsvorgänge im Hinweisgeberkontext

Wesentlicher Faktor für die Beurteilung der Verantwortlichkeit ist die Entscheidungsbefugnis über den Zweck („Warum") und die Mittel („Wie") der Datenverarbeitung.[199] Die Befugnis, Entscheidungen zu treffen, beurteilt sich anhand einer faktischen Analyse;[200] die rein tatsächliche Verarbeitung der Daten ist dagegen für die Bewertung als Verantwortlicher nicht entscheidend.[201] Bereits die Art.-29-Datenschutzgruppe stellte 2010 – vor Einführung der DS-GVO – zu Art. 2 lit. d DSRL[202] fest, dass die bloß formale Befugnis, zu entscheiden, keine ausreichende Grundlage zur Bestimmung des Verantwortlichen sein kann. Verantwortlicher sei danach vielmehr der-

---

[199] EDPB Guidelines 07/20, Version 2.1 v. 07.07.2021, S. 11, 14; Ehmann/Selmayr/*Klabunde*, Art. 4 DS-GVO Rn. 36; Taeger/Gabel/*Arning/Rothkegel*, Art. 4 DS-GVO Rn. 181; Kühling/Buchner/*Hartung*, Art. 4 Nr. 7 DS-GVO Rn. 13.
[200] Art.-29-Datenschutzgruppe, WP 169, S. 12; EDPB Guidelines 07/20, Version 2.1 v. 07.07.2021, S 11.
[201] *Maschmann*, NZA 2020, 1207, 1209.
[202] Insoweit jedoch unveränderter Wortlaut zum heutigen Art. 4 Nr. 7 DS-GVO.

B. Das datenschutzrechtliche Auskunftsrecht gemäß Art. 15 Abs. 1 DS-GVO

jenige, der, unabhängig von formalen Kriterien, faktisch Entscheidungen treffe.[203]

Zur Beurteilung der faktischen Entscheidungsbefugnis im konkreten Fall bedarf es einer umfassenden Wertung aller Umstände.[204] Ausschlaggebend ist, wer die tatsächliche Entscheidungsmacht[205] über Zweck und Mittel der Datenverarbeitung innehat. Der Europäische Datenschutzausschuss greift hierfür auf folgende Fragen zurück: „Warum wird die Verarbeitung durchgeführt?" und, „Wer hat sie veranlasst?"[206] Übt eine Stelle Einfluss auf inhaltliche Aspekte der Datenverarbeitung aus, bestimmt sie wesentlich über das „Warum" der Verarbeitung und ist folglich als verantwortlich i.S.d. Art. 4 Nr. 7 DS-GVO zu qualifizieren.[207] Die Entscheidungsgewalt über die Mittel der Verarbeitung treten in einem solchen Fall hinter die Verantwortlichkeit über die Zwecke zurück.[208]

Verantwortlicher für Datenverarbeitungen innerhalb des Beschäftigtendatenschutzes ist aufgrund seiner tradierten Rolle prinzipiell der Arbeitgeber.[209] Er beeinflusst Datenverarbeitungen im Hinweisgebersystem hinsichtlich Zweck und Mittel, da er maßgeblich über die Ausgestaltung der konkreten Hinweisgeberkanäle bestimmt und die Rahmenbedingungen setzt.[210] Auch die Gesetzesbegründung zum HinSchG führt aus, dass die interne Meldestelle, die Daten im Hinweisgebersystem verarbeitet, nicht Verantwortlicher i.S.d. DS-GVO sein solle.[211] Im Übrigen ist der Arbeitgeber insbesondere für Datenverarbeitungsvorgänge im Hinblick auf Folgemaßnahmen verantwortlich, die beispielsweise der Aufklärung des gemeldeten

---

203 Art.-29-Datenschutzgruppe, WP 169, S. 11; EDPB, Guidelines 7/20, Version 2.1 v. 07.07.2021, S. 9; *GA Jääskinen*, Schlussantrag zu Rs. C-131/12, ECLI:EU:C:2013:424, Rn. 83 – Google Spain; *Conrad*, DuD 2019, 563, 564; *Richter*, ArbRAktuell 2020, 613; *Wagner*, ZD 2018, 307, 309; vgl. auch *Maschmann*, NZA 2020, 1207, 1208 f.
204 EuGH 10.07.2018, NZA 2018, 991, 996 Rn. 73 – Zeugen Jehovas; Taeger/Gabel/*Arning/Rothkegel*, Art. 4 DS-GVO Rn. 182.
205 Pointiert *Maschmann*, NZA 2020, 1207, 1208 f.
206 EDPB Guidelines 07/20, Version 2.1 v. 07.07.2021, S. 11 (*"why is this processing taking place?"* and *"who decided that the processing should take place for a particular purpose?"*); *Maschmann*, NZA 2020, 1207, 1209.
207 Taeger/Gabel/*Arning/Rothkegel*, Art. 4 DS-GVO Rn. 184.
208 Kühling/Buchner/*Hartung*, Art. 4 Nr. 7 DS-GVO Rn. 13; Taeger/Gabel/*Arning/Rothkegel*, Art. 4 DS-GVO Rn. 184.
209 Art.-29-Datenschutzgruppe, WP 169, S. 13; *Gierschmann*, ZD 2020, 69, 70; *Lücke*, NZA 2019, 658, 660; *Winzer/Baeck/Schaaf*, NZG 2023, 408, 409.
210 Sydow/Marsch/*Ingold*, Art. 26 DS-GVO Rn. 4; vgl. für die Rolle eines Handelsvertreters im Verhältnis zum Unternehmen *Paal/Nikol*, PinG 2022, 211, 213.
211 BT-Drs. 20/3442, S. 79 f.

Kapitel 1: Rechtliche Rahmenbedingungen

Fehlverhaltens dienen. Hier bestimmt er darüber, welche Folgemaßnahmen konkret durchzuführen sind und welchen Zweck die Maßnahme verfolgt. Zwar normiert § 18 HinSchG ausdrücklich „Folgemaßnahmen für interne Meldestellen"; hiervon ist beispielsweise auch die Abgabe des Verfahrens zwecks weiterer Untersuchungen gemäß § 18 Nr. 4 HinSchG erfasst. Der Gesetzgeber macht insofern deutlich, dass die Meldestelle im begrenzten Umfang und mit den ihr zur Verfügung stehenden Mitteln eigene Nachforschungen anstellen kann, die darüber hinausgehenden Maßnahmen, insbesondere solche, die straf- oder arbeitsrechtliche Konsequenzen nach sich ziehen können, aber dem Arbeitgeber vorbehalten sind.[212]

Nichtsdestotrotz stellt sich die Frage, ob die Verantwortlichkeit des Arbeitgebers für alle Datenströme innerhalb des Hinweisgebersystems gilt oder ob die Entscheidungsbefugnis über Zweck und Mittel eines Datenverarbeitungsvorgangs ggf. einer Meldestelle zufallen kann.

bb) Verantwortlichkeit der unternehmensinternen Meldestelle?

Die konkrete Ausgestaltung einer internen Meldestelle könnte folglich Auswirkungen auf die Beurteilung der Verantwortlichkeit haben.

(i) Kompetenz der Meldestelle

Richtet der Beschäftigungsgeber eine unternehmensinterne Meldestelle ein, kann dies in Gestalt einer einzelnen, beim Unternehmen beschäftigten Person oder einer größeren Arbeitsgruppe geschehen.[213] Die jeweils zuständige Person oder Einheit betreut die im Unternehmen etablierten Meldekanäle, wie beispielsweise eine besondere, für diesen Zweck eingerichtete E-Mail-Adresse oder spezielle Software-Lösungen, die die Informationsweitergabe für Hinweisgeber vereinfachen. Eine unerlässliche Voraussetzung für ein effektives internes Hinweisgebersystem ist dabei die Integration in die Unternehmensstrukturen.[214] Geeignete Organisationseinheiten zur Eingliederung innerhalb des Unternehmens können beispielsweise die Personal-, die

---

212 Vgl. *Bayreuther*, DB 2023, 1537, 1540.
213 Vgl. § 14 Abs. 1 S. 1 HinSchG.
214 *Baur/Holle*, AG 2017, 379, 383.

Rechts- oder die Compliance-Abteilung oder die interne Revision sein.[215] Da das Hinweisgebersystem regelmäßig als Teil einer wirksamen Compliance-Praxis begriffen wird, bietet sich eine Anbindung insbesondere an die Compliance-Organisation an.[216]

Interne Meldestellen müssen sich an den Vorgaben des HinSchG messen lassen und erhalten durch diese – jedenfalls nach dem Wortlaut der Vorschriften – ein nicht unbeträchtliches Maß an Eigenständigkeit. Ausdrücklich normiert § 15 Abs. 1 S. 1 HinSchG die Unabhängigkeit der Meldestelle. Die Eigenständigkeit der Meldestelle wird zudem durch die Zugriffsbeschränkung in § 16 Abs. 2 HinSchG untermauert. Danach sind nur die für die Entgegennahme und Bearbeitung von Meldungen zuständigen Stellen zugriffsberechtigt. Mit dieser Vorgabe geht die Regelung des § 10 S. 1 HinSchG einher, die Meldestellen die Befugnis zur Datenverarbeitung zuerkennt.

(ii) Konsequenzen für die Beurteilung des Antragsgegners

Obschon die gesetzlich normierten Kompetenzen der Meldestelle deren Eigenständigkeit in den Vordergrund stellen, richtet sich die Bestimmung des Antragsgegners für das Auskunftsverlangen allein nach den von Art. 4 Nr. 7 DS-GVO vorgegeben Kriterien. Sofern die Entscheidungsbefugnis über Mittel und Zweck der Datenverarbeitung im Rahmen des Hinweisgebersystems beim Arbeitgeber verbleibt und nicht durch die vom HinSchG vorgesehene Unabhängigkeit der Meldestelle beeinflusst wird, ist der Beschäftigungsgeber zugleich für die Erteilung der Auskunft gemäß Art. 15 Abs. 1 DS-GVO verantwortlich.

(1) Entscheidungsbefugnis

Dass die Meldestelle die Befugnis zur Datenverarbeitung gemäß § 10 S. 1 HinSchG innehat und ferner vom Arbeitgeber unabhängig sein soll, hat keine Auswirkung auf die Beurteilung der Verantwortlichkeit. Der Arbeitgeber ist bereits aufgrund der ihn im Rahmen eines Beschäftigungsverhältnisses treffenden Verantwortung seinen Mitarbeitern gegenüber faktisch

---

215 *Baur/Holle*, AG 2017, 379, 383; *Lüneborg*, DB 2022, 375, 383; *Sonnenberg*, JuS 2017, 917, 920.
216 *Casper* in Liber Amicorum für Winter, 77, 96; *Baur/Holle*, AG 2017, 379, 383.

Kapitel 1: Rechtliche Rahmenbedingungen

entscheidungsbefugt.[217] Nichts anderes ergibt sich für die Verantwortlichkeit über die Verarbeitung von Daten innerhalb eines Hinweisgebersystems und folglich auch für die Entscheidung über den Auskunftsanspruch.[218]

Trotz einer selbständigen und unabhängigen Verarbeitung von Hinweisgebermeldungen agiert die Meldestelle lediglich unter dem Einfluss der übergeordneten Organisation. In einem solchen Fall wird die Datenverarbeitung der rechtlichen Untereinheit dem Verantwortlichen zugerechnet, sofern die verarbeitende Stelle keine eigene, faktische Entscheidungsbefugnis über Mittel und Zweck der Datenverarbeitung hat.[219] Das Interesse an der Verarbeitung von personenbezogenen Daten kann dabei als Indiz für die Beurteilung der Entscheidungsbefugnis herangezogen werden.[220] Die Datenverarbeitung im Rahmen des Hinweisgebersystems dient in erster Linie dem Interesse des Unternehmens.[221] Einerseits können durch die Entgegennahme und Bearbeitung von Hinweisen Straftaten aufgedeckt und geahndet werden, andererseits erfüllt das Unternehmen durch die Einrichtung eines Hinweisgebersystems seine gesetzliche Pflicht aus § 12 HinSchG. Eine eigenständige Entscheidung über die Zwecke der Datenverarbeitung durch die Meldestelle ist im Wesentlichen bereits dadurch ausgeschlossen, dass durch die hinweisgeberschutzrechtlichen Regelungen enge Grenzen gesetzt werden. Lediglich formale Vorgaben können die Verantwortlichkeit zwar weder begründen noch unterbinden. Der Meldestelle kommt jedoch innerhalb ihrer formellen Befugnisse keine eigene Entscheidungsgewalt zu, da allein das Unternehmen bzw. die Leitungsebene[222] die Verantwortung für das Hinweisgebersystem trägt. Dies gilt sowohl für Datenverarbeitungsvorgänge im Zusammenhang mit der Entgegennahme als auch mit der Verwendung entsprechender Daten im Rahmen etwaiger Folgemaßnahmen. Die gesetzlich normierte Unabhängigkeit in § 15 Abs. 1 HinSchG kann das Unternehmen nicht von ihrer Pflicht befreien, Schäden vom Unternehmen

---

217 EDPB, Guidelines 7/20, Version 2.1 v. 07.07.2021, S. 12.
218 BeckOK ArbR/*Bruns*, § 8 HinSchG Rn. 16; a.A. *Bayreuther*, DB 2023, 1537, 1541.
219 Art.-29-Datenschutzgruppe, WP 169, S. 39; Taeger/Gabel/*Arning/Rothkegel*, Art. 4 DS-GVO Rn. 177, 179; Gola/Heckmann/*Gola* Art. 4 DS-GVO Rn. 63; Kühling/Buchner/*Hartung*, Art. 4 Nr. 7 DS-GVO Rn. 9; Thüsing/*Thüsing/Pötters*, § 15 Rn. 20; a.A. BeckOK Datenschutzrecht/*Schild*, Art. 4 DS-GVO Rn. 89.
220 EuGH 10.07.2018, NZA 2018, 991, 996 Rn. 68 – Zeugen Jehovas; *Radtke*, Gemeinsame Verantwortlichkeit unter der DS-GVO, S. 145.
221 *Richter*, ArbRAktuell 2020, 613 f.
222 *Casper* in Liber Amicorum für Winter, 77, 96.

abzuwenden und Aufklärungsmaßnahmen zu ergreifen.[223] Diesem Ergebnis entspricht auch die Gesetzesbegründung zu § 18 HinSchG, wonach interne Meldestellen „die Aufgabe [haben], Meldungen nachzugehen, deren Stichhaltigkeit zu prüfen und dazu beizutragen, etwaige Verstöße abzustellen"[224]. Die Meldestelle kann folglich allenfalls einen Beitrag bei der Ermittlung und der anschließenden arbeitsrechtlichen Sanktionierung leisten; die endgültige Verantwortung obliegt jedoch dem Arbeitgeber.[225] Auch der Blick auf die haftungsrechtlichen Konsequenzen, die den Verantwortlichen bei der Durchführung derartiger Maßnahmen treffen können, bestätigt die Annahme der Verantwortlichkeit des Arbeitgebers.[226] Auch wenn das Unternehmen keinen Einfluss auf den konkreten Zeitpunkt einer Datenverarbeitung ausüben kann, gibt es durch seine organisatorischen Kompetenz die konkrete Tätigkeit so weit vor, dass die Meldestelle keine wesentlichen Entscheidungsbefugnisse behält. Im Übrigen stehen auch die Mittel der Datenverarbeitung nicht zur Disposition der Meldestelle, sondern werden ausschließlich durch das Unternehmen vorgegeben.

Das selbstständige Handeln der Meldestelle wird insofern dem Beschäftigungsgeber zugerechnet. Die Zuordnung einzelner Mitarbeiter in die übergeordnete rechtliche Einheit des Arbeitgebers i.S.d. Funktionsträgerprinzips[227] entspricht einem wirkungsvollen Datenschutz, wobei auch eine etwaige räumliche Trennung der Mitarbeiter oder die Verwendung unternehmendfremder IT nicht zu einer Durchbrechung der Zurechnung führen.[228]

Ausnahmen von der Beurteilung des Arbeitgebers als organisatorische Einheit sind nur dann zu machen, wenn ein datenverarbeitender Mitarbeiter eigene Entscheidungen für eigene Zwecke trifft und also nicht mehr im Interesse des Arbeitgebers handelt.[229] Ein derartiger Exzess liegt – unabhängig vom subjektiven Interesse des Mitarbeiters – vor, wenn die Da-

---

223 BeckOK HinSchG/*Dilling*, § 15 Rn. 10.
224 BT-Drs. 20/3442, S. 82.
225 *Bayreuther*, DB 2023, 1537, 1540.
226 Ähnlich auch BeckOK HinSchG/*Dilling*, § 15 Rn. 3.
227 *Ambrock*, ZD 2020, 492, 493.
228 *Conrad*, ZD 2011, 153, 154; jedenfalls bei Verarbeitung dienstlicher Daten *Jung/Hansch*, ZD 2019, 143, 146.
229 *Ambrock*, ZD 2020, 492, 493; Franzen/Gallner/Oetker/*Franzen* Art. 4 DS-GVO Rn. 12a; Kühling/Buchner/*Hartung*, Art. 4 Nr. 7 DS-GVO Rn. 10; Schantz/Wolff/*Schantz*, Das neue Datenschutzrecht, Rn. 360.

tenverarbeitung objektiv dem Interesse des Unternehmens widerspricht,[230] sodass sie der unternehmerischen Tätigkeit nicht mehr zugerechnet werden kann.[231]

(2) Adressat des Vertraulichkeitsgebots

Die ausdrückliche Verantwortlichkeit der Meldestelle gemäß § 8 Abs. 1 HinSchG für die Sicherstellung der Vertraulichkeit der Identität[232] eines Hinweisgebers hat keinen Einfluss auf die Beurteilung der Verantwortlichkeit für das Auskunftsverlangen. Die Meldestelle ist prinzipiell auch gegenüber dem Arbeitgeber zur Vertraulichkeit verpflichtet.[233] Eine Weitergabe der bei der Meldestelle eingehenden Hinweise an Dritte ist gemäß § 8 Abs. 1 HinSchG grundsätzlich nur unter Bezugnahme auf den Sachverhalt und ohne Nennung der hinweisgebenden Personen, betroffenen Personen oder anderer benannter Dritter zulässig. Der EuGH hat in der Entscheidung *Zeugen Jehovas* jedoch klargestellt, dass eine (gemeinsame) Verantwortlichkeit nicht zwingend voraussetzt, dass jeder Akteur Zugriff auf die verarbeiteten Daten hat. Vielmehr sah er es als ausreichend an, dass die Gemeinschaft der Zeugen Jehovas die Verkündigungstätigkeit organisiert und koordiniert hat, ohne dass es ihrem Zugriff auf die konkreten Daten bedurft hätte.[234] Dass der Arbeitnehmer keine Informationen über die Herkunft der Daten erhält, steht der Verantwortlichkeit demzufolge nicht zwangsläufig entgegen.

(3) Gemeinsame Verantwortlichkeit

Die unternehmensinterne Meldestelle und der Beschäftigungsgeber sind auch nicht gemäß Art. 26 Abs. 1 S. 1 DS-GVO gemeinsam verantwortlich. Zwar genügt die bloße Beteiligung an Zwecken und Mitteln der Datenver-

---

230 *Ambrock*, ZD 2020, 492, 493; *Jung/Hansch*, ZD 2019, 143, 146.
231 DSK, Entschließung der 97. Konferenz der unabhängigen Datenschutzaufsichtsbehörden des Bundes und der Länder am 03.04.2019, S. 1.
232 *Bayreuther*, DB 2023, 1537, 1543; *Bürger/v. Dahlen*, DB 2023, 829, 831; *Musiol*, Hinweisgeberschutz und Datenschutz, S. 460; *Nikol*, CB 2023, 351, 354.
233 Siehe unten bb); *Bayreuther*, NZA-Beil. 2022, 20, 27.
234 EuGH 10.07.2018, NZA 2018, 991, 996 Rn. 75 – Zeugen Jehovas.

arbeitung eines anderen Verantwortlichen.[235] Stets ist jedoch eine eigene Entscheidungsbefugnis erforderlich, wobei ein paritätischer Grad der Verantwortlichkeit nicht erforderlich ist.[236] Wie soeben festgestellt, erfolgt die Verarbeitung der Hinweisgebermeldungen ausschließlich für die Zwecke des Unternehmens, ohne dass der Meldestelle eine eigene Entscheidungsbefugnis über Zweck oder Mittel der Datenverarbeitung zukommt.

(4) Auftragsdatenverarbeitung

Die Meldestelle handelt ferner nicht in den Grenzen einer Auftragsdatenverarbeitung gemäß Art. 4 Nr. 8 DS-GVO. Im Gegensatz zur gemeinsamen Verantwortung beauftragt der Verantwortliche (sog. Auftraggeber) im Rahmen einer Auftragsverarbeitung i.S.d. Art. 28 DS-GVO einen Dritten (den sog. Auftragsverarbeiter), personenbezogene Daten in seinem Namen und auf seine Weisung zu verarbeiten. Dabei bestimmt der Auftraggeber allein über Zweck und Mittel der Datenverarbeitung und bleibt für deren Schutz und rechtmäßige Verarbeitung verantwortlich,[237] während der Auftragsverarbeiter nur auf Weisung des Verantwortlichen[238] handelt und keine eigene Entscheidungsbefugnis über die Verarbeitung der Daten innehat.[239] Beschäftigte sind gegenüber dem Arbeitgeber zwar weisungsgebunden, sodass eine Auftragsdatenverarbeitung der unternehmensinternen Meldestelle jedenfalls diskussionswürdig scheint. Zwingende Voraussetzung für die Annahme einer Auftragsverarbeitung ist jedoch der Abschluss eines Vertrags i.S.d. Art. 28 Abs. 3 DS-GVO über die weisungsgebundene Tätigkeit.[240] Errichtet das Unternehmen eine unternehmensinterne Meldestelle und besetzt diese mit Arbeitnehmern, wird kein solcher Auftragsverarbeitungsvertrag geschlossen.[241] Relevanz erlangt die Rechtsform der Auftragsverarbeitung daher erst in Fällen, in denen die Meldestelle externalisiert wird

---

235 EuGH 29.07.2019, NJW 2019, 2755, 2759 Rn. 85 – Fashion-ID; *Gierschmann*, ZD 2020, 69, 70 f.; *Härting/Gössling*, NJW 2018, 2523, 2524.
236 EuGH 29.07.2019, NJW 2019, 2755, 2757 f. Rn. 70 – Fashion-ID; EuGH 10.07.2018, NZA 2018, 991, 995 Rn. 66 – Zeugen Jehovas.
237 Art.-29-Datenschutzgruppe, WP 169, S. 31; *Monreal*, ZD 2014, 611, 612.
238 Vgl. zur Weisungshoheit, Art. 29 DS-GVO.
239 *Härting/Gössling*, NJW 2018, 2523, 2525.
240 DSK Kurzpapier Nr. 13, S. 2.
241 *Richter*, ArbRAktuell 2020, 613, 614.

Kapitel 1: Rechtliche Rahmenbedingungen

und der Auftragsverarbeiter als „verlängerter Arm des Unternehmens"[242] fungiert, ohne integraler Teil des Arbeitgebers zu sein.[243]

(iii) Zwischenergebnis

Die unternehmensinterne Meldestelle ist nicht verantwortlich i.S.d. Art. 4 Nr. 7 DS-GVO. Für die Geltendmachung des Auskunftsverlangens ist der Arbeitgeber der richtige Antragsgegner.

cc) Verantwortlichkeit einer unternehmensfremden Meldestelle?

Die vorgehende Beurteilung lässt sich nicht ohne Weiteres auf Fälle übertragen, in denen das Unternehmen interne Meldestellen externalisiert. Hier ergeben sich vor allem bei der Beauftragung rechtsanwaltlicher Ombudspersonen Besonderheiten, die Auswirkungen auf die Entscheidungsbefugnis über die relevante Datenverarbeitung haben können.

(i) Vorteile externalisierter Meldestellen

Dass Unternehmen ihre internen Meldestellen an Dritte auslagern dürfen, ergibt sich ausdrücklich aus § 14 Abs. 1 S. 1 HinSchG.[244] Die Regelung ermöglicht insbesondere kleineren und mittelständischen Unternehmen eine ressourcenschonende rechtskonforme Erfüllung der in § 12 Abs. 1 HinSchG vorgesehenen Errichtungspflicht von Hinweisgebersystemen.[245] Beispiele für mögliche unternehmensfremde Stellen können nach Erwägungsgrund 54 HinSchRL externe Berater, Prüfer sowie Gewerkschafts- oder Arbeitnehmervertreter sein.[246] Im Übrigen gelten die bereits dargestellten Vorgaben des HinSchG, die insbesondere die Unabhängigkeit und Eigenständigkeit der internen Meldestellen normieren.

---

242 *Schmidt/Freund*, ZD 2017, 14, 16; *Arens*, ZIP 2020, 1644, 1645; BeckOK DatenschutzR/*Spoerr*, Art. 28 DS-GVO Rn. 18; Auer-Reinsdorff/Conrad/*Thalhofer/Żdanowiecki*, § 19 Rn. 150.
243 Paal/Pauly/*Martini*, Art. 29 DS-GVO Rn. 13.
244 *Azinović/Wenk*, ArbRAktuell 2023, 400.
245 *Azinović/Wenk*, ArbRAktuell 2023, 400.
246 Mit Verweis auf Erwägungsgrund 54, BT-Drs. 20/3442, S. 79.

(ii) Besonderheiten bei Auslagerung der Meldestelle an eine Ombudsperson

Anwaltliche Ombudspersonen sind bereits aufgrund ihrer beruflichen Funktion (§ 3 Abs. 1 BRAO) als eigenständig zu qualifizieren und damit nicht integraler Bestandteil der Compliance-Organisation.[247]

Die beruflich begründete Unabhängigkeit gemäß §§ 1, 43a BRAO wirkt sich dabei nicht nur auf klassisch rechtsanwaltliche Tätigkeiten, wie die Vertretung vor Gericht aus, sondern erstreckt sich auch auf ihre Rolle als Ombudsperson.[248]

Der Kontakt mit einer unternehmensfremden Person senkt für Hinweisgeber häufig die Hemmschwelle, einen konkreten Verdacht zu äußern. Die Unternehmen profitieren dabei bereits in einem früheren Stadium der Meldung eines Fehlverhaltens von der fachlichen Kompetenz einer Ombudsperson.[249]

(iii) Konsequenzen für die Verantwortlichkeit in Bezug auf das Auskunftsverlangen

Unabhängig von der besonderen Stellung einer externalisierten Meldestelle bzw. einer Ombudsperson hängt die Zuordnung der Verantwortlichkeit allein von der Entscheidungsbefugnis über Zwecke und Mittel der Datenverarbeitung ab.

(1) Eigene Entscheidungsbefugnis einer unternehmensfremden Meldestelle in Abgrenzung zur Auftragsdatenverarbeitung

Die Beurteilung der Entscheidungsbefugnis bemisst sich an den oben dargestellten Grundsätzen. Handelt eine unternehmensfremde Meldestelle als „verlängerter Arm des Unternehmens"[250], kommt ein Auftragsdatenverar-

---

247 *Bernhard,* CCZ 2014, 153.
248 *Buchert/Buchert,* ZWH 2019, 212, 214; *Brockhaus,* CB 2023, 8, 10; *Klasen/Schaefer,* DB 2012, 1384, 1386; differenzierter *Baranowski/Pant,* CCZ 2018, 250, 252 f.
249 *Bernhard,* CCZ 2014, 152 f.; Hauschka/Moosmayer/Lösler/*Buchert,* § 42 Rn. 29 ff.; *Feger,* CB 2022, 187, 189.
250 *Schmidt/Freund,* ZD 2017, 14, 16; *Arens,* ZIP 2020, 1644, 1645; BeckOK DatenschutzR/*Spoerr,* Art. 28 DS.GVO Rn. 18; Auer-Reinsdorff/Conrad/*Thalhofer/Żdanowiecki,* § 19 Rn. 150.

Kapitel 1: Rechtliche Rahmenbedingungen

beitungsverhältnis gemäß Art. 4 Nr. 8, 28 DS-GVO zwischen Meldestelle und Arbeitgeber in Betracht.[251] Die Entscheidungsbefugnis über Zwecke und Mittel der Datenverarbeitung im Hinweisgebersystem obliegt dem Arbeitgeber. Der Auftragsdatenverarbeiter ist durch Vertrag gemäß Art. 28 Abs. 3 DS-GVO weisungsabhängig für die konkrete Verarbeitung zuständig. In der Konsequenz ändert sich damit an der Verantwortlichkeit in Bezug auf das Auskunftsverlangen nichts. Datenschutzrechtlich verantwortlich und damit korrekter Antragsgegner für den Anspruch gemäß Art. 15 Abs. 1 DS-GVO bleibt der Arbeitgeber.

Maßgeblich für die Beurteilung ist die konkrete Ausgestaltung des Verhältnisses zwischen den beteiligten Parteien, ohne dass eine verallgemeinernde Aussage getroffen werden könnte. Die Datenverarbeitung durch den potenziellen Auftragsdatenverarbeiter muss Hauptzweck der Abrede sein.[252] Über die Verarbeitung hinausgehende Dienstleistungen, die von der Meldestelle erbracht werden sollen, stehen einer Auftragsdatenverarbeitung entgegen.[253] Beauftragt der Arbeitgeber beispielsweise einen externen Berater ausschließlich mit der Entgegennahme von Hinweisen, wird hierin regelmäßig eine bloße Auftragsdatenverarbeitung liegen.

Sieht die vertragliche Vereinbarung der Parteien ferner vor, dass der potenzielle Auftragsnehmer Hinweisgebermeldungen ausschließlich für die Zwecke des Arbeitgebers sowie weisungsabhängig verarbeitet, ohne dass er hieraus resultierende Daten für eigene Zwecke verwendet, handelt es sich in der Regel ebenfalls um ein Verhältnis i.S.d. Art. 28 DS-GVO. Der Betreiber eines solchen Hinweisgebersystems übermittelt dem Arbeitgeber in der Regel Berichte über eingegangene Meldungen, ohne dass er dabei eigene Zwecke verfolgt oder ihm eine eigene Entscheidungsbefugnis über die konkreten Daten zukommt.[254]

Im Gegensatz zu unternehmensinternen Einheiten kommt externalisierten Meldestellen oftmals ein eigenes, wirtschaftliches Interesse zu, was ein

---

[251] Siehe auch BT-Drs. 20/3442, S. 80: „*Soweit externe Dritte im Rahmen einer Auftragsverarbeitung mit der Einrichtung und dem Betreiben der internen Meldestelle beauftragt werden, sind die Vorgaben für Auftragsdatenverarbeitungen zu beachten, vergleiche Artikel 28 DS-GVO.*"
[252] Bayerisches Landesamt für Datenschutzaufsicht, Abgrenzung Auftragsverarbeitung, S. 1.
[253] Bayerisches Landesamt für Datenschutzaufsicht, Abgrenzung Auftragsverarbeitung, S. 1.
[254] *Rüdiger/Adelberg*, K&R 2023, 172, 173.

B. Das datenschutzrechtliche Auskunftsrecht gemäß Art. 15 Abs. 1 DS-GVO

Indiz für die Entscheidungsbefugnis sein kann.[255] Einschränkend ist jedoch zu berücksichtigen, dass das bloße wirtschaftliche Eigeninteresse keine Einflussnahme indiziert.[256] Erforderlich ist vielmehr, dass die Meldestelle ein eigenes Interesse in Bezug auf die Verarbeitung und die konkreten Daten hat,[257] beispielsweise weil sie die Daten anschließend selbst analysieren oder für Werbezwecke weitergeben möchte.[258] Abgesehen von wirtschaftlichen Aspekten verfolgt eine externalisierte Meldestelle allerdings nicht zwangsläufig weitere derartige Zwecke.

Im Umkehrschluss ist eine Meldestelle selbst für die Datenverarbeitung im Kontext des Hinweisgebersystems verantwortlich, wenn sie über die Entgegennahme von Meldungen hinaus weitere Dienstleistungen für den Arbeitgeber übernimmt. Dass sie hierzu prinzipiell befähigt ist, verdeutlichen die §§ 17, 18 HinSchG. Danach ist die Meldestelle beispielsweise zur Prüfung der Stichhaltigkeit gemäß § 17 Abs. 1 Nr. 4 HinSchG angehalten und kann angemessene Folgemaßnahmen gemäß § 17 Abs. 1 Nr. 6 HinSchG ergreifen. Zugleich stellt § 15 Abs. 1 HinSchG fest, dass die Meldestelle andere Aufgaben wahrnehmen darf, sofern keine Interessenkonflikte bestehen. Fungiert die Meldestelle nicht nur als „Annahmestelle"[259] für den Arbeitgeber, so ist sie ferner verpflichtet, weitere Maßnahmen zu ergreifen,[260] da andere Einheiten gemäß § 16 Abs. 2 HinSchG nicht auf eingehende Meldungen zugreifen dürfen.[261] Das Verfahren kann dadurch ausschließlich von der Meldestelle durchgeführt werden, sodass sie diesbezüglich über die Zwecke der konkreten Datenverwendung entscheidet. Sieht das Auftragsverarbeitungsverhältnis keine Weisungsabhängigkeit zwischen Arbeitgeber und externalisierte Meldestelle vor, sind die konkreten Datenverarbeitungen der Entscheidungsbefugnis des Arbeitgebers entzogen.

Die datenschutzrechtliche Verantwortlichkeit des Arbeitgebers spielt erst dann wieder eine Rolle, wenn die Meldestelle Informationen, beispielsweise aufgrund weitergehender Folgemaßnahmen, gemäß § 18 Nr. 4 HinSchG an

---

255 EuGH 10.07.2018, NZA 2018, 991, 995 Rn. 68 – Zeugen Jehovas; *Radtke*, Gemeinsame Verantwortlichkeit unter der DS-GVO, S. 145.
256 EDPB Guidelines 07/20, Version 2.1 v. 07.07.2021, S. 21; *Radtke*, Gemeinsame Verantwortlichkeit unter der DS-GVO, S. 145.
257 EDPB Guidelines 07/20, Version 2.1 v. 07.07.2021, S. 21; *Radtke*, Gemeinsame Verantwortlichkeit unter der DS-GVO, S. 145.
258 *Radtke*, Gemeinsame Verantwortlichkeit unter der DS-GVO, S. 146.
259 *Rüdiger/Adelberg*, K&R 2023, 172, 174.
260 Siehe zur Rechtspflicht des § 17 Abs. 1 Nr. 4 HinSchG in Kap. A. II. 2.
261 *Clodius/Warda*, CB 2021, 137, 141, spricht schon vor Einführung des HinSchG von dem „*Need-to-know-Prinzip*".

Kapitel 1: Rechtliche Rahmenbedingungen

den Arbeitgeber übermittelt. Für diesen neuen Datenverarbeitungsvorgang im Zusammenhang mit Ermittlungsmaßnahmen ist mithin der Arbeitgeber selbst verantwortlich.

(2) Entscheidungsbefugnis einer rechtsanwaltlichen Ombudsperson

Die gesetzlich in § 1 BRAO festgesetzte Unabhängigkeit des Rechtsanwalts steht einer Weisungsbefugnis des Arbeitgebers hinsichtlich Zweck und Mittel einer Datenverarbeitung entgegen.[262] Eine rechtsanwaltliche Ombudsperson verarbeitet Daten aus der Hinweisgebermeldung vor dem Hintergrund seiner berufsrechtlichen Unabhängigkeitspflicht und daher stets zu eigenen Zwecken.[263] Obschon er dabei die Belange und Interessen des Unternehmens wahrnimmt, wird diese Tätigkeit durch die gesetzlichen, insbesondere die berufsrechtlichen Vorgaben beschränkt.[264] Der Rechtsanwalt entscheidet ferner alleine darüber, auf welche Mittel er für die Verarbeitung der Informationen aus der Meldung zurückgreift.[265] Folglich obliegt ihm die datenschutzrechtliche Verantwortlichkeit i.S.d. Art. 4 Nr. 7 DS-GVO, sodass ein Auskunftsverlangen gegenüber der Ombudsperson geltend zu machen ist.

Die berufsrechtlich in § 43a BRAO begründeten Pflichten der rechtsanwaltlichen Ombudsperson sorgen bei Geltendmachung des Auskunftsanspruchs allerdings für eine besondere Herausforderung. Nach § 43a Abs. 2 S. 1 BRAO ist der Rechtsanwalt prinzipiell zur Verschwiegenheit verpflichtet, sodass die Erfüllung des Auskunftsverlangens regelmäßig mit Verweis auf diese berufsrechtliche Pflicht verweigert werden könnte.[266] Verstößt der Rechtsanwalt gegen die Pflicht kommt eine Strafbarkeit gemäß § 203 StGB in Betracht. Die Verschwiegenheitspflicht ist dabei umfassend zu verstehen und schließt nicht nur die Identität des Hinweisgebers ein, sondern alle Umstände, die dem Rechtsanwalt im Zusammenhang mit einer Meldung bekannt geworden sind.[267] Die Kollision zwischen dem datenschutzrechtlich verankerten Auskunftsinteresse und der berufsrechtlich gebotenen Verschwiegenheit würde regelmäßig zu Lasten des Beschuldigten

---

262 *Ziegenhorn/Fokken*, ZD 2019, 194, 197.
263 Art.-29-Datenschutzgruppe, WP 169, S. 35; *Ziegenhorn/Fokken*, ZD 2019, 194, 197; *Peisker*, Der datenschutzrechtliche Auskunftsanspruch, S. 210.
264 *Ziegenhorn/Fokken*, ZD 2019, 194, 197.
265 *Ziegenhorn/Fokken*, ZD 2019, 194, 197.
266 *Buchert/Buchert*, ZWH 2019, 212, 214; *Egger*, CCZ 2018, 126, 128.
267 So allgemein *Dahns*, NJW-Spezial 2022, 574.

B. Das datenschutzrechtliche Auskunftsrecht gemäß Art. 15 Abs. 1 DS-GVO

aufgelöst werden, wenn der Hinweis auf die Verschwiegenheitspflicht genügt. Im Umkehrschluss könnte sich der Arbeitgeber durch die Externalisierung einer internen Meldestelle den Pflichten aus Art. 15 Abs. 1 DS-GVO entziehen, sofern die rechtsanwaltliche Ombudsperson die Erfüllung des Auskunftsverlangens stets verweigern dürfte. Ein derartiger Ausschluss des Betroffenenrechts ist mit den Vorgaben der DS-GVO jedoch unvereinbar.

Die Begründung der pauschalen Verweigerung eines Auskunftsersuchens mit der Verschwiegenheitspflicht ohne Berücksichtigung des – primärrechtlich verankerten – Auskunftsinteresses im Rahmen einer Abwägungsentscheidung widerspräche sowohl dem Schutzzweck der DS-GVO als auch verfassungsrechtlichen Vorgaben. Das Betroffenenrecht gemäß Art. 15 Abs. 1 DS-GVO dient der unmittelbaren Umsetzung des Transparenzgebots in Art. 5 Abs. 1 lit. a Alt. 3 DS-GVO. Dieser datenschutzrechtliche Grundsatz ist primärrechtlich in Art. 8 Abs. 2 S. 2 GRCh verankert[268] und spielt für die Geltendmachung eines Auskunftsverlangens im Kontext einer Hinweisgebermeldung eine zentrale Rolle. Vor diesem Hintergrund setzt eine rechtmäßige Datenverarbeitung voraus, dass der Betroffenen tatsächlich die Möglichkeit hat, Auskunft über die Verarbeitung ihn betreffender Daten zu erhalten. Eine gänzliche Verweigerung der Auskunft steht diesem datenschutzrechtlichen Grundsatz allerdings entgegen.

Die Erfüllung des Auskunftsverlangens hinge in einem solchen Fall nicht mehr von der Wahrung des Verhältnismäßigkeitsgrundsatzes ab, sondern ausschließlich davon, ob der Arbeitgeber die unternehmerische Entscheidung trifft, seine interne Meldestelle an eine rechtsanwaltliche Ombudsperson auszulagern. Während der zu Unrecht Beschuldigte von einer unternehmensinternen Meldestelle Auskunft erhalten würde, würde demselben Betroffenen bei einer rechtsanwaltlichen Meldestelle die Auskunft verweigert werden. Da das Gesetz keine Ausnahmeregelung für die Auskunftserteilung einer Ombudsperson vorsieht, ist der Rechtsanwalt mithin unter Strafandrohung des § 203 StGB prinzipiell zur Verschwiegenheit verpflichtet.

Eine Ausnahme hiervon gilt nur, wenn der Mandant den Rechtsanwalt von der Verpflichtung des § 43a BRAO entbindet.[269] Da die Ombudsperson

---

268 Paal/Pauly/*Frenzel*, Art. 5 DS-GVO Rn. 21.
269 *Brockhaus*, CB 2023, 8, 12; *Musiol*, Hinweisgeberschutz und Datenschutz, S. 506 f.; allgemein Weyland/*Bauckmann*, § 43a BRAO Rn. 14; *Dahns*, NJW-Spezial 2022, 574.

Kapitel 1: Rechtliche Rahmenbedingungen

in einem Mandatsverhältnis zu dem Arbeitgeber steht,[270] obliegt es diesem mit Blick auf seine Fürsorgepflicht die Pflicht des Rechtsanwalts einzuschränken, um Nachteile zu Lasten des Beschuldigten zu verhindern und eine mit der DS-GVO unvereinbare Beschränkung des Auskunftsanspruchs zu unterbinden. Durch eine Entbindung von der Verschwiegenheitspflicht wird der Hinweisgeber im Übrigen nicht benachteiligt, da die Meldestelle in einem solchen Fall auch weiterhin dem Vertraulichkeitsgebot gemäß § 8 Abs. 1 HinSchG unterliegt, dessen Schutzumfang durch Entbindung von der Schweigepflicht nicht verringert werden kann. Dies ergibt sich bereits daraus, dass der Arbeitgeber selbst nicht Adressat des Vertraulichkeitsgebots ist und folglich hierüber nicht verfügen kann.

(3) Gemeinsame Verantwortlichkeit und Auftragsverarbeitung durch eine rechtsanwaltliche Ombudsperson

Eine gemeinsame Verantwortlichkeit zwischen rechtsanwaltlicher Meldestelle und dem Arbeitgeber kommt nicht in Betracht. Die rechtsanwaltliche Ombudsperson kann bereits aufgrund ihrer beruflichen Unabhängigkeit gemäß §§ 1, 43a BRAO nicht als gemeinsam mit dem Arbeitgeber entscheidungsbefugt gelten.[271]

Zudem schließt die rechtsanwaltliche Ombudstätigkeit ein Auftragsverhältnis zum Arbeitgeber prinzipiell aus. Die Unabhängigkeit der Ombudsperson steht im offensichtlichen Widerspruch zur weisungsgebundenen Tätigkeit eines Auftragsverarbeiters. Soll die Ombudsperson dagegen lediglich als Anlaufstelle für Hinweisgebermeldungen dienen, ohne zugleich rechtlich tätig zu werden, kann sie auch als Auftragsverarbeiter auftreten.[272] Die Funktion als Rechtsanwalt tritt in einem solchen Fall in den Hintergrund, weswegen das Unternehmen keine rechtliche Expertise von der Ombudsperson erwarten darf. Maßgeblich ist allein die Entgegennahme von Hinweisen als personifizierte Empfangseinrichtung, wobei die Informationen anschließend als „verlängerter Arm"[273] an das Unternehmen wei-

---

270 *Brockhaus*, CB 2023, 8, 10ff., 14.
271 *Ziegenhorn/Fokken*, ZD 2019, 194, 197; a.A. *Dangl/Wess*, ZWF 2019, 136, 137.
272 *Rüdiger/Adelberg*, K&R 2023, 172, 174.
273 *Schmidt/Freund*, ZD 2017, 14, 16; *Arens*, ZIP 2020, 1644, 1645; BeckOK DatenschutzR/*Spoerr*, Art. 28 DS.GVO Rn. 18; Auer-Reinsdorff/Conrad/*Thalhofer/Żdanowiecki*, § 19 Rn. 150.

tergegeben werden.[274] Die Weisungsabhängigkeit ist einem solchen Fall gegeben, da die rechtsanwaltliche Ombudsperson keine eigenverantwortlichen Entscheidungen über die Verarbeitung der Daten trifft und folglich nicht im eigentlichen Sinne ihrer beruflichen Funktion tätig wird.[275] Als Konsequenz einer solchen Abrede zwischen dem Auftraggeber und der Ombudsperson ist diese entgegen vorhergehenden Ausführungen nicht für die Erfüllung des Auskunftsverlangens verantwortlich.

dd) Konsequenzen für den Auskunftsantrag

Macht der Beschuldigte seinen Auskunftsantrag bei einer unzuständigen Stelle geltend, beispielsweise weil ihm nicht bekannt ist, dass die externalisierte Meldestelle selbst verantwortlich i.S.d. Art. 4 Nr. 7 DS-GVO ist, kann der Arbeitgeber dieses Verlangen grundsätzlich nicht erfüllen. In einem solchen Fall bleibt ihm die Möglichkeit, den Betroffenen an die verantwortliche Meldestelle zu verweisen, sodass dieser ein erneutes Auskunftsersuchen stellen kann. Der Arbeitgeber kann ferner den Antrag des Arbeitnehmers selbst an die Meldestelle weiterleiten, sodass sich diese mit dem Betroffenen in Verbindung setzen und den Anspruch unmittelbar erfüllen kann.[276] Eine Auskunft darf in einem solchen Fall allerdings nur dem Antragsberechtigten selbst erteilt werden. Dies lässt sich aus § 16 Abs. 2 HinSchG folgern, wonach nur die für die Meldung zuständigen und ggf. unterstützende Personen – im Rahmen notwendigen Unterstützungstätigkeit – Zugriff auf die mitgeteilten Informationen erhalten dürfen.[277]

Hat die Meldestelle dem Arbeitgeber im Hinblick auf Folgemaßnahmen gemäß § 18 Nr. 4 HinSchG Informationen weitergegeben, so ist der Arbeitgeber jedenfalls für diese selbst verantwortlich, sodass er Auskunft im Umfang der weitergegebenen Informationen erteilen kann. Für darüber hinausgehende Auskünfte gilt soeben Gesagtes.

---

274 Str.; in diesem Sinne *Bernhard,* CCZ 2014, 152, 154; *Peisker,* Der datenschutzrechtliche Auskunftsanspruch, S. 210; *Scheja,* DSB 2023, 158, 159 f.
275 *Rüdiger/Adelberg,* K&R 2023, 172, 174.
276 So auch *Peisker,* Der datenschutzrechtliche Auskunftsanspruch, S. 459.
277 BT-Drs. 20/3442, S. 81.

Kapitel 1: Rechtliche Rahmenbedingungen

ee) Zusammenfassung

Vorstehende Überlegungen lassen sich in folgenden Ergebnissen zusammenfassen:

1. Internen Meldestellen kommt prinzipiell keine Entscheidungsbefugnis über Zwecke und Mittel der Datenverarbeitung im Rahmen eines Hinweisgebersystems zu.
2. Der Arbeitgeber ist datenschutzrechtlich Verantwortlicher i.S.d. Art. 4 Nr. 7 DS-GVO und folglich korrekter Antragsgegner für das Auskunftsverlangen gemäß Art. 15 Abs. 1 DS-GVO.
3. Anders ist es zu beurteilen, wenn der Arbeitgeber die Meldestelle an eine rechtsanwaltliche Ombudsperson externalisiert. Die rechtsanwaltliche Unabhängigkeit gemäß §§ 1, 43a BRAO begründet dann eine alleinige Entscheidungsbefugnis der Ombudsperson. Der Auskunftsanspruch ist in solchen Fällen an diese zu richten.
4. Den genannten Bewertungen kann differenzierend nach der konkreten Ausgestaltung eines Meldekanals eine gewisse Prognose für die Verantwortlichkeit entnommen werden; dies darf jedoch nicht darüber hinwegtäuschen, dass eine pauschale Beantwortung der Frage nach der Verantwortlichkeit nicht möglich und eine individuelle Analyse der jeweiligen Infrastruktur weiterhin notwendig ist.[278]

c) Erfüllung

Art. 12 Abs. 3 und 4 DS-GVO regelt das Beantwortungs- und Beschleunigungsgebot, wonach der Verantwortliche die Informationen grundsätzlich unverzüglich zur Verfügung zu stellen hat.[279] Nach Art. 12 Abs. 5 DS-GVO ist die Auskunft unentgeltlich zu erteilen; nur ausnahmsweise, in Fällen des Missbrauchs, kann der Verantwortliche ein Entgelt für die Bereitstellung der Auskunft fordern.[280] Gemäß Art. 12 Abs. 1 S. 2 DS-GVO erfolgt die Erfüllung des Auskunftsverlangens schriftlich oder in anderer Form,

---

278 Ebenso *Paal/Nikol*, PinG 2022, 211, 214; *Rüdiger/Adelberg*, K&R 2023, 172, 175.
279 Sydow/Marsch/*Bienemann*, Art. 15 DS-GVO Rn. 39; *Klachin/Schaff*, AuA 2021, 20, 23; Taeger/Gabel/*Mester*, Art. 15 DS-GVO Rn. 17; BeckOK DatenschutzR/*Schmidt-Wudy*, Art. 15 DS-GVO Rn. 83.
280 Kühling/Buchner/*Bäcker*, Art. 15 DS-GVO Rn. 30; *Klachin/Schaff*, AuA 2021, 20, 23; *Lentz*, ArbRB 2019, 150, 152; *Petri*, DuD 2020, 810, 813.

beispielsweise durch Einsichtsgewährung direkt vor Ort,[281] ggf. auch elektronisch. Sofern die Identität der betroffenen Person in anderer Form nachgewiesen wurde, kommt ausnahmsweise auf Verlangen des Betroffenen die mündliche Erteilung einer Auskunft gemäß Art. 12 Abs. 1 S. 3 DS-GVO in Betracht.[282] Die Informationen müssen dem Betroffenen jedenfalls präzise, transparent, verständlich und leicht zugänglich in klarer und einfacher Sprache[283] bereitgestellt werden.

Die Erfüllungswirkung gemäß § 362 Abs. 1 BGB tritt dabei unabhängig von der inhaltlichen Richtigkeit der Auskunftserteilung ein, wenn die Angaben nach dem – ggf. konkludent – erklärten Willen des Verantwortlichen die Auskunft im geschuldeten Gesamtumfang darstellen.[284] Der Verdacht einer unrichtigen Beauskunftung begründet demzufolge keinen weitergehenden Anspruch auf Auskunftserteilung.[285] Erst wenn die Erteilung der Auskunft erkennbar unvollständig ist, kann eine Ergänzung verlangt werden.[286]

d) Gerichtliche Geltendmachung

Bei der gerichtlichen Durchsetzung des Anspruchs gemäß Art. 15 Abs. 1 DS-GVO sorgt insbesondere die Frage der Bestimmtheit des Antrags für Inkonsistenzen in der arbeitsrechtlichen Rechtsprechung. Das BAG lehnte bereits mehrfach die Zulässigkeit von Klagen nach Art. 15 DS-GVO ab, die den Bestimmtheitsanforderungen des § 253 Abs. 2 Nr. 2 ZPO nach Ansicht des Gerichts nicht gerecht wurden.[287] Die bloß abstrakte Nennung der Kategorien von Daten, auf die es dem Kläger ankommt, genüge nicht, da der Streit

---

281 *Lembke/Fischels*, NZA 2022, 513, 514.
282 Sydow/Marsch/*Bienemann*, Art. 15 DS-GVO Rn. 40; *Lembke/Fischels*, NZA 2022, 513, 515; von einer mündlichen Erfüllung abratend, *Klachin/Schaff*, AuA 2021, 20, 23.
283 Art. 12 Abs. 1 S. 1 Hs. 1 DS-GVO.
284 BGH 15.06.2021, ZD 2021, 581, 582; BGH 03.09.2020, NJW 2021, 765, 768; LAG Berlin-Brandenburg 16.03.2022, ZD 2023, 57, 58; *Pauly/Mende*, CCZ 2022, 28, 29.
285 BGH 15.06.2021, ZD 2021, 581, 582.
286 BGH 06.03.1952, BeckRS 1952, 103508 Rn. 28f.; BGH 15.06.2021, ZD 2021, 581, 582.
287 Für einen Klageantrag nach Art. 15 Abs. 3 DS-GVO, BAG 27.04.2021, NJW 2021, 2379f. m.Anm. Fuhlrott; für ein Auskunftsbegehren nach „Leistungs- und Verhaltensdaten", BAG 16.12.2021, NJW 2022, 960, 963 m.Anm. Fuhlrott; weniger restriktiv dagegen BGH 15.06.2021, NJW 2021, 2726, 2729.

Kapitel 1: Rechtliche Rahmenbedingungen

so in das Vollstreckungsverfahren verlagert werde.[288] Auch die Verwendung unbestimmter Rechtsbegriffe und die Einbeziehung von Bedingungen[289] stehe der Bestimmtheit eines Antrags i.S.d. § 253 Abs. 2 Nr. 2 ZPO entgegen. Vor diesem Hintergrund sei nach Ansicht des BAG für die Erfüllung eines Kopieanspruchs gemäß Art. 15 Abs. 3 DS-GVO ersatzweise der Weg über eine Stufenklage gemäß § 254 ZPO eröffnet, sodass das Begehren zunächst auf Erteilung einer Auskunft zu richten sei und erst auf dritter Stufe, nach Versicherung an Eides statt, Befriedigung des Anspruchs auf Kopie der verarbeiteten personenbezogenen Daten verlangt werden könne.[290] Dagegen kann der Rechtsprechung des BAG bisher keine ausdrückliche Aussage dahingehend entnommen werden, ob der Auskunftsanspruch bei gerichtlicher Geltendmachung einer Konkretisierung bedarf oder ob der Wortlaut des Art. 15 Abs. 1 DS-GVO den Bestimmtheitsanforderungen genügt.[291]

Nach hier vertretener Ansicht bedarf die Antragsstellung gemäß Art. 15 Abs. 1 Hs. 2 DS-GVO jedoch keiner Konkretisierung. Eine bloße Wiederholung des Wortlauts der Vorschrift genügt – aus Gründen des effektiven Rechtsschutzes – den prozessualen Bestimmtheitsanforderungen.[292] Der materiell-rechtlichen Wirksamkeit des Auskunftsanspruchs würde eine weitergehende Konkretisierungspflicht entgegenstehen, da der Anspruch gerade dazu dient, Informationen über einen Datenverarbeitungsvorgang zu erlangen, über die der Auskunftsberechtigte zum Zeitpunkt seines Antrags noch nicht verfügt. Der gesetzlich vorgegebene Umfang des Auskunftsrechts[293] bedarf daher keiner näheren Konkretisierung, die im Übrigen mit dem Schutzzweck der DS-GVO in Gestalt der Schaffung eines einheitlichen europäischen Datenschutzrechts unvereinbar wäre.

---

288 BAG 27.04.2021, NJW 2021, 2379, 2380 m.Anm. Fuhlrott.
289 So für die Kategorisierung nach „Leistungs- und Verhaltensdaten" und „nicht in der Personalakte […] gespeichert[e]" Daten, BAG 16.12.2021, NJW 2022, 960, 963.
290 BAG 27.04.2021, NJW 2021, 2379, 2381 m.Anm. Fuhlrott; BAG 16.12.2021, NJW 2022, 960, 964 m.Anm. Fuhlrott; LAG Baden-Württemberg 01.06.2022, BeckRS 2022, 14562 Rn. 94.
291 Ausdrücklich offenlassend BAG 16.12.2021, NJW 2022, 960, 963 m.Anm. Fuhlrott.
292 Offenlassend BAG 16.12.2021, NJW 2022, 960, 963 m.Anm. Fuhlrott; zutreffend OLG Köln 10.08.2023, NZA-RR 2023, 515, 517 m.Anm. Riemer; *König*, CR 2019, 295, 296; a.A. LAG Hamm 02.12.2022, ZD 2023, 468 f. jedenfalls sofern bereits eine Auskunft hinsichtlich konkreter Daten erteilt wurde; so auch für einen Kopieanspruch, LAG Berlin-Brandenburg 30.03.2023, NZA-RR 2023, 454, 456.
293 BGH 15.06.2021, NJW 2021, 2726, 2729; in diesem Sinne *König*, CR 2019, 295, 296.

Eine Präzisierungsobliegenheit folgt auch nicht aus Erwägungsgrund 63 S. 7 DS-GVO.[294] Eine solche hätte zudem allenfalls Auswirkungen auf materiell-rechtlicher Ebene und wäre für die prozessrechtliche Bestimmtheit i.S.d. § 253 Abs. 2 Nr. 2 ZPO nicht von Relevanz.[295]

7. Zusammenfassung

Dem Arbeitnehmer steht im Arbeitsverhältnis ein umfassender Auskunftsanspruch gemäß Art. 15 Abs. 1 DS-GVO zu. Beruht eine Verarbeitung personenbezogener Daten auf der Meldung eines Hinweisgebers, ermöglicht der Anspruch prinzipiell die Offenlegung der Identität des Hinweisgebers gegenüber dem betroffenen Arbeitnehmer. Eine Begrenzung des Auskunftsrechts auf Tatbestandsebene scheidet aus.

---

294 Siehe bereits Kap. 1 B. II. 6. a).
295 OLG Köln 10.08.2023, NZA-RR 2023, 515, 517 m.Anm. Riemer.

Kapitel 2: Das Abwägungserfordernis im Anwendungsbereich des HinSchG

Gehen Meldungen über einen angeblichen Verstoß im Hinweisgebersystem ein, hat die ggf. zu Unrecht beschuldigte Person einerseits ein Interesse an einer Auskunft über den Sachverhalt und die Umstände des gemeldeten Verstoßes, insbesondere wenn die Meldung das Unternehmen zur Einleitung interner Ermittlungen veranlasst. Andererseits möchte sie die Identität des Hinweisgebers in Erfahrung bringen, um gegen Falschmeldungen vorgehen zu können. Prinzipiell bedarf es daher einer Unterscheidung zwischen dem Auskunftsanspruch, der sich auf den Inhalt der Meldung und etwaige Ermittlungsunterlagen bezieht (Art. 15 Abs. 1 Hs. 2 DS-GVO) und dem Auskunftsverlangen, das die Offenlegung der Identität des Whistleblowers bezweckt (Art. 15 Abs. 1 Hs. 2 lit. g DS-GVO). Häufig lassen sich die Daten allerdings kaum konsequent voneinander trennen, da mit der Auskunft über den vorgeworfenen Sachverhalt Rückschlüsse auf die Identität des Hinweisgebers gezogen werden können.

Vor diesem Hintergrund soll im Folgenden erläutert werden, unter welchen Voraussetzungen dem zu Unrecht beschuldigten Arbeitnehmer im Anwendungsbereich des HinSchG Auskunft erteilt werden kann. Hierfür bedarf es zunächst der Bestimmung, für welche Sachverhalte der Anwendungsbereich des Gesetzes eröffnet ist. Sodann werden die materiell-rechtlichen Bestimmung des Vertraulichkeitsgebots gemäß § 8 HinSchG erläutert, die einer Auskunftserteilung entgegenstehen könnten. Neben den – recht eindeutigen – materiell-rechtlichen Vorgaben ergeben sich für die Auskunftserteilung insbesondere auf prozessualer Ebene Fragen, die im Anschluss erörtert werden.

A. Die Entscheidung über das Auskunftsverlangen im Einzelfall

Kern der Entscheidung über die Erteilung einer Auskunft im Kontext von Hinweisgebermeldungen ist grundsätzlich eine abstrakte Abwägung

Kapitel 2: Das Abwägungserfordernis im Anwendungsbereich des HinSchG

der konfligierenden Interessen.[296] Dem HinSchG lassen sich Kriterien entnehmen, die das Vertraulichkeitsinteresse beeinflussen und damit eine Entscheidung über das Auskunftsverlangen eines Beschuldigten vorhersehbar machen. Zunächst sollen diese materiell-rechtlichen Gesichtspunkte und ihre Folgen für die Abwägung der widerstreitenden Interessen benannt werden. Nach der Darstellung des materiell-rechtlichen Rahmens gilt es diesen auf den datenschutzrechtlichen Abwägungsprozess zu übertragen. Wesentliche Herausforderung ist dabei die Identifizierung der Beurteilungsgrundlage. Ob eine Auskunft erteilt wird, hängt hauptsächlich davon ab, wer nachweisen muss, dass das Vertraulichkeitsinteresse des Hinweisgebers im konkreten Fall tatsächlich nicht schutzwürdig ist. Dies führt zur zentralen Frage dieses Kapitels, ob im Kontext der prozessualen Geltendmachung des Auskunftsanspruchs eine wertungsmäßige Verteilung der Darlegungs- und Beweislast notwendig ist, um das Schutzbedürfnis des zu Unrecht Beschuldigten angemessen zu berücksichtigen.

I. Einschränkung des Auskunftsanspruchs im Kontext des HinSchG

Im Folgenden soll zunächst erörtert werden, wann der Anwendungsbereich des HinSchG eröffnet ist.

Nationale allgemeinverbindliche Vorschriften oder Rechtsgrundlagen, die das Whistleblowing regulieren bzw. für den Schutz von Hinweisgebers sorgen,[297] sind erst jüngeren Datums. Zuvor waren Regelungen – beispielsweise die Befreiung von Verschwiegenheitspflichten, vgl. § 37 Abs. 1 Nr. 3 BeamtStG[298] oder die Pflicht zur Schaffung einer Meldestelle gemäß §§ 25 c, 25 d, und § 25 f KWG – eher fragmentarisch normiert[299]. Neuer ist § 5 Nr. 2 GeschGehG[300], der in Umsetzung der europäischen Geheimnisschutzrichtlinie seit 26.04.2019 in bestimmten Ausnahmefällen Geheimnisverrat zulässt und damit unmittelbar dem Schutz von Whistleblowern

---

296 Siehe ausführlich Kap. 3 A.
297 Küttner/*Kania*, Whistleblowing Rn. 1; *Degenhart/Dziuba*, BB 2021, 570, 572; *Schmitt*, NZA-Beil. 2020, 50.
298 Vgl. für einen Überblick zur bisherigen Rechtslage, *Dzida/Granetzny* in NZA 2020, 1201, 1202.
299 Hauschka/Moosmayer/Lösler/*Buchert*, § 42 Rn. 64; *Egger*, CCZ 2018, 126, 127.
300 Gesetz zur Umsetzung der Richtlinie (EU) 2016/943 zum Schutz von Geschäftsgeheimnissen vor rechtswidrigem Erwerb sowie rechtswidriger Nutzung und Offenlegung vom 18.04.2019, BGBl. I Nr. 13.

dient. Daneben erfuhren hinweisgebende Personen Schutz durch die von der arbeitsrechtlichen Rechtsprechung entwickelten Grundsätze zu kündigungsschutzrechtlichen Streitigkeiten.[301]

Der bislang geltende Regelungszustand wird künftig durch Rechtsvorschriften des HinSchG ergänzt. Durch die Normierung eines Hinweisgeberschutzes sollen Benachteiligungen von Hinweisgebern verhindert und die Rechtssicherheit im Umgang mit hinweisgebenden Personen gestärkt werden.[302]

1. Persönlicher und sachlicher Anwendungsbereich

Vom persönlichen Anwendungsbereich sind gemäß § 1 Abs. 1 HinSchG alle Personen erfasst, die in ihrem beruflichen Umfeld Informationen über Verstöße erlangt haben;[303] eine Beschränkung des Anwendungsbereichs auf hinweisgebende Arbeitnehmer findet nicht statt.[304]

In den sachlichen Anwendungsbereich des HinSchG fallen alle Meldungen über Verstöße, die strafbewehrt sind, vgl. § 2 Abs. 1 Nr. 1 HinSchG, sowie bußgeldbewehrte Verstöße, soweit die verletzte Vorschrift dem Schutz von Leben, Leib, Gesundheit oder dem Schutz der Rechte von Beschäftigten oder ihren Vertretungsorganen dient, vgl. § 2 Abs. 1 Nr. 2 HinSchG. Zusätzlich sind alle Meldungen über Verstöße gegen Rechtsnormen erfasst, die zur Umsetzung europäischer Regelungen getroffen wurden (§ 2 Abs. 1 Nr. 3 HinSchG). Auch wenn der Anwendungsbereich damit grundsätzlich auf den Katalog in § 2 HinSchG beschränkt ist, hat der Gesetzgeber die Grenzen deutlich über die Mindestvorgaben der HinSch-RL hinaus auf nationales Recht erweitert. Vom Anwendungsbereich ausgenommen sind danach lediglich Meldungen über Bagatellverstöße, die nicht die Schwelle zur Ordnungswidrigkeit überschreiten. Dabei ist § 2 Abs. 1 Nr. 2 HinSchG weit zu verstehen,[305] sodass eine Vorschrift dem Schutz der genannten

---

301 Nach *Bayreuther*, NZA-Beil. 2022, 20, 21 liegt hierin kein erhebliches Schutzdefizit vor; dagegen in der richterlichen Rechtsfortbildung wohl ein Defizit sehend, *Gerdemann*, NJW 2021, 3489, 3493.
302 BT-Drs. 20/5992, S. 1.
303 BT-Drs. 20/5992, S. 39 f.
304 BT-Drs. 20/5992, S. 40.
305 RegE, Entwurf eines Gesetzes für einen besseren Schutz hinweisgebender Personen sowie zur Umsetzung der Richtlinie zum Schutz von Personen, die Verstöße gegen das Unionsrecht melden v. 27.07.2022, S. 64.

Rechtsgüter bereits dann dient, wenn er nur mittelbar wirkt.[306] Als Beispiel nennen die Gesetzesmaterialien zum HinSchG Vorgaben des Arbeitnehmerüberlassungsgesetzes, die zwar zunächst die Ordnung auf dem Arbeitsmarkt betreffen, darüber hinaus aber auch dem Schutz der Rechte von Beschäftigen dienen sollen.[307]

2. Adressat des HinSchG

Das HinSchG adressiert zunächst – unabhängig von seiner Größe – jedes Unternehmen.[308] Nach § 3 Abs. 4 HinSchG ist der sachliche Anwendungsbereich des HinSchG jedoch ausschließlich für Meldungen über Verstöße an interne (§§ 12 ff.) oder externe Meldestellen (§§ 19 ff.) eröffnet. Erstattet der Hinweisgeber eine Meldung intern oder extern i.S.d. HinSchG, hat das Unternehmen das Schutzniveau des HinSchG zu wahren. Eine Verpflichtung zur Etablierung eines internen Hinweisgebersystems betrifft allerdings ausschließlich Unternehmen und Organisationen des öffentlichen und privaten Sektors, die mehr als 50 Mitarbeiter beschäftigen, vgl. § 12 Abs. 2 HinSchG. Unternehmen mit weniger als 50 Mitarbeitern müssen den Schutz des einzelnen Whistleblowers daher nur gewährleisten, sofern sich dieser an eine externe Meldestelle i.S.d. §§ 19 ff. HinSchG wendet.[309]

II. Materiell-rechtliche Perspektive: Die Verweigerung der Auskunft mangels Vertraulichkeitsinteresse

Das Recht auf Auskunft vermittelt einen weitreichenden, aber keinen uneingeschränkten Anspruch des Auskunftsberechtigten.[310] Dass dies für das Recht auf Schutz personenbezogener Daten generell gilt, ergibt sich sekundärrechtlich aus Erwägungsgrund 4 S. 2 Hs. 1 DS-GVO.[311] Hinsichtlich der gesellschaftlichen Funktion des Datenschutzrechts bedarf es stets eines ver-

---

306 BT-Drs. 20/5992, S. 41; ebenso *Bayreuther*, NZA-Beil. 2020, 20, 21.
307 BT-Drs. 20/5992, S. 41.
308 *Azinovic/Wenk*, ArbRAktuell 2023, 400; *Bayreuther*, NZA-Beil. 2022, 20, 21.
309 Siehe ausführlich zur Schutzfähigkeit von Meldungen an andere als die ausdrücklich in der HinSch-RL benannten Adressaten, *Colneric/Gerdemann*, S. 64 f.
310 Vgl. nur EuGH 12.01.2023, NVwZ 2023, 319 Rn. 47 – Österreichische Post.
311 Mit Verweis hierauf EuGH 12.01.2023, NVwZ 2023, 319 Rn. 47 – Österreichische Post.

hältnismäßigen Ausgleichs mit anderen Interessen und Grundrechten.[312] Beispielhaft zählt Erwägungsgrund 4 S. 3 DS-GVO die Achtung des Privat- und Familienlebens, den Schutz personenbezogener Daten sowie die unternehmerische Freiheit als konkurrierende Rechte auf. Die Einschränkung des Rechts auf den Schutz personenbezogener Daten sowie das damit verbundene Betroffenenrecht auf datenschutzrechtliche Auskunft wird mithin wesentlich durch widerstreitende Rechte und Interessen anderer Personen bestimmt. Allen einfachgesetzlichen Regelungen, die als anspruchseinschränkend in Betracht kommen, ist allerdings eine Abwägungsentscheidung gemein, die eine Verhältnismäßigkeitsprüfung erforderlich macht. Für den Fall einer Hinweisgebermeldung muss folglich das Auskunfts- mit dem Vertraulichkeitsinteresse in einen angemessenen Ausgleich gebracht werden.

Der Hinweisgeber genießt gemäß § 8 HinSchG den Schutz seines Vertraulichkeitsinteresse, während § 9 Abs. 1 HinSchG Kriterien benennt, bei deren Erfüllung eine Berufung auf das Vertraulichkeitsinteresse abzulehnen ist.

Nachdem im Folgenden dargestellt wird, wer für die Gewährleistung des Vertraulichkeitsgebots verantwortlich ist, soll anschließend der materiellrechtliche Rahmen erläutert werden, der eine Verweigerung des Auskunftsverlangens aufgrund mangelnder Schutzbedürftigkeit des Hinweisgebers begründet. Zuletzt gilt es, die Implikationen des materiell-rechtlichen Rahmens für die konkrete Abwägungsentscheidung darzustellen.

1. Gewährleistung des Vertraulichkeitsgebots

§ 8 Abs. 1 HinSchG sieht ausdrücklich vor, dass die Meldestellen die Vertraulichkeit der Identität der in der Norm genannten Personen zu wahren haben. Adressatin des Vertraulichkeitsgebots ist folglich in erster Linie allein die Meldestelle.[313] Gemäß § 8 Abs. 1 S. 2 HinSchG rechnen zur zuständigen Meldestelle dabei auch sie unterstützende Personen, wobei deren Kreis klein zu halten ist.[314] Mangels ausdrücklicher Erwähnung im Wortlaut des § 8 Abs. 1 HinSchG, auf den beispielsweise die Bußgeldtatbestände in

---

312 Erwägungsgrund 4 S. 2 Hs. 2 DS-GVO.
313 *Bayreuther*, NZA-Beil. 2022, 20, 25; *Musiol*, Hinweisgeberschutz und Datenschutz, S. 460.
314 BT-Drs. 20/5992, S. 59.

§ 40 Abs. 3 u. 4 HinSchG verweisen, stellt sich die Frage, ob auch andere Stellen, insbesondere der Arbeitgeber selbst, Adressaten des Vertraulichkeitsgebots sein können. Die Gesetzesbegründung benennt als Täter der in § 40 Abs. 3 u. 4 HinSchG normierten Ordnungswidrigkeit Mitarbeiterinnen und Mitarbeiter von Meldestellen sowie über die Zurechnungsnorm des § 30 OWiG auch den Beschäftigungsgeber selbst.[315] Dies deutet darauf hin, dass das Vertraulichkeitsgebot gegenüber sonstigen Stellen keine Verpflichtung begründet.[316] *Bayreuther* stützt eine mittelbare Übertragung zwar auf §§ 8 Abs. 1 S. 2, 9 Abs. 3 S. 2 HinSchG, wonach jede weitere Übermittlung einer Einwilligung des Hinweisgebers bedarf.[317] Die Einwilligung ist in diesem Zusammenhang allerdings so zu verstehen, dass hiervon allenfalls die Weitergabe von Informationen durch die Meldestelle selbst erfasst ist.[318] Dies ergibt sich insbesondere daraus, dass sich § 9 Abs. 3 S. 1 HinSchG auf die Weitergabe i.S.d. § 9 Abs. 3 S. 1 bezieht und diese kumulativ sowohl die Erforderlichkeit für Folgemaßnahmen als auch die Einwilligung voraussetzt. Erhält eine unzuständige Einheit eine Mitteilung durch den Hinweisgeber und gibt diese die Meldung an die zuständige Meldestelle weiter ohne das Vertraulichkeitsgebot zu wahren, hat der Whistleblower keine Nachteile zu befürchten, weil jedenfalls die Meldestelle anschließend zur Vertraulichkeit verpflichtet ist. Etwas anderes könnte sich angesichts des Schutzzwecks des HinSchG nur dann ergeben, wenn die unzuständige Stelle andere Personen als die zuständige Meldestelle oder den Arbeitgeber über den Hinweis des Whistleblowers informiert. In solchen Fällen sollte die Vertraulichkeit auch ohne gesetzliche Verpflichtung gewahrt werden, um das HinSchG nicht zu unterwandern. Dies lässt sich mittelbar § 8 Abs. 1 S. 2 HinSchG und der Gesetzesbegründung zu entnehmen. Der Schutz des Hinweisgebers erfordert es, den Kreis der Personen, die Kenntnis über seine Identität haben, möglichst klein zu halten.[319]

---

315 BT-Drs. 20/5992, S. 85.
316 *Musiol*, Hinweisgeberschutz und Datenschutz, S. 460; *Bayreuther*, DB 2023, 1537, 1543.
317 *Bayreuther*, NZA-Beil. 2022, 20, 25.
318 So auch *Musiol*, Hinweisgeberschutz und Datenschutz, S. 460 f.
319 BT-Drs. 20/3442, 74.

2. Anforderungen an das Vertraulichkeitsgebot gemäß § 8 HinSchG

Hat der Hinweisgeber zum Zeitpunkt seiner Meldung *„hinreichenden Grund zu der Annahme"*, dass ein Verstoß i.S.d. HinSchG tatsächlich stattgefunden hat, greift das Vertraulichkeitsgebot gemäß § 8 Abs. 1 Nr. 1 HinSchG. Anhaltspunkte für den Maßstab einer Beurteilung dieser Voraussetzung lassen sich dem Gesetzeswortlaut nicht entnehmen. In der Literatur werden hinsichtlich des Verständnisses dieses Tatbestandsmerkmals[320] verschiedene Auslegungsansätze vertreten: Teilweise wird aus dem Wortlaut lediglich eine subjektive oder eine objektive Komponente abgeleitet, während andererseits beide Elemente kumulativ zu berücksichtigen sein sollen.[321]

a) Beurteilungsmaßstab

Die Bundestagsdrucksache zum HinSchG[322] nimmt im Rahmen der Erklärung zu § 33 Abs. 1 Nr. 2 und 3 HinSchG im Wesentlichen auf Erwägungsgrund 32 HinSch-RL Bezug. § 33 HinSchG setzt wie auch §§ 6 Abs. 1 Nr. 1, 8 Abs. 1 Nr. 1 und 32 Abs. 1 Nr. 2 HinSchG einen *„hinreichenden Grund zu der Annahme"* eines Verstoßes voraus. Der Gesetzesbegründung zufolge soll die Tatbestandsvoraussetzung betroffene Personen vor böswilligen und missbräuchlichen Meldungen schützen.[323] Dagegen unterfallen Hinweisgeber dem Schutz des HinSchG auch dann, wenn sie ungenaue oder falsche Informationen melden, sofern sie dabei im guten Glauben handeln.[324] Für die teilweise von Literaturstimmen vertretene Auffassung, für die Tatbestandsvoraussetzung gelte nicht nur ein subjektiver, sondern auch ein objektiver Maßstab, spricht auch der Wortlaut des Regierungsentwurfs.[325] Ein rein subjektiver Maßstab[326] würde zwar prinzipiell den Interessen und dem Schutzbedarf des Hinweisgebers am besten gerecht werden. Erst die objek-

---

320 Wortgleich in Art. 6 Abs. 1 lit. a HinSch-RL.
321 Ausführlich zum Meinungsstand in der Literatur, s. *Siemes*, CCZ 2022, 293, 296 f.
322 BT-Drs. 20/3442, 107.
323 Erwägungsgrund 32 S. 2 HinSch-RL; BT-Drs. 20/3442, 107.
324 Erwägungsgrund 32 S. 3 HinSch-RL; BT-Drs. 20/3442, 107.
325 Ebenso Franzen/Gallner/Oetker/*Fest*, Art. 6 HinSch-RL Rn. 6; *Schmitt*, NZA-Beil. 2020, 50, 55; *Brobeil*, Die Auswirkung der Richtlinie (EU) 2019/1937 auf Arbeitnehmer-Hinweisgeber, S. 154; *Siemes*, CCZ 2022, 293, 298.
326 *Colneric/Gerdemann*, S. 60; *Gerdemann/Spindler*, ZIP 2020, 1896, 1900.

tive Komponente ermöglicht jedoch eine (gerichtliche) Kontrolle dieses Tatbestandsmerkmals.[327] Aus objektiver Sicht bedarf es eines *„hinreichenden Grundes"*, sodass tatsächliche Anhaltspunkte[328] für den Wahrheitsgehalt der Meldung sprechen müssen.

Für die Beurteilung der tatsächlichen Anhaltspunkte bzw. der Begründetheit des Verdachts stützt sich der Regierungsentwurf auf eine in Erwägungsgrund 32 HinSch-RL angeführte ex-ante-Sichtweise: Stellt sich nachträglich heraus, dass der Vorwurf falsch war, ist dies unerheblich, sofern zum Zeitpunkt der Meldung die Annahme eines Verstoßes durch tatsächliche Anhaltspunkte gerechtfertigt war und plausibel erschien.[329] Nach Erwägungsgrund 32 S. 1 HinSch-RL können sich aus den Umständen und den verfügbaren Informationen zum Zeitpunkt der Meldung Bewertungskriterien ergeben, die für einen hinreichenden Grund zur Annahme eines Verstoßes sprechen. Hinsichtlich der verfügbaren Informationen darf insbesondere auf die persönliche Veranlagung des Hinweisgebers abgestellt werden, sodass dessen subjektive Kenntnisse und Erfahrungen in die Beurteilung der objektiven Komponente einfließen.[330]

b) Subjektive Komponente

Die „Annahme" des Whistleblowers begründet den subjektiven Aspekt der Tatbestandsvoraussetzung.[331] Maßgeblich ist insofern, ob der Hinweisgeber sowohl von der Wahrheit seiner Meldung als auch von der Eröffnung des Anwendungsbereichs des HinSchG ausgeht.[332] Nicht erforderlich ist

---

327 Ähnlich auch Franzen/Gallner/Oetker/*Fest*, Art. 6 HinSch-RL Rn. 6.
328 BT-Drs. 20/3442, 107.
329 *Siemes*, CCZ 2022, 293, 300; Franzen/Gallner/Oetker/*Fest*, Art. 6 HinSch-RL Rn. 6; *Colneric/Gerdemann*, S. 60.
330 *Terracol*, Transparency International, Position Paper 1/2019, S. 3; *Siemes*, CCZ 2022, 293, 301; vgl. auch Begründung zum HinSchG-E zu § 33 Abs. 1 Nr. 3, BT-Drs. 20/3442, 107.
331 *Siemes*, CCZ 2022, 293, 299; von der Wahrnehmung des Whistleblowers sprechend, *Vitt*, BB 2022, 1844, 1846.
332 Ebenso zur HinSch-RL *Colneric/Gerdemann*, S. 60; Franzen/Gallner/Oetker/*Fest*, Art. 6 HinSch-RL Rn. 6.

hierfür, dass der Whistleblower positive Kenntnis von einem Verstoß hat; es genügt vielmehr die Gutgläubigkeit hinsichtlich der Meldung.[333]

In Bezug auf den Maßstab der Gutgläubigkeit herrscht in der Literatur ebenfalls Uneinigkeit.[334] Nach Erwägungsgrund 32 S. 2 HinSch-RL ist jedenfalls der Hinweisgeber, der willentlich und wissentlich falsche oder irreführende Informationen meldet, nicht geschützt.[335] Die Abgabe willentlich und wissentlich fehlerhafter Meldungen innerhalb eines Hinweisgebersystems setzt indes bedingten Vorsatz voraus. Jedoch wird die Grenze der Gutgläubigkeit – im Einklang mit der HinSch-RL – bereits bei grober Fahrlässigkeit überschritten.[336] Auch die Ausnahmevorschrift des § 9 Abs. 1 HinSchG spricht dafür, die Gutgläubigkeit des Hinweisgebers bereits aufgrund grober Fahrlässigkeit entfallen zu lassen: Die Regelung nimmt ausdrücklich vorsätzlich und grob fahrlässig unrichtig gemeldete Informationen von der Anwendung des Vertraulichkeitsgebots aus, sodass es sinnvoll erscheint, unabhängig davon, ob man § 9 Abs. 1 HinSchG in seiner Ausgestaltung systematisch eher als Tatbestandvoraussetzung und weniger als einen Ausschlussgrund erfassen möchte,[337] § 8 Abs. 1 und § 9 Abs. 1 HinSchG als inhaltlich gleichlaufend zu verstehen.

Die subjektiven Beweggründe und die Motivation des Hinweisgebers sind dagegen unbeachtlich.[338] Das Vertraulichkeitsgebot differenziert grundsätzlich nicht danach, ob der Whistleblower aus anerkennenswerten oder unmoralischen Motiven handelt. In jedem Fall genießt er den Schutz des Gesetzes, solange die übrigen Tatbestandsvoraussetzungen er-

---

333 *Schmidt*, Regelungsoptionen des deutschen Gesetzgebers zum Whistleblower-Schutz in Umsetzung der EU-RL 2019/1937, S. 111; *Schmitt*, NZA-Beil. 2020, 50, 55; *Colneric/Gerdemann*, S. 60; vgl. auch Erwägungsgrund 32 S. 3 HinSch-RL.
334 Siehe für einen Überblick zum Streitstand *Siemes*, CCZ 2022, 293, 297 f.
335 Dagegen ein zusätzliches Willenselement für nicht erforderlich haltend *Siemes*, CCZ 2022, 293, 299.
336 Ein Vergleich mit den Sprachfassungen der HinSch-RL anderer Rechtsordnungen legt ein ähnliches Verständnis nahe, siehe ausführlich, *Colneric/Gerdemann*, S. 60 f.; *Schmidt*, Regelungsoptionen des deutschen Gesetzgebers zum Whistleblower-Schutz in Umsetzung der EU-RL 2019/1937, S. 106.
337 *Bayreuther*, DB 2023, 1537, 1543 spricht von § 9 Abs. 1 HinSchG als Voraussetzung für das Eingreifen des Vertraulichkeitsschutzes.
338 Erwägungsgrund 32 S. 5 HinSch-RL; BT-Drs. 20/3442, 107; anders noch die Rspr. des EGMR, zuletzt EGMR 14.02.2023, NJW 2023, 1793 Rn. 113, 128 – Halet/Luxemburg; kritisch *Garden/Hiéramente*, BB 2019, 963, 966 f.

Kapitel 2: Das Abwägungserfordernis im Anwendungsbereich des HinSchG

füllt sind.[339] Obschon sowohl Erwägungsgrund 32 S. 2 HinSch-RL als auch die Gesetzesmaterialien zum HinSchG[340] von *„böswilligen und missbräuchlichen Meldungen"* sprechen, ergibt sich gegenüber dem ausdrücklichen Wortlaut nichts anderes. Dieser bezieht sich lediglich auf falsche und ungenaue Meldungen.[341] Während der EGMR die Motivation des Hinweisgebers noch als einen entscheidenden Aspekt in die Beurteilung seiner Schutzbedürftigkeit einfließen ließ, kann angesichts der Einführung des HinSchG hieran nicht mehr ohne Weiteres festgehalten werden. Der umfassende Schutz, der dem Whistleblower durch das HinSchG und dessen Wertungen zukommen soll, spricht gegen die unmittelbare Bezugnahme auf die Motivation.

Sie steht jedoch mittelbar im Zusammenhang mit der Schutzbedürftigkeit des Hinweisgebers,[342] da sein konkretes Motiv als Indikator für das ihm vorzuwerfende Verschulden dienen kann.[343] Ist eine verwerfliche Motivation nachweisbar, muss dies Eingang in die Beurteilung der Bösgläubigkeit finden können. Richtig ist, dass die verwerfliche Motivation aufgrund des HinSchG nicht Voraussetzung für die Verweigerung des Hinweisgeberschutzes sein kann. Falls eine solche jedoch ersichtlich ist, kann sie sich unter Umständen auf die Beurteilung der Schutzbedürftigkeit auswirken.[344]

3. Ausschluss des Vertraulichkeitsgebots, § 9 Abs. 1 HinSchG

§ 9 Abs. 1 HinSchG nimmt Hinweisgeber vom Schutz des Vertraulichkeitsgebots aus, sofern sie vorsätzlich oder grob fahrlässig unrichtige Informationen melden. Verglichen mit dem Beurteilungsmaßstab in § 8 Abs. 1 HinSchG ergeben sich insofern keine wesentlichen Erkenntnisgewinne. Zwar setzt § 9 Abs. 1 HinSchG die Meldung falscher Informationen voraus, während für die Begründung des Vertraulichkeitsgebots die objektive Richtigkeit der Mitteilung unerheblich ist, sofern tatsächliche Anhaltspunkte für einen Verstoß sprechen. Wird in diesem Rahmen jedoch die Gutgläubigkeit des Hinweisgebers bezüglich der Meldung verneint, impliziert dies

---

339 *Garden/Hiéramente,* BB 2019, 963, 964; *Vogel/Poth,* CB 2019, 45, 47; *Schmidt,* Regelungsoptionen des deutschen Gesetzgebers zum Whistleblower-Schutz in Umsetzung der EU-RL 2019/1937, S. 148.
340 BT-Drs. 20/5992, S. 78.
341 Ebenso *Siemes,* CCZ 2022, 293, 300.
342 So auch BeckOK ArbR/*Bruns,* § 9 HinSchG Rn. 3.
343 *Siemes,* CCZ 2022, 293, 300; siehe auch BeckOK ArbR/*Bruns,* § 9 HinSchG Rn. 3.
344 BeckOK ArbR/*Bruns,* § 9 HinSchG Rn. 3.

die Unwahrheit der Meldung. Die Bösgläubigkeit spielt insofern nur dann eine wesentliche Rolle, wenn die Meldung tatsächlich unrichtig ist. Eine bösgläubig abgegebene richtige Meldung ist nur dann denkbar, wenn sie sich auf einen Tatbestand bezieht, der nicht dem sachlichen Anwendungsbereich des § 2 HinSchG unterfällt. Ein solcher hat regelmäßig kaum Konsequenzen für den betroffenen Arbeitnehmer.

4. Zusammenfassung

Der gutgläubige Hinweisgeber genießt durch § 8 Abs. 1 HinSchG weitreichenden Vertraulichkeitsschutz. Teilt der Whistleblower dagegen vorsätzlich oder grob fahrlässig einen unrichtigen Verdacht mit, scheidet ein Berufen auf das Vertraulichkeitsgebot gemäß § 9 Abs. 1 HinSchG aus.

5. Konsequenzen für die Abwägungsentscheidung

Macht der Beschuldigte einen Auskunftsanspruch gemäß Art. 15 Abs. 1 DS-GVO geltend, ist dieser zu erfüllen, sofern nicht Interessen Dritter entgegenstehen. Der Entscheidung, ob das Begehren ausnahmsweise wegen eines widerstreitenden Vertraulichkeitsinteresses verweigert werden darf, liegt prinzipiell eine Interessenabwägung zugrunde.[345] Vor diesem Hintergrund nimmt das Vertraulichkeitsgebot eine Abwägungsentscheidung vorweg.[346] Sind die Voraussetzungen des § 8 HinSchG erfüllt, tritt das Auskunfts- hinter das Vertraulichkeitsinteresse zurück. Im Umkehrschluss tritt das Vertraulichkeitsinteresse des unredlichen Hinweisgebers i.S.d. § 9 Abs. 1 HinSchG hinter das Auskunftsinteresse des Beschuldigten, sodass die Identität des Whistleblowers gemäß Art. 15 Abs. 1 S. 1 Hs. 2 DS-GVO offengelegt werden darf.

---

345 Siehe Kap. 3 A.
346 *Altenbach/Dierkes*, CZZ 2020, 126, 129; *Aszmons/Herse*, DB 2019, 1849, 1854; *Gerdemann/Spindler*, ZIP 2020, 1896, 1904.

a) Datenschutzrechtliche Grundlage der §§ 8, 9 HinSchG

Datenschutzrechtlich lässt sich dies im Abwägungserfordernis des Art. 15 Abs. 4 DS-GVO verankern,[347] wobei die Gewichtung der widerstreitenden Interessen durch den gesetzlichen Rahmen in §§ 8, 9 HinSchG antizipiert ist. Dass die Gesetzesbegründung die §§ 8, 9 HinSchG auf die nationale Einschränkungsgrundlage in § 29 Abs. 1 S. 2 BDSG stützt, führt zu keiner anderen Bewertung.[348] Beide Normen setzen eine Abwägung der konfligierenden Rechte und Interessen der Parteien voraus. Dagegen argumentiert *Bayreuther*, es bedürfe eines Berufens auf das Vertraulichkeitsgebot schon deshalb nicht, da der unredliche Hinweisgeber nicht schutzwürdig sei.[349] Dem ist insoweit zuzustimmen, als dass dem Auskunftsinteresse in einem solchen Fall kein Drittinteresse entgegensteht, das eine Verweigerung des Rechts aus Art. 15 Abs. 1 DS-GVO begründen könnte. Nichts anderes gilt jedoch in Sachverhalten außerhalb des HinSchG. Die Interessenabwägung ist hier im Unterschied zu §§ 8, 9 HinSchG zwar nicht vorweggenommen; gleichwohl kann sich der bösgläubige Hinweisgeber auch in solchen Sachverhalten nicht auf ein Vertraulichkeitsinteresse berufen.[350] In beiden Fällen ist die Grundlage der Verweigerung des Auskunftsbegehrens allerdings eine – wenn auch im Rahmen des HinSchG vorweggenommene – Interessenabwägung.

b) Kritische Würdigung

Teilweise wird die gesetzlich vorweggenommene Abwägungsentscheidung durch die Vorgaben der §§ 8, 9 HinSchG kritisch gesehen.[351] So wird vorgebracht, dass auch dem unterhalb der Schwelle der groben Fahrlässigkeit handelnden Hinweisgeber ein Verschuldensvorwurf gemacht werden kann,

---

347 So auch *Peisker*, Der datenschutzrechtliche Auskunftsanspruch, S. 456; dagegen eine Anbindung an § 29 Abs. 1 S. 2 BDSG vorsehend, BT-Drs. 20/3442, S. 74; *Musiol*, Hinweisgeberschutz und Datenschutz, S. 466 ff.; zum Abwägungserfordernis qua Gesetz sogleich in Kap. 3 A.
348 Ebenso Peisker, Der datenschutzrechtliche Auskunftsanspruch, S. 456; zur Kritik an Art. 23 Abs. 1 DS-GVO iVm § 29 Abs. 1 S. 2 BDSG siehe Kap. 3 A. II. u. III.
349 *Bayreuther*, NZA-Beil. 2022, 20, 26.
350 Siehe Kap. 3 C.
351 Vgl. BeckOK DatenschutzR/*Schmidt-Wudy*, Art. 15 DS-GVO Rn. 74.2; im Ergebnis wohl auch *Nikol*, CB 2023, 351, 354.

ohne dass die betroffene Person gegen eine solche unrichtige Meldung vorgehen könnte.[352] Auch die Vereinbarkeit des § 8 HinSchG mit Art. 23 DS-GVO[353] bzw. mit einer der DS-GVO immanenten Abwägung wird bezweifelt. Der antizipierte Vorrang zugunsten des Hinweisgeberschutzes stehe der in der DS-GVO zwingend vorgesehenen Interessenabwägung entgegen.[354] Eine Interessenabwägung könne nicht nur deshalb entfallen, weil dem Hinweisgeber kein vorsätzliches oder grob fahrlässiges Verhalten vorgeworfen werden kann.[355]

Hinsichtlich des Hinweisgeberschutzes entsprechen die nationalen Umsetzungsnormen in §§ 8 Abs. 1, 9 Abs. 1 HinSchG prinzipiell den Vorgaben des Art. 16 Abs. 2 HinSch-RL, ohne dessen Mindestvoraussetzungen in Bezug auf den Vertraulichkeitsschutz zu unterschreiten.[356] Zutreffend ist auch, dass der nationale Umsetzungsakt keinen generellen Vorrang des Vertraulichkeitsschutzes begründet. Einschränkungen sind zugunsten widerstreitender Rechte jedenfalls dort zu machen, wo der Hinweisgeber bösgläubig unrichtige Informationen mitteilt.[357] Dadurch wird insofern dem primärrechtlich in Art. 8 Abs. 2 S. 2 GRCh abgesicherten Auskunftsrecht des Beschuldigten Genüge getan. Im Umkehrschluss ist der Whistleblower insofern privilegiert, als eine Interessenabwägung entbehrlich wird, wenn er gutgläubig eine Meldung erstattet.[358] Die Berücksichtigung des Verschuldensvorwurfs im Einzelfall dient folglich der verhältnismäßigen Einschränkung des Datenschutzgrundrechts des Auskunftsberechtigten i.S.d. Art. 52 Abs. 1 GRCh. Durch die nationale Umsetzung der HinSch-RL wird der betroffene Arbeitnehmer nicht gänzlich schutzlos gestellt.[359] Insbesondere schafft die Wertung des HinSchG einen Gleichlauf mit zivil- und strafrechtlichen Konsequenzen, die gemäß §§ 823 Abs. 2 BGB, 185 ff. StGB bei ehrenrührigen Meldungen gegen den Hinweisgeber geltend gemacht werden

---

352 *Thüsing/Musiol*, BB 2022, 2420, 2421.
353 BeckOK DatenschutzR/*Schmidt-Wudy*, Art. 15 DS-GVO Rn. 74.2.
354 BeckOK DatenschutzR/*Schmidt-Wudy*, Art. 15 DS-GVO Rn. 74.2.
355 BeckOK DatenschutzR/*Schmidt-Wudy*, Art. 15 DS-GVO Rn. 74.2.
356 Vgl. Erwägungsgrund 32 HinSch-RL; nach BeckOK DatenschutzR/*Schmidt-Wudy*, Art. 15 DS-GVO Rn. 74.2 geht die nationale Umsetzung über die Vorgaben des Art. 16 Abs. 2 HinSch-RL hinaus.
357 Ebenso *Schmidt*, Regelungsoptionen des deutschen Gesetzgebers zum Whistleblower-Schutz in Umsetzung der EU-RL 2019/1937, S. 246 f.
358 So bereits Artikel-29-Datenschutzgruppe, WP 117, S. 15; für eine Privilegierung des sich nur leicht fahrlässig im Irrtum befindlichen Whistleblowers auch *Rudkowski*, CCZ 2013, 204, 206.
359 Vgl. Art. 22, 23 HinSch-RL.

können.³⁶⁰ Erforderlich ist sowohl aus zivil- als auch aus strafrechtlicher Perspektive ein (vorsätzliches) Verschulden des Hinweisgebers.

Gleichwohl führt die vorweggenommene Abwägungsentscheidung – trotz partieller Berücksichtigung des Einzelfalls – zu einer Aushöhlung der Interessen des betroffenen Arbeitnehmers im Verhältnis zu den Interessen des Whistleblowers.³⁶¹ Dies steht im Widerspruch zu den Vorgaben der DS-GVO, wonach entgegenstehende Rechte und Interessen bei Geltendmachung des Art. 15 Abs. 1 DS-GVO stets die Durchführung einer Interessenabwägung bedingen.³⁶² Zwar betont Erwägungsgrund 84 S. 2 HinSch-RL die Notwendigkeit der Berücksichtigung des Vertraulichkeitsschutzes und erläutert in S. 3, dass die Betroffenenrechte der DS-GVO „erforderlichenfalls" gemäß Art. 23 Abs. 1 lit. i DS-GVO einzuschränken sind. Gleichzeitig normiert jedoch Art. 22 Abs. 1 HinSch-RL das Erfordernis, die Verteidigungsrechte betroffener Personen zu gewährleisten. Durch den Ausschluss der Interessenabwägung bei gutgläubigen Meldungen wird das HinSchG dem nicht gerecht.

Die Durchführung einer solchen Abwägung auch bei gutgläubig unrichtig mitgeteilten Informationen steht im Übrigen dem Schutz von Hinweisgeberinteressen nicht entgegen. Die gesetzlichen Wertungen des HinSchG werden durch diese Ansicht nicht unterlaufen.³⁶³ Vielmehr darf der geringe Verschuldensvorwurf, der dem Whistleblower in solchen Fällen gemacht werden kann, als entscheidendes Kriterium zu seinen Gunsten berücksichtigt werden. Ein Überwiegen von Auskunftsinteressen könnte in einem solchen Szenario dagegen nur aufgrund außerordentlicher Umstände angenommen werden. Ein solcher Bedarfsfall rechtfertigt zugleich die Einschränkung des Betroffenenrechts i.S.d. DS-GVO, ohne eine Interessenabwägung grundsätzlich auszuschließen. Diese Auffassung steht im Einklang

---

360 Ähnlich auch *Rudkowski*, CCZ 2013, 204, 206; *Schmidt*, Regelungsoptionen des deutschen Gesetzgebers zum Whistleblower-Schutz in Umsetzung der EU-RL 2019/1937, S. 246 f.
361 Wie hier wohl *Franzen*, ZfA 2023, 100, 102; *Nikol*, CB 2023, 351, 354; a.A. *Musiol*, Hinweisgeberschutz und Datenschutz, S. 468 ff.
362 Ebenso BeckOK DatenschutzR/*Schmidt-Wudy*, Art. 15 DS-GVO Rn. 74.2.
363 Dagegen sogar die bloße Unrichtigkeit einer Meldung für die Begründung der Einschränkung als ausreichend erachtend, *Brobeil*, Die Auswirkungen der Richtlinie (EU) 2ß19/1937 auf Arbeitnehmer-Hinweisgeber, S. 287; dem ist angesichts des weitreichenden Eingriffs in die Schutzgewährleistungen des HinSchG nicht zu folgen, siehe auch *Musiol*, Hinweisgeberschutz und Datenschutz, S. 474 ff.

A. Die Entscheidung über das Auskunftsverlangen im Einzelfall

mit der bisherigen Rechtsprechung.[364] Der BGH bejahte ein überwiegendes Interesse des Auskunftsberechtigten bei bösgläubig unrichtigen Meldungen, schloss allerdings nicht aus, dass die objektive Unrichtigkeit einer Meldung im Einzelfall genügt, um das Vertraulichkeitsinteresse hinter das Auskunftsinteresse zurücktreten zu lassen.[365] Insbesondere im Falle ehrenrühriger Tatsachen kann der betroffenen Person danach ein verschuldensunabhängiger Unterlassungsanspruch nach § 1004 Abs. 1 S. 2 BGB analog, Art. 2 Abs. 1, Art. 1 Abs. 1 GG zustehen. Auch der EGMR gesteht dem Whistleblower Schutz zu, wenn er Informationen gutgläubig verbreitet.[366] Die Richtigkeit der Meldung[367] und die Beweggründe des Whistleblowers sind als einzelne Kriterien in die Bewertung einzubeziehen, wobei die Gutgläubigkeit des Hinweisgebers als wesentliches Kriterium zur Beurteilung seiner überwiegenden Schutzwürdigkeit beiträgt.[368] Dem Vorgehen des EGMR lässt sich danach entnehmen, dass der gute Glaube eines Whistleblowers prinzipiell seine Schutzbedürftigkeit begründet, ohne dass zugleich eine Interessenabwägung a priori entfällt.[369]

Die Benachteiligung des Beschuldigten ist noch stärker in Sachverhalten, in denen diesem nicht nur Informationen über die Identität des Whistleblowers, sondern auch über den Inhalt der Meldung verweigert werden, um entgegenstehende Hinweisgeberinteressen nicht zu gefährden.[370] Eine solche Situation ist insbesondere denkbar, wenn bereits wenige Hintergrundangaben der Meldung Rückschlüsse auf die Person des Hinweisgebers zulassen. Eine gänzliche Versagung der Auskunft mit Blick auf den Vertraulichkeitsschutz in §§ 8, 9 HinSchG ist jedoch mit dem ausdrücklich in Art. 8 Abs. 2 S. 2 GRCh abgesicherten Auskunftsinteresse unvereinbar.[371] Die Vorgaben des HinSchG müssen die wesentlichen Datenverarbeitungs-Grundsätze nach der DS-GVO einhalten. Von besonderer Relevanz ist

---

364 Nach BeckOK DatenschutzR/*Schmidt-Wudy*, Art. 15 DS-GVO Rn. 74.2 steht eine solche Wertung auch im Einklang mit Art. 16 Abs. 2 HinSch-RL.
365 BGH 22.02.2022, NJW-RR 2022, 764, 767.
366 EGMR 16.02.2021, NJW 2021, 2343 Rn. 71 – Gawlik/Liechtenstein.
367 Der EGMR 16.02.2021, NJW 2021, 2343 Rn. 68 – Gawlik/Liechtenstein spricht ausdrücklich von der „Authentizität" der Meldung.
368 EGMR 16.02.2021, NJW 2021, 2343 Rn. 75 – Gawlik/Liechtenstein; *Rudkowski*, CCZ 2013, 204, 205 f.; *Vitt*, BB 2022, 1844, 1846.
369 EGMR 21.07.2011, NZA 2011, 1269 Rn. 82 ff., 93 – Heinisch/Deutschland.
370 Vgl. auch *Mohn*, NZA 2022, 1159, 1167; die Unionsrechtswidrigkeit für „Zwei-Personen-Konstellationen" annehmend *Musiol*, Hinweisgeberschutz und Datenschutz, S. 483 f.
371 Angedeutet auch bei *Mohn*, NZA 2022, 1159, 1167.

Kapitel 2: Das Abwägungserfordernis im Anwendungsbereich des HinSchG

dabei das Transparenzgebot des Art. 5 Abs. 1 lit. a Alt. 3 DS-GVO. Dieser Grundsatz stellt sicher, dass die Vorgaben der DS-GVO tatsächlich zur Sicherstellung des Datenschutzes dienen und nicht wirkungslos bleiben.[372] Datenverarbeitungsvorgänge sind danach rechtmäßig, sofern die betroffene Person die Möglichkeit erhält, an Informationen über die Verarbeitung und deren konkrete Umstände zu gelangen. Erwägungsgrund 39 S. 4 DS-GVO präzisiert die Anforderungen an das Transparenzgebot. Danach sind alle *„Informationen über die Identität des Verantwortlichen und die Zwecke der Verarbeitung und sonstige Informationen, die eine faire und transparente Verarbeitung im Hinblick auf die betroffenen natürlichen Personen gewährleisten, sowie deren Recht, eine Bestätigung und Auskunft darüber zu erhalten, welche sie betreffende personenbezogene Daten verarbeitet werden"* umfasst.

Der Transparenzgrundsatz dient insbesondere der Umsetzung der verfassungsrechtlichen Gewährleistung des Art. 8 Abs. 2 S. 2 GRCh.[373] Sowohl das Transparenzgebot als auch das Grundrecht aus Art. 8 Abs. 2 S. 2 GRCh sind sekundärrechtlich im Betroffenenrecht gemäß Art. 15 Abs. 1 DS-GVO verankert. Eine Datenverarbeitung kann nur rechtmäßig sein, wenn der Betroffene entsprechend des Transparenzgrundsatzes umfassend Auskunft über die verarbeiteten Informationen erhält.

Dem zu Unrecht Beschuldigte muss es demzufolge stets möglich sein, gegen beeinträchtigende Meldungen vorzugehen und Folgeansprüche gegen den unredlichen Whistleblower geltend zu machen. Stets erforderlich ist daher auch in diesen Fällen eine Abwägung der widerstreitenden Interessen, wobei eine absolute Verweigerung aufgrund der Vorgaben der DS-GVO ausgeschlossen ist. Wie eine solche Abwägung aussehen könnte, wird in Kapitel 3 ausführlich erläutert.

c) Zusammenfassung

Trotz soeben ausgeführter Bedenken hinsichtlich der Privilegierung der Hinweisgeberinteressen in §§ 8, 9 HinSchG ist nicht ausgeschlossen, dass die zukünftige Rechtsprechung die Vorbehalte im Einklang mit der in der Literatur verbreiteten gegenläufigen Meinung nicht teilen wird.

---

372 Gola/Heckmann/*Pötters*, Art. 5 DS-GVO Rn. 12.
373 Paal/Pauly/*Frenzel*, Art. 5 DS-GVO Rn. 21.

B. Implementierung in die Entscheidung über den Auskunftsanspruch

Um dennoch eine Benachteiligung des zu Unrecht beschuldigten Arbeitnehmers zu verhindern, bedarf es einer Feinjustierung der Anforderungen an die Geltendmachung eines Auskunftsanspruchs insbesondere im Hinblick auf prozessuale Fragen der Darlegungs- und Beweislast. Der Beantwortung dieser Fragen widmen sich die folgenden Ausführungen.

B. Implementierung in die Entscheidung über den datenschutzrechtlichen Auskunftsanspruch

Der materiell-rechtliche Rahmen lässt prinzipiell keinen Zweifel daran, wann ein Auskunftsanspruch zu erfüllen ist. Wesentliche Grundlage für die Entscheidung über die Erteilung der Auskunft sind die Kriterien des Wahrheitsgehalts der Meldung und der Bösgläubigkeit des Hinweisgebers.

Im Ergebnis hat der Beschuldigte mit seinem Auskunftsverlangen gemäß Art. 15 Abs. 1 DS-GVO über die Meldung und etwaigen Folgemaßnahmen Erfolg, wenn der Hinweisgeber die Falschmeldung bösgläubig getätigt hat. Der Arbeitgeber hat folglich Auskunft über den Inhalt der Meldung gemäß Art. 15 Abs. 1 Hs. 2 DS-GVO sowie über die Identität des Hinweisgebers gemäß Art. 15 Abs. 1 Hs. 2 lit. g DS-GVO zu erteilen.

Von der Frage, ob der Anspruch auf materieller Ebene grundsätzlich besteht, ist jedoch die Frage nach der Aufklärbarkeit des Sachverhalts zu unterscheiden. Um die Kriterien, die einen Vertraulichkeitsschutz für den Hinweisgeber ausschließen, in die Abwägungsentscheidung einbeziehen zu können, ist vollständige Kenntnis des Arbeitgebers von den Umständen der Hinweisgebermeldung erforderlich. Verhältnismäßig unproblematisch kann der Arbeitgeber eine Abwägungsentscheidung treffen, wenn die Anforderungen an das Vertraulichkeitsgebot durch den Hinweisgeber offensichtlich nicht erfüllt sind.[374] Schwierigkeiten bestehen dagegen bei Sachverhalten, bei denen schon der Wahrheitsgehalt einer Mitteilung nicht zweifelsfrei feststeht. Nahezu unmöglich ist es zudem, ein bösgläubiges Verhalten und namentlich eine innere Tatsache des Whistleblowers zu bestimmen.

Die Entscheidung über das Auskunftsverlangen hängt daher maßgeblich davon ab, welche Partei aufklären muss, dass die Kriterien, die für einen überwiegenden Vertraulichkeitsschutz sprechen, erfüllt bzw. nicht erfüllt

---

374 *Bayreuther*, NZA-Beil. 2022, 20, 27.

sind. Hierfür kann zwischen dem außergerichtlichen Vorgehen des Arbeitgebers einerseits[375] und der gerichtlichen Entscheidung im Prozess andererseits differenziert werden. Da der Beschuldigte im Wege der außergerichtlichen Geltendmachung seines Auskunftsersuchens oft erfolglos bleibt, soll der Schwerpunkt der Untersuchung auf der prozessualen Durchsetzung des Anspruchs liegen. Daneben stellt sich die Frage, ob und ggf. welche Anforderungen an den Hinweisgeber im Hinblick auf die Aufklärung des Sachverhalts zu stellen sind.

I. Feststellung der Beurteilungsgrundlage bei außergerichtlicher Geltendmachung des Auskunftsanspruchs

Wesentliches Problem der Geltendmachung des Auskunftsanspruchs im Anwendungsbereich des HinSchG ist nicht die materielle Ausgangssituation, sondern die Durchsetzung des Anspruchs auf tatsächlicher Ebene. Vor der gerichtlichen Geltendmachung des datenschutzrechtlichen Auskunftsanspruchs steht zumeist das außergerichtliche Auskunftsverlangen eines beschuldigten Arbeitnehmers. Dieses stellt den Arbeitgeber vor die Herausforderung, eine gesetzes- und vor allem grundrechtskonforme Entscheidung über die Erfüllung des Anspruchs zu treffen, ohne die Rechte und Interessen des Hinweisgebers oder eigene Interessen zu verletzen. Unabhängig von der Ausübung eines Anspruchs gemäß Art. 15 Abs. 1 DS-GVO hat der Arbeitgeber prinzipiell ein eigenes Interesse an der Sachverhaltsaufklärung, welches aus seiner arbeitsrechtlichen Fürsorgepflicht und seiner Organisationsherrschaft folgt, aber auch in Teilen gesetzlich verankert ist.

Obschon eine Aufklärungspflicht des Arbeitgebers zu bejahen ist, ergeben sich keine unmittelbaren Konsequenzen für den Anspruch gemäß Art. 15 Abs. 1 DS-GVO, wenn der Arbeitgeber seiner Ermittlungsobliegenheit nicht umfassend nachkommt, da ein solcher Verstoß kein Recht auf Erfüllung des Auskunftsverlangens begründet.

Hinzu kommt aus Sicht des Arbeitgebers häufig eine Art ‚Folgenabschätzung'. Ergibt die von der Meldestelle gemäß § 17 Abs. 1 Nr. 4 HinSchG

---

375 Im Folgenden befasst sich die Arbeit vorrangig mit der Geltendmachung des Auskunftsanspruchs gegen den Arbeitgeber, da regelmäßig Auskunft nicht nur über den Inhalt einer Meldung, sondern auch über den Inhalt etwaiger Folgemaßnahmen zu erfüllen ist. Für diese ist allerdings ausschließlich der Arbeitgeber verantwortlich, siehe Kap. 1 B. II. 6. b).

durchgeführte Stichhaltigkeitsprüfung, die dem Arbeitgeber als Funktionsträger zugerechnet wird,[376] dass eine Meldung plausibel und widerspruchsfrei ist, wird eine Offenlegung von Informationen an den Beschuldigten in aller Regel unterbleiben. Für die Plausibilität der Mitteilung kann auf den strafrechtlichen Begriff des Anfangsverdachts gemäß § 152 Abs. 2 StPO zurückgegriffen werden:[377] Eine Hinweisgebermeldung ist danach immer dann plausibel, wenn *„zureichende tatsächliche Anhaltspunkte"* für eine Straftat sprechen. Als nicht ausreichend anzusehen sind demgemäß Meldungen, die auf bloße Vermutungen, Spekulationen oder Hörensagen gestützt sind.[378] Teilt der Hinweisgeber dagegen ein potenzielles Fehlverhalten eines anderen Arbeitnehmers mit und begründet diese Meldung mit konkreten Tatsachen,[379] spricht vieles für die Stichhaltigkeit der Meldung. Zwar hat die Meldestelle gemäß § 17 Abs. 1 Nr. 6 HinSchG in einem solchen Fall *„angemessene Folgemaßnahmen"* i.S.d. § 18 HinSchG zu ergreifen. Angesichts des unbestimmten Begriffs der „Angemessenheit" verbleibt der internen Meldestelle bzw. dem primär für Folgemaßnahmen verantwortlichen Arbeitgeber[380] grundsätzlich ein Beurteilungsspielraum hinsichtlich der tatsächlich vorzunehmenden Aufklärungsarbeit. Auch bei weitergehender Ermittlung bleibt für den Arbeitgeber die Gefahr bestehen, sich hinsichtlich der Auskunftserteilung „falsch" zu entscheiden. Während eine einmal erteilte Auskunft gemäß Art. 15 Abs. 1 DS-GVO nicht mehr ungeschehen gemacht werden kann, kann der beschuldigte Arbeitnehmer, dem die Auskunft verweigert wird, als ultima ratio seinen Auskunftsanspruch jedenfalls gerichtlich geltend machen. Aufgrund dieser Abwägung der realen Konsequenzen wird der Arbeitgeber – sofern die Meldung plausibel war – die Auskunft verweigern. Die Stärkung des Vertrauens in die Funktionsfähigkeit des Hinweisgebersystems wiegt insofern seine potenzielle Haftung gemäß § 82 DS-GVO auf.

Dieses Ergebnis spiegelt sich auch in dem Umstand wider, dass dem Arbeitgeber sowohl durch die Rechtsprechung als auch in der Literatur vielfach die Verweigerung des Auskunftsverlangens aufgrund einer etwaigen Gefährdung interner Ermittlungen zugebilligt wird.[381] Eine solche Ein-

---

376 Siehe Kap. 1 B. II. 6. b) bb) (ii) (1).
377 *Ott/Lüneborg*, CCZ 2019, 71, 76.
378 *Ott/Lüneborg*, CCZ 2019, 71, 76.
379 *Ott/Lüneborg*, CCZ 2019, 71, 76.
380 Siehe Kap. 1 B. II. 6. b).
381 LAG Baden-Württemberg 20.12.2018, NZA-RR 2019, 242, 250; *Fuhlrott*, GWR 2019, 157, 158.

schränkung des Auskunftsrechts ergibt sich zwar nicht aus dem Wortlaut des Art. 15 DS-GVO – anders als für die Informationspflicht gemäß Art. 14 Abs. 1 lit. b S. 1 DS-GVO. Dies steht dem Bedürfnis nach einer zeitweisen Verweigerung allerdings nicht entgegen.[382] Eine effektive interne Ermittlung stellt vielmehr ein berechtigtes Interesse dar, das im Rahmen der Abwägungsentscheidung des Art. 15 Abs. 4 DS-GVO[383] zu berücksichtigen ist und eine zeitweise Verweigerung rechtfertigen kann.

Um zu verhindern, dass die Interessen des Beschuldigten vollständig unterwandert werden, muss der verantwortliche Arbeitgeber jedenfalls konkrete Tatsachen für eine Gefährdungsbeeinträchtigung darlegen können. Diese aus § 147 StPO abgeleitete Wertung muss auch für Sachverhalte im Anwendungsbereich des HinSchG herangezogen werden: Dass eine temporäre Verweigerung der Auskunft trotz fehlender ausdrücklicher Regelung für Art. 15 Abs. 1 DS-GVO möglich sein muss, ergibt sich sowohl aus dem Zweck des HinSchG als auch aus den verfassungsrechtlich verankerten Interessen des Arbeitgebers[384]. Der Gesetzgeber bringt mit dem HinSchG einen umfassenden Schutz und die Anerkennung eines hohen Schutzbedürfnisses des Hinweisgebers zum Ausdruck. Dies würde mit einer vorschnellen Auskunft unterwandert werden, wenn noch nicht feststeht, ob das Vertraulichkeitsgebot zugunsten des Hinweisgebers greift. Stellt sich nach internen Ermittlungen heraus, dass die Voraussetzungen des § 8 Abs. 1 HinSchG erfüllt sind, kann eine falsche Auskunft nicht mehr ungeschehen gemacht werden. Eine frühzeitige Auskunft führt insofern zur vollständigen Umgehung des HinSchG.

Auch wenn die zeitweise Verweigerung der Auskunft dem Grunde nach angemessen sein kann, darf dies nicht dazu führen, dass der Auskunftsberechtigte über einen langen Zeitraum im Unklaren gelassen wird. Prinzipiell entfällt der Verweigerungsgrund nach Abschluss der Ermittlungen, wenn feststeht, dass die Voraussetzungen des Vertraulichkeitsgebots nicht vorliegen.[385] Bis dahin wird der Arbeitgeber jedoch in der Regel unter Verweis auf ein konkretes Gefährdungspotenzial die Auskunft verweigern dürfen. Darüber hinaus ist keineswegs gesagt, dass dem Arbeitgeber die Aufklärung im Ergebnis gelingt. Die vorsorgliche Zurückweisung des Aus-

---

382 *Fuhlrott/Oltmanns,* NZA 2019, 1105, 1110; *Fuhlrott,* GWR 2019, 157, 158.
383 Ebenso *Peisker,* Der datenschutzrechtliche Auskunftsanspruch, S. 446 f.
384 Siehe Kap. 3 B. III. 2.
385 DSK, Orientierungshilfe der Datenschutzaufsichtsbehörde zur Whistleblowing-Hotlines: Firmeninterne Warnsysteme und Beschäftigtendatenschutz v. 14.11.2018, S. 10; *Baade/Hößl,* DStR 2023, 1265, 1268.

kunftsverlangens kann in der Konsequenz zu einer vom Gesetzgeber vorgegebenen Gewichtung zugunsten des Whistleblowers führen, was eine mit den verfassungsrechtlichen Wertungen in Bezug auf den zugrunde liegenden Interessenkonflikt unvereinbare Situation für den Auskunftsberechtigten herbeiführen kann.

Bei außergerichtlicher Geltendmachung stellt das Auskunftsverlangen des Beschuldigten folglich häufig ein ‚stumpfes Schwert' dar,[386] um Informationen über die Datenverarbeitung im Zusammenhang mit der Hinweisgebermeldung zu erlangen. Als ultima ratio steht dem Beschuldigten der Weg zum Gericht offen.

II. Wertungsmäßige Verteilung der Beweislast im gerichtlichen Verfahren

Da die gerichtliche Anspruchsdurchsetzung regelmäßig der erfolgversprechendere Weg für Beschuldigte ist, um Auskunft über die Hinweisgebermeldung und etwaige Folgemaßnahmen zu erlangen, widmet sich die folgende Ausführung zunächst der Darstellung der Darlegungs- und Beweislastverteilung im HinSchG. Hieran schließt sich die Begründung der Erforderlichkeit einer wertungsmäßigen Verteilung der Darlegungs-, nicht jedoch der Beweislast an.

1. Die Darlegungs- und Beweislastverteilung in Bezug auf den Auskunftsanspruch gemäß Art. 15 Abs. 1 DS-GVO

Nach dem im Zivilprozess geltenden Beibringungsgrundsatz sind die relevanten Tatsachen durch die Parteien in den Prozess einzubringen und darzulegen. Für die Beweislastverteilung gilt grundsätzlich, dass eine Partei eine Tatsache, auf die sie sich beruft, beweisen muss. Der Kläger muss demzufolge das Vorliegen der anspruchsbegründenden Tatsachen und der Beklagte die rechtshindernden und -vernichtenden Tatsachen beweisen, die dem Anspruch des Klägers entgegenstehen.[387] Misslingt einer beweis-

---

386 *Fuhlrott*, GWR 2019, 157.
387 Musielak/Voit/*Foerste*, § 286 ZPO Rn. 35; MüKO ZPO/*Prütting*, § 286 Rn. 114; *Laumen*, NJW 2002, 3739, 3741 m.w.N.

Kapitel 2: Das Abwägungserfordernis im Anwendungsbereich des HinSchG

belasteten Partei der Nachweis, ergeht eine non liquet-Entscheidung des Gerichts zu ihren Lasten.[388]

a) Rechtslage vor Inkrafttreten des HinSchG

Wurde vor Einführung des HinSchG ein Anspruch gemäß Art. 15 Abs. 1 DS-GVO gerichtlich geltend gemacht, war nach oben genannten Grundsätzen der Verantwortliche für die Umstände darlegungs- und beweisbelastet, die ihn ausnahmsweise zur Verweigerung des Auskunftsanspruchs berechtigten.[389] Da die Verweigerung des Auskunftsverlangens nur durch eine Abwägung der widerstreitenden Interessen begründet werden kann,[390] war erforderlich, dass der Verantwortliche die konkreten Tatsachen benannte, die sein überwiegendes Interesse an der Geheimhaltung begründen sollten. Insofern wurde das unsubstantiierte Vorbringen, dass Rechte Dritter, beispielsweise die eines schutzwürdigen Hinweisgebers, einer Auskunft entgegenstünden, als nicht ausreichend erachtet.[391] Nach Auffassung der Gerichte bedurfte es einer konkreten Benennung aller Tatsachen, die ein Zurücktreten des Auskunftsinteresses zugunsten des Identitätsschutzes rechtfertigten.[392] Zweifelsohne durfte nicht erwartet werden, dass der Verantwortliche personenbezogene Daten des Hinweisgebers offenlegte und so dessen Rechte beeinträchtigte.[393] Trotz der Berücksichtigung des Schutzes berechtigter Interessen Dritter wurde jedoch vorausgesetzt, dass beispielsweise detaillierte Angaben zum genauen Sachverhalt, Vorfall und Thema in zeitlicher und örtlicher Hinsicht einschließlich der beteiligten Personen

---

388 *Prütting*, Gegenwartsprobleme der Beweislast, S. 16 f.; *Laumen,* NJW 2002, 3739, 3741.
389 BGH 22.02.2022, NJW-RR 2022, 764, 768; LAG Berlin-Brandenburg 30.03.2023, ZD 2023, 765, 766 f.; LAG Baden-Württemberg 17.3.2021, NZA-RR 2021, 410, 412; LAG Baden-Württemberg 20.12.2018, NZA-RR 2019, 242, 251; *Lembke,* NJW 2020, 1841, 1845; *Schulte/Welge,* NZA 2019, 1110, 1113; Kühling/Buchner/*Bäcker* Art. 15 DS-GVO Rn. 42 f.; Taeger/Gabel/*Louven,* § 29 BDSG Rn. 7; Sydow/Marsch/*Bienemann,* Art. 15 DS-GVO Rn. 64; Simitis/Hornung/Spiecker gen. Döhmann/*Dix,* Art. 15 DS-GVO Rn. 35.
390 Dazu sogleich Kap. 3 A. I.
391 Simitis/Hornung/Spiecker gen. Döhmann/*Dix,* Art. 15 DS-GVO Rn. 34 f; *Altenbach/Dierkes,* CCZ 2020, 124, 129.
392 BGH 22.02.2022, NJW-RR 2022, 764, 768; LAG Berlin-Brandenburg 30.03.2023, ZD 2023, 765, 766 f.
393 LAG Berlin-Brandenburg 30.03.2023, ZD 2023, 765, 767; LAG Baden-Württemberg 20.12.2018, NZA-RR 2019, 242, 251.

gemacht wurden.³⁹⁴ Die Anforderungen an die Darlegungs- und Beweislast des Arbeitgebers³⁹⁵ begründete das LAG Baden-Württemberg mit seiner Sachnähe.³⁹⁶ Nach überzeugender Ansicht des Gerichts, kann nur durch Darlegung der oben genannten Tatsachen eine interessengerechte Einzelfallabwägung erzielt werden.³⁹⁷

Der Informationsasymmetrie, die materiell-rechtlich durch den Auskunftsanspruch aufgelöst werden soll, muss insofern auch durch prozessrechtliche Anforderungen Rechnung getragen werden.

b) Rechtslage seit Einführung des HinSchG

Durch die gesetzliche Normierung des Vertraulichkeitsgebots in § 8 Abs. 1 HinSchG und dem zugehörigen Ausnahmetatbestand in § 9 Abs. 1 HinSchG hat sich auch die Verteilung der Darlegungs- und Beweislast nach den allgemeinen Prozessrechtsgrundsätzen geändert. Beruft sich der Verantwortliche auf die dem Auskunftsverlangen entgegenstehenden Rechte eines Hinweisgebers, muss er Tatsachen vortragen, die beweisen, dass die Voraussetzungen des Vertraulichkeitsgebots erfüllt sind. Dies wird ihm durch den weitreichenden Schutz des HinSchG deutlich einfacher gelingen als vor Inkrafttreten des HinSchG.³⁹⁸ Während der Erfolg einer Auskunftsklage zuvor maßgeblich vom Substantiierungsgrad des Arbeitgebervortrags abhing, könnte angesichts des vorrangigen Hinweisgeberschutzes ein pauschaler Verweis auf die Schutzbedürftigkeit nun als ausreichend erachtet werden.³⁹⁹ Die Schutzbedürftigkeit des Whistleblowers tritt zwar dann hinter dem Auskunftsinteresse zurück, wenn dieser vorsätzlich oder grob fahrlässig unrichtige Informationen über angebliche Verstöße gemeldet hat. Dass das Vertraulichkeitsgebot in einem solchen Fall gemäß § 9 Abs. 1

---

394 LAG Berlin-Brandenburg 30.03.2023, ZD 2023, 765, 767; LAG Baden-Württemberg 20.12.2018, NZA-RR 2019, 242, 251.
395 Kritisch *Dzida/Granetzny*, NZA 2020, 1201, 1206; *Lensdorf*, CR 2019, 304, 307.
396 LAG Baden-Württemberg 20.12.2018, NZA-RR 2019, 242, 251.
397 LAG Baden-Württemberg 20.12.2018, NZA-RR 2019, 242, 251.
398 *Aszmons/Herse*, DB 2019, 1849, 1854; *Dzida/Granetzny*, NZA 2020, 1201, 1206; *Fischer*, Hinweisgebersysteme im Lichte der EU-Richtlinie 2019/1937 unter besonderer Betrachtung der Vertraulichkeitszusicherung, S. 183.
399 So *Brobeil*, Die Auswirkungen der Richtline (EU) 2019/1937 auf Arbeitnehmer-Hinweisgeber, S. 285 f.; *Peisker*, Der datenschutzrechtliche Auskunftsanspruch, S. 457 f.; jedenfalls eine substantiierte Begründungspflicht ablehnend, *Dzida/Granetzny*, NZA 2020, 1201, 1206.

HinSchG ausnahmsweise nicht greift, unterliegt mithin der Beweislast der auskunftsberechtigten Person.[400] Denkbar wäre eine Regelung gewesen, die die Gutgläubigkeit des Hinweisgebers als Tatbestandsvoraussetzung des Vertraulichkeitsgebots und nicht als eine Ausnahme hiervon bestimmt,[401] sodass der Verantwortliche unverändert darlegungs- und beweisbelastet gewesen wäre. Der durch § 9 Abs. 1 HinSchG geschaffene Ausnahmetatbestand entspricht insofern wohl jedoch einer konsequenten Umsetzung des Hinweisgeberschutzes[402] mit entsprechenden Auswirkungen auf prozessualer Ebene.

In der Konsequenz muss der von einer unredlichen Meldung Betroffene sowohl die Unrichtigkeit einer Meldung beweisen als auch Tatsachen darlegen, die die Bösgläubigkeit des Hinweisgebers begründen. Letzteres ist ohne Kenntnis der Identität des Hinweisgebers nahezu unmöglich. Auch der Beweis der negativen Tatsache der Unrichtigkeit einer Meldung gelingt dem Auskunftsberechtigten regelmäßig nicht, wenn er nicht über zureichende Informationen zur Hinweisgebermeldung verfügt.[403] Verschärft wird die Situation des Auskunftsberechtigten, wenn die Auskunft nicht nur hinsichtlich der Identität des Hinweisgebers, sondern auch in Bezug auf den Inhalt der Meldung verweigert wird und dem Auskunftsberechtigten deshalb schon nicht bekannt ist, welcher Verstoß ihm vorgeworfen wird. In einem solchen Fall fehlen ihm jegliche Anhaltspunkte, um das Nichteingreifen des § 8 Abs. 1 HinSchG nachzuweisen.

2. Auflösung der Beweisproblematik

Eine Lösung des Beweislastdilemmas kann sich aus prozessualen Grundsätzen ergeben. Das Prozessrecht dient dabei – als Korrelat zu den materiellen Anforderungen – der Verwirklichung einer angemessenen Interessenabwägung. Nur eine wertungsmäßig gerechte Verteilung der Darlegungs- und Beweislast verhindert eine unverhältnismäßige Benachteiligung des zu Unrecht Beschuldigten, da die Geltendmachung von Folgeansprüchen trotz

---

[400] *Mohn*, NZA 2022, 1159, 1166.
[401] So im Hinblick auf die Systematik *Bayreuther*, NZA-Beil. 2022, 20, 25; *Musiol*, Hinweisgeberschutz und Datenschutz, S. 487.
[402] Mit Blick auf den gesetzgeberischen Willen, *Musiol*, Hinweisgeberschutz und Datenschutz, S. 486 f.
[403] *Mohn*, NZA 2022, 1159, 1166; *Bayreuther*, NZA-Beil. 2022, 20, 26.

B. *Implementierung in die Entscheidung über den Auskunftsanspruch*

rechtswidriger Datenverarbeitung faktisch von vornherein ausgeschlossen ist.

Im Folgenden wird die Anwendbarkeit potenziell beweiserleichternder Prozessgrundsätze auf die relevanten Ausschlusskriterien für das Vertraulichkeitsgebot untersucht: der Wahrheitsgehalt einer Meldung (a) sowie der Verschuldensvorwurf (b), der dem Hinweisgeber gemacht werden kann.

Zur Beweiserleichterung können grundsätzlich die prozessualen Grundsätze der (modifizierten) Beweislastumkehr oder der sekundären Darlegungslast herangezogen werden. Für eine konkrete Konfliktsituation könnte möglicherweise auch ein In-Camera-Verfahren zur gerechten Gewichtung der konfligierenden Interessen verhelfen. Ein solches ist im deutschen Zivilprozess allerdings nicht vorgesehen.[404]

a) Anwendung der sekundären Darlegungslast auf das Merkmal des Wahrheitsgehalts

Der Grundsatz der sekundären Darlegungslast kommt zum Tragen, wenn sich für die primär darlegungs- und beweisbelastete Partei ein Informationsdefizit ergibt, welches die sekundär darlegungsverpflichtete Partei zumutbar und problemlos auflösen kann. Die sekundäre Darlegungslast ist insbesondere dann heranzuziehen, wenn es um den Nachweis von negativen und internen Tatsachen geht,[405] da diejenige Person, die sich auf eine positive Tatsache beruft, in der Lage sein sollte, die zugrunde liegenden Tatsachen zu belegen.[406]

aa) Informationsgefälle

Ein Informationsgefälle zum Nachteil der beweisbelasteten Partei liegt indes nur vor, wenn die relevanten Tatsachen einem Geschehensablauf entspringen, zu dem sie – im Unterschied zur gegnerischen Partei – keinen Einblick hat. Der Auskunftsberechtigte hat aufgrund des Vertraulichkeitsge-

---

404 *Fuhlrott,* GWR 2019, 157, 158; mit Hinweis auf die Unzulässigkeit im Strafverfahren, BVerfGE 101, 106, 128 f; BVerfG 19.01.2006, NStZ 2006, 459, 460.
405 Musielak/Voit/*Stadler,* § 138 ZPO Rn. 10a; *Gomille,* Informationsproblem und Wahrheitspflicht, S. 54 ff.
Musielak/Voit/*Foerste,* § 286 ZPO Rn. 37; *Laumen,* MDR 2019, 193.
406 BVerfG 10.11.1998, NJW 1999, 1322, 1324; *Brost/Hassel,* NJW 2021, 1351.

bots gemäß § 8 Abs. 1 HinSchG keinerlei Informationen über die Identität des Hinweisgebers. Im ungünstigsten Fall beruft sich der verantwortliche Auskunftsschuldner auch für den Inhalt der Meldung auf entgegenstehende Rechte des Hinweisgebers, sodass dem Auskunftsberechtigte wenige bis keine Informationen in Bezug auf eine ihn betreffende Meldung zugänglich gemacht werden. Weiß der Betroffene, dass ihm kein Fehlverhalten zur Last gelegt werden kann und möchte er gegen die Meldung vorgehen, fehlen ihm Anhaltspunkte für den sachlichen Bezug seiner zivilrechtlichen Klage. Diesem Informationsdefizit kann die sekundäre Darlegungslast abhelfen. Dazu steht auch nicht im Widerspruch, dass es sich bei Art. 15 Abs. 1 DS-GVO um einen materiell-rechtlichen Auskunftsanspruch handelt, der die Auflösung eines Informationsgefälles bezweckt.[407] Danach könnte sich der Auskunftsberechtigte gerade nicht auf ein solches berufen dürfen, sofern ihm ein Auskunftsanspruch zusteht.[408] Die Besonderheit in der vorliegenden Sachverhaltskonstellation ist jedoch, dass ein Informationsdefizit trotz des prinzipiell einschlägigen Auskunftsanspruchs besteht, welches auf die Kollision mit dem HinSchG zurückzuführen ist. Die sekundäre Darlegungslast wird infolgedessen gerade zur Erfüllung des Auskunftsanspruchs herangezogen.

bb) Zumutbarkeit der Offenlegung für den Arbeitgeber

Dem Arbeitgeber ist die Darlegung der Tatsachen, die für den Wahrheitsgehalt der Meldung sprechen, zumutbar. Er trägt die Verantwortung, arbeitsrechtliche Verstöße zu unterbinden und ist insofern verpflichtet, angemessene Maßnahmen zu ergreifen, um den mitgeteilten Sachverhalt aufzuklären.[409] Zwar steht ein berechtigtes Geheimhaltungsinteresse einer zumutbaren Erfüllung der Substantiierungsanforderungen prinzipiell entgegen.[410] Berechtigt ist ein solches allerdings nur, sofern die Voraussetzungen des § 8 Abs. 1 HinSchG erfüllt sind, was bei einer bösgläubig unrichtigen Meldung gerade nicht der Fall ist.

---

407 BGH 10.02.2015, NJW-RR 2015, 1279, 1280.
408 *Laumen*, MDR 2019, 193, 196; vgl. auch *Kiethe*, MDR 2003, 781 ff.
409 Ebenso *Musiol*, Hinweisgeberschutz und Datenschutz, S. 489.
410 *Laumen*, MDR 2019, 193, 196.

b) Anwendung der sekundären Darlegungslast auf das Merkmal des Verschuldens

Die entscheidende Voraussetzung für die Bejahung des Ausnahmetatbestands gemäß § 9 Abs. 1 HinSchG ist das bösgläubige also das vorsätzliche oder grob fahrlässige Verhalten des Hinweisgebers in Bezug auf die Wahrheit der mitgeteilten Tatsache. Während das Informationsdefizit hinsichtlich der Unrichtigkeit einer Meldung durch die Anwendung der sekundären Darlegungslast überwunden werden kann, stellt die Aufklärung der Bösgläubigkeit des Whistleblowers eine weitaus größere Herausforderung dar. Der Wahrheitsgehalt einer Meldung kann häufig auch dann geklärt werden, wenn dem Inhalt keine Hinweise auf die Identität des Hinweisgebers entnommen werden können und diese mithin vertraulich bleibt. Die Bösgläubigkeit bzw. die innere Tatseite des Whistleblowers ist dagegen ohne Kenntnis von der Person des Hinweisgebers nicht ermittelbar. Als Indiz für die Unredlichkeit der hinweisgebenden Person könnte die Unwahrheit der Meldung dienen.[411] Die durch §§ 8, 9 HinSchG gesetzlich antizipierte Wertung, wonach das Vertraulichkeitsinteresse ausschließlich im Falle bösgläubiger Meldungen zurücktreten soll, macht jedoch deutlich, dass eine Verkürzung des Hinweisgeberschutzes aufgrund einer bloßen Falschmeldung nicht in Betracht kommen soll. Die Zugrundelegung einer Abwägungsentscheidung ohne antizipierten Interessenausgleich statt der gesetzlichen Wertung des HinSchG ergibt in der Regel nichts anderes in Bezug auf das Auskunftsverlangen. Die Unwahrheit einer Meldung kann die Gewichtung zugunsten des Auskunftsinteresses beeinflussen. Einzig die Bösgläubigkeit eines Hinweisgebers kann jedoch mit überwiegender Wahrscheinlichkeit dazu führen, dass das Vertraulichkeits- hinter das Auskunftsinteresse zurücktritt.

aa) Informationsdefizit und Zumutbarkeit der Offenlegung

Aufgrund des Vertraulichkeitsgebots des § 8 Abs. 1 HinSchG, das die interne Meldestelle auch gegenüber dem Arbeitgeber zur Vertraulichkeit verpflichtet, ist dem Arbeitgeber die Identität des Hinweisgebers ebenfalls unbekannt. Ohne Kenntnis der entsprechenden Informationen ist die Aufklärung durch den Beschäftigungsgeber faktisch ausgeschlossen.

---

411 So *Brobeil*, Die Auswirkung der Richtlinie (EU) 2019/1937 auf Arbeitnehmer-Hinweisgeber, S. 287.

Gleichwohl darf sich der Vortrag des Arbeitgebers nicht allein darauf beschränken, dass das Vertraulichkeitsgebot auch ihm gegenüber gilt.

Für die Begründung der sekundären Darlegungslast ist die Sachnähe des Arbeitgebers entscheidend,[412] die ihm bereits aufgrund seiner Aufklärungspflicht[413] zukommt. Nach einer Stichhaltigkeitsprüfung der Meldestelle gemäß § 17 Abs. 1 Nr. 4 HinSchG trifft die Pflicht zur Initiierung darüber hinausgehender Aufklärungsmaßnahmen und insbesondere solche, die straf- oder arbeitsrechtliche Konsequenzen nach sich ziehen können, den Arbeitgeber.[414] Dies ergibt sich nicht zuletzt aus seiner Fürsorgepflicht. Während dem Beschuldigten keinerlei Informationen über die Identität des Hinweisgebers vorliegen, hat der Arbeitgeber die Möglichkeit, durch Aufklärungsarbeit und die Auswertung der Umstände einer Meldung zumindest insofern seiner Darlegungslast nachzukommen. Nicht zuletzt sieht auch die Rechtsprechung im Rahmen der sekundären Darlegungslast das Ergreifen von zumutbaren Nachforschungsmaßnahmen vor.[415] Er kann vortragen, wie detailliert, plausibel und widerspruchsfrei ein angebliches Fehlverhalten durch den Hinweisgeber mitgeteilt wurde und welche Untersuchungen er selbst hinsichtlich des Sachverhalts durchgeführt hat.[416]

bb) Erfordernis einer Beweislastumkehr?

Teilweise wird von der Literatur für die innere Tatsache der Bösgläubigkeit sogar eine (modifizierte) Beweislastumkehr für erforderlich gehalten.[417] Danach sei es Sache des Arbeitgebers, bei Unrichtigkeit oder Unaufklärbarkeit des Wahrheitsgehalts einer Meldung zu beweisen, dass der Hinweisgebermeldung kein vorsätzliches oder grob fahrlässiges Verhalten zugrunde liegt.[418] Eine solche Beweislastumkehr sei geboten, da es dem Auskunftsberechtigten auch bei offensichtlich unrichtiger Meldung nicht gelingen werde, die innere Tatsache der Bösgläubigkeit des Whistleblowers nachzu-

---

412 Vgl. LAG Baden-Württemberg 20.12.2018, NZA-RR 2019, 242, 251.
413 Siehe bereits Kap. 2 B. I.
414 Vgl. *Bayreuther*, DB 2023, 1537, 1540.
415 BGH 08.01.2014, NJW 2014, 2360, 2361; BGH 01.03.2016, NJW 2016, 2106, 2110; BGH 25.05.2020, NJW 2020, 1962, 1966.
416 Ebenso *Musiol*, Hinweisgeberschutz und Datenschutz, S. 489 f.
417 So wohl *Bayreuther*, NZA-Beil. 2022, 20, 27.
418 *Bayreuther*, NZA-Beil. 2022, 20, 27.

B. Implementierung in die Entscheidung über den Auskunftsanspruch

weisen.[419] Ist die streitgegenständliche Tatsache nicht aufklärbar, geht das sog. non liquet zulasten des sich Äußernden. Zum selben Ergebnis könnte man zudem mit Blick auf die Beweislastverteilung bei Anwendung von Art. 15 Abs. 4 DS-GGVO noch vor Geltung des HinSchG kommen. Nach allgemeinen Grundsätzen musste der Arbeitgeber alle Umstände beweisen, die für ein überwiegendes Hinweisgeberinteresse sprachen. Ein solcher Vortrag kann aufgrund seiner Sachnähe auch erwartet werden.[420]

Der Rückgriff auf die Darlegungs- und Beweislastverteilung, die vor Einführung des HinSchG galt, würde jedoch dem gesetzgeberischen Willen entgegenlaufen, der für das Vertraulichkeitsgebot das Regel-Ausnahmeverhältnis der §§ 8, 9 HinSchG vorsieht. Eine interessenbezogene Verteilung der Beweislast ist zwar prinzipiell im Rahmen der materiell-rechtlichen Wertungen möglich,[421] eine von den Wertungen abweichende Rechtsfortbildung jedoch ausgeschlossen.

Die bloße Sachnähe und etwaige Beweisschwierigkeiten können die Anwendung einer Beweislastumkehr für die Geltendmachung des Auskunftsanspruchs im Kontext von Hinweisgebermeldungen im Übrigen nicht begründen. Da eine gesetzliche Beweislastumkehr für den Fall entgegenstehender Hinweisgeberrechte im HinSchG nicht vorgesehen ist, kommt eine Abweichung von der objektiven Beweislast nur in Betracht, wenn eine solche künftig durch richterliche Rechtsfortbildung entwickelt wird. Um die Rechtssicherheit für die Prozessparteien nicht zu konterkarieren, darf eine solche Rechtsfortbildung nur in Fällen zur Anwendung kommen, die aus zwingenden Gründen zur Abkehr von den allgemeinen Grundsätzen berechtigen und nur unter der Voraussetzung, dass abstrakt-generelle Vorgaben für die den Ausnahmefall typischerweise kennzeichnenden Gründe geschaffen werden.[422] Die bloße Beweisnot erfordert insofern keine Rechtsfortbildung.[423] Im Übrigen führt das Vertraulichkeitsgebot des § 8 HinSchG zu einer abgeschwächten Sachnähe des Arbeitgebers. Während beispielsweise bei der durch die Rechtsprechung anerkannten Produzentenhaftung allein der Produzent aus seiner Sphäre die Prozesse, Strukturen und Organisation überblickt,[424] ist der Arbeitgeber angesichts des Vertraulichkeitsge-

---

419 *Gerdemann*, Stellungnahme zu den Gesetzentwürfen BT-Drucksache 20/5992 und BT-Drucksache 20/5991, S. 9.
420 Vgl. LAG Baden-Württemberg, NZA-RR 2019, 242, 251.
421 MüKoZPO/*Prütting*, § 286 Rn. 120 f.
422 MüKoZPO/*Prütting*, § 286 Rn. 126, 131; *Laumen*, NJW 2002, 3739, 3741.
423 *Laumen*, NJW 2002, 3739, 3741.
424 BGH 26.11.1968, NJW 1969, 269, 275.

bots, das auch ihm gegenüber gilt, zu einem solchen Überblick in Bezug auf die inneren Tatsachen einer Meldung nicht in der Lage. Zwar trifft ihn, wie oben festgestellt, eine Aufklärungspflicht, die insbesondere weitere Ermittlungsmaßnahmen erforderlich macht und so jedenfalls eine gewisse Sachnähe begründet. Eine solche ist jedoch nicht mit der Produzentensphäre vergleichbar. Zu einem ähnlichen Ergebnis scheinen die Gerichte auch bei Entscheidungen über äußerungsrechtliche Streitigkeiten zu gelangen. Hier ist anerkannt, dass es durch die Übertragung der Wertungen des § 186 StGB auf die zivilrechtlichen Anspruchsgrundlagen aus §§ 1004, 823 BGB zu einer Beweislastumkehr kommt, sofern der Betroffene ehrenrührigen Tatsachenbehauptungen ausgesetzt ist.[425] Die Beweislastumkehr in solchen Fällen gilt allerdings nicht, wenn der Äußernde nicht selbst am Prozess beteiligt ist.[426] Handelt es sich bei einer Meldung um eine üble Nachrede gemäß § 186 StGB, liegt eine solche im Verhältnis zwischen dem Auskunftsberechtigten und dem Hinweisgeber, nicht jedoch im Verhältnis zum Verantwortlichen vor. Ein Rückgriff auf die Beweislastumkehr scheidet mithin aus.

c) Die sekundäre Darlegungslast als Lösung der Beweisproblematik?

Der Interessenkonflikt und die damit einhergehende Beweisproblematik erfüllen prinzipiell die Anwendungsvoraussetzungen der sekundären Darlegungslast.
    Auch wenn die Rechtsfigur der sekundären Darlegungslast nur restriktiv zur Auflösung von Beweisproblemen herangezogen wird, ist die Anwendung für streitige Sachverhaltskonstellationen obligatorisch.[427] Ohne Erleichterung der allgemeinen Beweisgrundsätze ist es dem Auskunftsberechtigten praktisch unmöglich, gegen rechtswidrige, nicht vom Schutz des HinSchG umfasste Meldungen vorzugehen. Dass dies weder dem Da-

---

425 BGH, NJW 1985, 1621, 1622; BGH NJW 1996, 1131, 1133; BGH, NJW 2014, 2029, 2032; Leopold/Wiebe/Glossner/*Pille*, Teil 15.2 Rn. 21; Auer-Reinsdorff/Conrad/*Eckhardt*, § 25 Rn. 239.
426 Leopold/Wiebe/Glossner/*Pille*, Teil 15.2 Rn. 21.
427 Siehe auch *Mohn*, NZA 2022, 1159, 1166; BeckOK DatenschutzR/*Schmidt-Wudy*, Art. 15 DS-GVO Rn. 74.3; noch von einer Verteilung nach Sphären sprechend *Bayreuther*, NZA-Beil. 2022, 20, 27; nachfolgend ausdrücklich Bezug auf die sekundäre Darlegungslast nehmend *Bayreuther*, DB 2023, 1537, 1541; im Ergebnis auch *Laber/Niewiadomski*, öAT 2023, 70, 73.

tenschutzrecht noch dem HinSchG entspricht, ist evident. Die Betroffenenrechte der DS-GVO bezwecken die Unterbindung rechtswidriger Datenverarbeitungen und die Verwirklichung des Datenschutzrechts als eines der wesentlichen europäischen Grundrechte. Das HinSchG hat ferner die Rechte einer betroffenen Person in seine Regelungen einzubeziehen. Unbeschadet des vorrangigen Telos des HinSchG, den Hinweisgeber zu schützen, soll auch der Schutz der betroffenen Person gewährleistet werden und Eingang in die Umsetzung des Hinweisgeberschutzes finden. Nach Art. 22 HinSch-RL sind die Mitgliedsstaaten dazu angehalten, sicherzustellen, *„dass betroffene[n] Personen ihr Recht auf einen wirksamen Rechtsbehelf und auf ein faires Gerichtsverfahren [...] sowie ihre Verteidigungsrechte, einschließlich des Rechts auf Anhörung und des Rechts auf Einsicht in ihre Akte, in vollem Umfang ausüben können"*. Ergänzend führt Erwägungsgrund 100 S. 2 zur HinSch-RL ausdrücklich aus, dass *„die Verteidigungsrechte der betroffenen Person und ihr Zugang zu Rechtsbehelfen in allen Stadien des sich an die Meldung anschließenden Verfahrens in vollem Umfang und im Einklang mit den Artikeln 47 und 48 der Charta gewahrt werden"* müssen. Dass der Ausgleich der widerstreitenden Interessen des Hinweisgebers und der betroffenen Person ausschließlich durch eine Abwägung erreicht werden kann, steht der Anwendung der sekundären Darlegungslast nicht entgegen; die sekundäre Darlegungslast dient vielmehr genau diesem Ziel.[428] Den strukturellen Rechtsunsicherheiten für die betroffene Person und den kaum aufklärbaren Sachverhalten wird durch die Heranziehung der prozessualen Rechtsfigur in angemessener Weise Rechnung getragen, ohne zugleich die Rechte der gegnerischen Partei unverhältnismäßig zu beschränken.

Insbesondere im Hinblick darauf, dass der von der Meldung betroffene Arbeitnehmer aufgrund des erheblichen Informationsdefizits nach den allgemeinen Prozessgrundsätzen in der überwiegenden Zahl der Fälle keinen Rechtsschutz gegen bösgläubig unrichtige Meldungen geltend machen kann, bedarf es einer Abkehr vom allgemeinen Darlegungslastprinzip. Die Durchführung der in Art. 15 Abs. 1 DS-GVO vorgesehenen Abwägung der widerstreitenden Interessen ist in der Theorie zwar richtig, kann aber praktisch nur umgesetzt werden, wenn der Abwägung prozessrechtlich keine unangemessenen Grenzen gesetzt sind. Eine solche Grenze ist dem betroffenen Arbeitnehmer auferlegt, wenn er mangels ihm zur Verfügung

---

[428] *Sesing*, MMR 2017, 101, 104; Hoeren/Sieber/Holznagel/*Sesing-Wagenpfeil*, Teil 18.5 Rn. 98.

stehender Informationen und der geltenden Darlegungs- und Beweislastgrundsätze seine Rechte nicht geltend machen kann. Einschränkend ist allerdings auch hier zu beachten, dass nicht jede Beweisproblematik, die eine Partei trifft, durch eine Anpassung des Prozessrechts aufgelöst werden kann. Hiergegen spricht schon die Rechtssicherheit, die für die Prozessparteien gewährleistet werden muss und die durch willkürliche Prozessprinzipien unterwandert wird. Für die bestehende Konfliktsituation zwischen dem Auskunftsinteresse und dem Anonymitätsinteresse ist die Ausgangslage aufgrund des HinSchG und dessen Vertraulichkeitsgebots allerdings zulasten des Auskunftsberechtigten verschärft. Schon außergerichtlich wird er wenige bis keine Informationen zu der ihn betreffenden Meldung erhalten, sodass er vor Gericht seiner Darlegungs- und Beweispflicht erst recht nicht genügen und mangels Auskunft keine Folgeansprüche in Bezug auf etwa unrechtmäßige Datenverarbeitung und herabwürdigende Behauptungen geltend machen kann. Dies kollidiert mit dem durch das Betroffenenrecht zu gewährleistenden Transparenzgrundsatz, der in Art. 8 und Art. 47 GRCh verankert ist. Die Verteilung der Darlegungslast zugunsten des Auskunftsberechtigten stellt jedoch ein milderes, im Hinblick auf die Berücksichtigung der Rechte des Hinweisgebers nicht unverhältnismäßiges Mittel dar. Die Darlegungslast hat keinen Einfluss auf die Beweislast, sodass ein non liquet nach wie vor zulasten des Auskunftsberechtigten wirkt. Lediglich der Anspruch an die Substantiierungspflicht der verantwortlichen Stelle wird erhöht.[429] Dem Schutzanspruch des Hinweisgebers wird demzufolge ausreichend Rechnung getragen.

3. Konsequenz der sekundären Darlegungslast im Prozess

Behauptet der Beschuldigte vor Gericht, dass die Hinweisgebermeldung unrichtig war, darf sich der Verantwortliche als sekundär Darlegungspflichtiger nicht auf einfaches Bestreiten beschränken. Die sekundäre Darlegungslast verpflichtet ihn vielmehr dazu, substantiiert vorzutragen und das angebliche Fehlverhalten und den damit im Zusammenhang stehenden Sachverhalt zu konkretisieren.[430] Im Anschluss hieran obliegt es dem Beschuldigten zu beweisen, dass die Mitteilung nicht der Wahrheit entspricht. Die wertungsmäßige Verteilung der Darlegungslast hat folglich keine Aus-

---

429 Musielak/Voit/*Stadler*, § 138 ZPO Rn. 10a.
430 *Mohn*, NZA 2022, 1159, 1166.

wirkung auf die Beweislastverteilung.⁴³¹ Kommt der Arbeitgeber jedoch den Anforderungen, die an die sekundäre Darlegungslast gestellt sind, nicht nach, gilt die Unwahrheit einer Meldung gemäß § 138 Abs. 3 ZPO als zugestanden.

Welche konkreten Anforderungen an den Vortrag des Arbeitgebers zu stellen sind, ist durch die Rechtsprechung noch nicht geklärt. Im Folgenden gilt es daher, die Anforderungen an den Inhalt des Vortrags sowie die Implikationen an die Sorgfaltspflicht des Arbeitgebers bei Entgegennahme einer Meldung zu bestimmen.

4. Anforderungen an die Darlegungslast sowie die Sorgfaltspflichten des Arbeitgebers

Um der Darlegungslast zu genügen, muss der Arbeitgeber bei der Entgegennahme von Hinweisen gewisse Sorgfaltspflichten erfüllen. Dies setzt die Verifizierung und Substantiierung der Hinweisgebermeldung sowohl in objektiver als auch in subjektiver Hinsicht voraus.

Danach muss der Arbeitgeber zunächst mitteilen, welches Fehlverhalten dem Beschuldigten in der Hinweisgebermeldung zur Last gelegt wird. In Bezug auf die inneren Tatsachen muss der Arbeitgeber Umstände vortragen, die für die Gutgläubigkeit des Hinweisgebers sprechen.⁴³²

a) Offenlegung der durchgeführten Ermittlungsmaßnahmen und -ergebnisse

Der Arbeitgeber muss den Sachverhalt in Bezug auf den zeitlichen und örtlichen Rahmen, den Vorfall und die Themen konkretisieren. Wie hoch die Anforderungen an die Darlegungslast sind, ist eine Frage des Einzelfalls. Unerlässlich ist jedenfalls, dass dem Beschuldigten die konkreten Tatsachen bekannt sind, auf die sich der ihm gemachte Vorwurf stützt. Andernfalls müsste sich der Beschuldigte ins Blaue hinein rechtfertigen.⁴³³ Nur wenn die tatsächlichen Umstände des angeblichen Verstoßes vorgetragen sind,

---

431 BGH 25.05.2020, NJW 2020, 1962, 1966; BGH 08.01.2014, NJW 2014, 2360, 2361.
432 Ebenso *Musiol*, Hinweisgeberschutz und Datenschutz, S. 490; BeckOK DatenschutzR/*Schidt-Wudy*, Art. 15 DS-GVO Rn. 74.3.
433 BGH 22.04.2008, NJW 2008, 2262, 2264.

kann dem betroffenen Arbeitnehmer der Beweis seiner Unschuld gelingen. Erforderlich kann beispielsweise sein, dass der Verantwortliche das konkrete Datum, möglicherweise sogar die genaue Uhrzeit des angeblichen Tathergangs benennen muss, um seiner prozessualen Darlegungslast zu genügen. Gegen eine solche umfassende Vortragspflicht des Verantwortlichen wurde bereits vor Einführung des HinSchG angeführt, dass hierdurch Schlussfolgerungen auf die Person des Hinweisgebers ermöglicht werden und ein etwaiger Schutz unterwandert wird.[434] Dem ist jedoch im Anwendungsbereich des HinSchG der umfassend gewährleistete Schutz des Hinweisgebers durch das Vertraulichkeitsgebot entgegenzuhalten. Während eine Beweislastumkehr aus diesem Grund abgelehnt wurde, muss sich die Schutzbedürftigkeit des Betroffenen jedenfalls in den Anforderungen an den Vortrag des Antragsgegners widerspiegeln. Ist es dem Arbeitgeber im Einzelfall möglich, spezifische Angaben zu machen, ohne zugleich gegen das Vertraulichkeitsinteresse des Hinweisgebers zu verstoßen, kann dies – insbesondere beim Verdacht besonders schwerer Verstöße[435] – vom Arbeitgeber erwartet werden.

Da den Arbeitgeber im Rahmen der sekundären Darlegungslast eine Pflicht zur Nachforschung und Untersuchung trifft, sofern eine solche zumutbar ist,[436] kann er seine durchgeführten Ermittlungsmaßnahmen und -ergebnisse vortragen, um das (angebliche) Fehlverhalten zu konkretisieren. Dass sich die Anforderungen an die (zumutbare) Nachforschung im Rahmen des HinSchG bewegen, lässt sich aus den Vorgaben in § 17 Abs. 1 HinSchG folgern. Zwar benennt die Norm keine konkreten Pflichten des Arbeitgebers. Entsprechend der §§ 17 Abs. 1 Nr. 6, 18 HinSchG ist es indes zumeist erforderlich, nach der Durchführung einer Stichhaltigkeitsprüfung angemessene Maßnahmen zu ergreifen. Während das Verfahren im Anschluss an eine Meldung im Wesentlichen durch die Meldestelle durchgeführt wird, sind weitergehende Maßnahmen, insbesondere solche, die straf- oder arbeitsrechtliche Konsequenzen nach sich ziehen können, dem Arbeitgeber vorbehalten.[437] Die Informationen, die eine interne Meldestelle

---

434 *Dzida/Granetzny*, NZA 2020, 1201, 1206; *Dzida/Seibt*, NZA 2023, 657, 665; *Mohn*, NZA 2022, 1159, 1166; *Lensdorf*, CR 2019, 304, 307.
435 *Lensdorf*, CR 2019, 304, 307, der zur Beurteilung des Schweregrads auf die Feststellungen der *DSK*, Orientierungshilfe der Datenschutzaufsichtsbehörde zu Whistleblowing-Hotlines v. 14.11.2018, S. 3 f., verweist.
436 BGH 25.05.2020, NJW 2020, 1962, 1966; BGH 01.03.2016, NJW 2016, 2106, 2110; BGH 08.01.2014, NJW 2014, 2360, 2361.
437 Vgl. *Bayreuther*, DB 2023, 1537, 1540.

im Rahmen eines Verfahrens i.S.d. § 17 HinSchG erlangt hat, sind – unter Wahrung des Vertraulichkeitsgebots – dem Arbeitgeber zur Durchführung von Folgemaßnahmen zur Verfügung zu stellen.

Die Prüfung der Stichhaltigkeit einer Meldung gemäß § 17 Abs. 1 Nr. 4 HinSchG setzt voraus, dass diese plausibel und widerspruchsfrei ist.[438] Lässt die Meldung insofern keine Rückschlüsse auf die Stichhaltigkeit zu, können nach § 17 Abs. 1 Nr. 5 HinSchG weitere Informationen bei der hinweisgebenden Person eingeholt werden. Insbesondere Angaben darüber, ob der Whistleblower Einzelheiten und Nachweise hinsichtlich des angeblichen Fehlverhaltens mitgeteilt hat und die Plausibilität können Schlussfolgerungen des Gerichts auf die Gutgläubigkeit des Hinweisgebers begründen.[439] Umgekehrt wird der Arbeitgeber der sekundären Darlegungslast nicht genügen, wenn sich die Meldung des Hinweisgebers lediglich auf Gerüchte, Hörensagen oder Spekulationen stützt und er keine konkreten Umstände des Fehlverhaltens darlegen kann. Oft wird die vorsätzlich oder grob fahrlässig hinweisgebende Person ihre Mitteilung nicht durch konkrete Angaben untermauern können, was ein Indiz für die Unredlichkeit sein kann.

b) Offenlegung der Motive des Hinweisgebers?

Ein Ansatz könnte außerdem sein, dass der Whistleblower das Motiv seiner Meldung mitteilen muss, sodass der Arbeitgeber dieses anschließend im Prozess vortragen kann. Die Gutgläubigkeit des Hinweisgebers könnte – ähnlich wie in der Rechtsprechung des EGMR – anhand der zugrunde liegenden Motivation für die Meldung geprüft werden.[440] So spricht nach der Judikatur des EGMR beispielsweise der persönliche Groll eines hinweisgebenden Arbeitnehmers gegen seine Gutgläubigkeit.[441] Die subjektiven Beweggründe und die Motivation des Hinweisgebers sind nach dem ein-

---

[438] So schon vor Einführung des HinSchG *Clodius/Warda*, CB 2021, 137, 141.
[439] Ähnlich *Musiol*, Hinweisgeberschutz und Datenschutz, S. 490.
[440] EGMR 12.02.2008, BeckRS 2011, 77277 Rn. 77 – Guja/Moldawien; EGMR 16.02.2021, NZA 2021, 851 Rn. 71 – Gawlik/Liechtenstein; EGMR 14.02.2023, NJW 2023, 1793 Rn. 128 – Halet/Luxemburg; statt vieler *Czech*, NLMR 2023, 69, 71.
[441] EGMR 14.02.2023, NJW 2023, 1793 Rn. 128 – Halet/Luxemburg.

deutigen Willen des Gesetzgebers jedoch unbeachtlich.[442] Das Vertraulichkeitsgebot differenziert grundsätzlich nicht danach, ob der Whistleblower aus anerkennenswerten oder unmoralischen Motiven handelt; den Schutz des Gesetzes genießt er vielmehr, solange die übrigen Tatbestandsvoraussetzungen erfüllt sind.[443] Der umfassende Schutz des Whistleblowers durch das HinSchG und dessen Wertungen steht der unmittelbaren Bezugnahme auf die Motivation somit entgegen. Von diesen Erwägungen abgesehen, wäre eine obligatorische Mitteilung der Motivation durch den Hinweisgeber praktisch nicht zielführend. Der Hinweisgeber, der eine Meldung aus unredlichen Motiven abgibt, wird dies nicht einräumen. Die Mitteilung einer Hinweisgebermeldung kann nicht unter die Bedingung der Offenlegung von Motiven gestellt werden, sodass der Arbeitgeber keine Informationen diesbezüglich haben kann.

c) Nachforschungsobliegenheit des Hinweisgebers

Die Rahmenbedingungen der Meldung allein lassen nicht notwendig Schlussfolgerungen auf die inneren Tatschen zu. Die Redlichkeit des Hinweisgebers könnte jedoch mittelbar danach beurteilt werden, ob er seiner Nachforschungsobliegenheit entsprochen hat. Stellt man das Vertraulichkeitsgebot unter die Bedingung einer Nachforschungspflicht, führt dies zu einer Einschränkung des Anwendungsbereichs und zur mittelbaren Beeinflussung des Fahrlässigkeitsmaßstabs.[444] Meldet der Hinweisgeber Informationen, ohne diese vorab zu verifizieren, setzt er sich dem Vorwurf der groben Fahrlässigkeit aus, sodass er sich nicht auf das Vertraulichkeitsgebot nach § 8 Abs. 1 HinSchG berufen kann. Nach einer Untersuchung, ob eine solche Obliegenheit zu Lasten des Hinweisgebers überhaupt begründet werden kann, ist im Folgenden der Inhalt einer solchen zu diskutieren.

---

442 Erwägungsgrund 32 S. 5 HinSch-RL; BT-Drs. 20/3442, 107; anders noch die Rspr. des EGMR, zuletzt EGMR 14.02.2023, NJW 2023, 1793 Rn. 113, 128 – Halet/Luxemburg; kritisch *Garden/Hiéramente*, BB 2019, 963, 966 f.
443 *Garden/Hiéramente*, BB 2019, 963, 964; *Vogel/Poth*, CB 2019, 45, 47; *Schmidt*, Regelungsoptionen des deutschen Gesetzgebers zum Whistleblower-Schutz in Umsetzung der EU-RL 2019/1937, S. 148.
444 So *Müller*, NZA 2002, 424, 435; ebenso *Gach/Rützel*, BB 1997, 1959, 1960.

aa) Begründung einer Obliegenheit für den Hinweisgeber

Gegen eine Nachforschungspflicht könnte der Wortlaut von Erwägungsgrund 32 S. 1 HinSch-RL sprechen: Danach soll der Hinweisgeber auf die Umstände und die verfügbaren Informationen zum Zeitpunkt der Meldung zurückgreifen, ohne dass weitergehende Substantiierungsanforderungen gelten. Zudem obliegt es ausschließlich der Meldestelle gemäß § 18 Nr. 1 HinSchG bzw. dem Beschäftigungsgeber, Folgemaßnahmen zu ergreifen.[445] Weitergehende Aufklärungsarbeit durch eine hinweisgebende Person zu verlangen, erscheint aufgrund der notwendigen Ermittlungstätigkeit des Arbeitgebers mithin nicht geboten.[446] Hinzu kommt die fehlende Kompetenz eines durchschnittlichen Arbeitnehmers, derartige Untersuchungen anzustellen.

Auch die nationale Rechtsprechung, die sich thematisch mit Meldungen von Whistleblowern auseinandersetzt, schützt die Informationsweitergabe durch Hinweisgeber, sofern diese nicht wissentlich oder leichtfertig unwahr handeln.[447] Der Gutgläubigkeitsmaßstab ist demzufolge unabhängig von einer etwaigen Nachforschungspflicht.[448]

Anders urteilte der EGMR im Jahr 2021. In der Entscheidung *Gawlik/Liechtenstein*[449] bejahte das Gericht für die Beurteilung der Authentizität einer Meldung eine Nachforschungspflicht und lehnte einen rechtswidrigen Eingriff in die Meinungsfreiheit des deutschen Arztes Lothar Gawlik gemäß Art. 10 EMRK ab. Dieser hatte nach Ansicht des Gerichts die bei der Staatsanwaltschaft gemeldeten Informationen über eine angebliche aktive Sterbehilfe seines Vorgesetzten nicht hinreichend überprüft.[450] Bereits in früheren Entscheidungen beurteilte der EGMR die Richtigkeit der Meldung nicht als zwingende Voraussetzung.[451] Von einem gutgläubi-

---

445 Vgl. *Brobeil*, Die Auswirkung der Richtlinie (EU) 2019/1937 auf Arbeitnehmer-Hinweisgeber, S. 159.
446 *Musiol*, Hinweisgeberschutz und Datenschutz, S. 107.
447 BVerfG 02.07.2001, NJW 2001, 3474, 3476; BGH 22.02.2022, NJW-RR 764, 768; BAG 27.09.2012, NJOZ 2013, 1064, 1068; LAG Baden-Württemberg, 20.12.2018 NZA-RR 2019, 242, 250; LAG Rheinland-Pfalz, 11.05.2022, BeckRS 2022, 21202 Rn. 24; *Gerdemann*, NJW 2021, 2324, 2326.
448 *Gerdemann*, NJW 2021, 2324, 2326.
449 EGMR 16.02.2021, NZA 2021, 851 – Gawlik/Liechtenstein.
450 EGMR 16.02.2021, NZA 2021, 851 Rn. 77 f. – Gawlik/Liechtenstein.
451 EGMR 12.02.2008, BeckRS 2011, 77277 – Guja/Moldawien; EGMR 21.07. 2011, NZA 2011, 1269 – Heinisch/Deutschland; nachfolgend auch EGMR 14.02.2023, NJW 2023, 1793 Rn. 126 – Halet/Luxemburg.

gen Whistleblower kann jedoch laut Gericht erwartet werden, dass er die ihm zur Verfügung stehenden Informationen sorgfältig überprüft.[452] Der EGMR sah es in der Entscheidung *Gawlik/Liechtenstein* als erwiesen an, dass Gawlik mühelos nicht nur die verkürzten elektronischen, sondern auch die umfangreicheren Papierakten für eine Bewertung des Sachverhalts hätte heranziehen können. Aus diesen hätte sich die Haltlosigkeit seines Verdachts ergeben. Angesichts unzureichender Sorgfalt des Whistleblowers traten das öffentliche Interesse an der Aufklärung und die Meinungsfreiheit hinter den Interessen des Arbeitgebers sowie den Interessen des von der Meldung Betroffenen zurück.

Neben der *Gawlik/Liechtenstein*-Entscheidung sprach sich der EGMR im Fall *Guja/Moldawien* für eine Nachforschungspflicht aus. Anders als in *Gawlik/Liechtenstein* meldete der Whistleblower dort die unrichtigen Informationen allerdings nicht gegenüber der Staatsanwaltschaft, sondern öffentlich. Die intensiven Folgen für die betroffenen Personen mit Blick auf das öffentliche Bekanntwerden wirkten sich im Rahmen der Interessenabwägung aus, sodass das Gericht eine Pflicht zur Nachforschung im konkreten Fall bejahte. Angesichts dieses Umstands lässt sich der Entscheidung keine generelle Aussagewirkung für Meldungen, die nicht gegenüber der Öffentlichkeit erfolgen, entnehmen.[453]

Auch wenn der Rechtsprechung des EGMR keine unmittelbare, die Mitgliedsstaaten bindende Wirkung zukommt,[454] begründet die ausdrückliche Bezugnahme der HinSch-RL auf die Rechtsprechung des EGMR in Erwägungsgrund 31 S. 3 HinSch-RL die Heranziehung von Rechtsprechungstendenzen. Die Aussagen des EGMR können als Auslegungs- und Konkretisierungsgrundsätze für Fragestellungen im Anwendungsbereich des HinSchG dienen.[455] Obschon sich die Entscheidung *Gawlik/Liechtenstein* auf eine externe Meldung bezieht, kann die Begründung für eine Nachforschungspflicht unter Beachtung nachfolgender Ausführungen mitunter auch auf nationale Sachverhalte angewendet werden.

Richtigerweise sollten die Grundsätze des EGMR zur Nachforschungspflicht – zumindest im Einzelfall – Eingang in die Beurteilung der Tatbe-

---

452 EGMR 16.02.2021, NZA 2021, 851 Rn. 75 – Gawlik/Liechtenstein; EGMR 12.02.2008, BeckRS 2011, 77277 Rn. 75 – Guja/Moldawien; EGMR 21.07. 2011, NZA 2011, 1269 Rn. 67 – Heinisch/Deutschland.
453 *Vitt*, BB 2022, 1780, 1783.
454 *Vitt*, BB 2022, 1844.
455 *Vitt*, BB 2022, 1844.

B. Implementierung in die Entscheidung über den Auskunftsanspruch

standsvoraussetzung des Vertraulichkeitsgebots finden. Die Formulierung in der Gesetzesbegründung zum HinSchG, *„wonach die Meldung [...] nicht leichtfertig ohne ein Bemühen um Verifizierung erfolgen [darf], sofern dieses Bemühen zumutbar ist"*,[456] schließt eine Nachforschung nicht dem Grunde nach aus. Eine generelle Nachforschungspflicht ohne Einbeziehung der konkreten Einzelfallsituation ist dagegen abzulehnen.

Zum Teil wird gegen eine Nachforschungspflicht vorgebracht, dass nationale Ermittlungs- und Strafverfahren gerade den Zweck verfolgen, Aufklärungsarbeit zu leisten. Durch die Bejahung einer privaten Obliegenheit zur Untersuchung eines Sachverhalts würde die Bedeutung des staatlichen Gewalt- und Ermittlungsmonopols zugunsten privater Ermittlungsarbeit zurücktreten, die das nationale Strafprozessrecht zudem so nicht kennt.[457] Diese Argumentation schließt eine einzelfallbezogene Nachforschungspflicht des Hinweisgebers allerdings nicht aus. Bezieht die hinweisgebende Person die Umstände eines Sachverhalts und die ihm verfügbaren Informationen vor Abgabe einer Meldung für die Beurteilung eines potenziellen Fehlverhaltens ein, liegt hierin keine vollständige Ermittlungstätigkeit, die eine staatliche Untersuchung obsolet machen würde. Die endgültige Eruierung eines Sachverhalts obliegt auch weiterhin den Ermittlungsbehörden, da es dem Hinweisgeber bereits an entsprechenden Fähigkeiten und Mitteln fehlt.[458] Zudem gilt in jedem Fall die Einschränkung des § 35 Abs. 1 Hs. 2 HinSchG,[459] wonach sich der Hinweisgeber bei der Beschaffung oder dem Zugriff auf die gemeldeten Informationen nicht strafbar machen darf.

Gegen eine Nachforschungspflicht spricht auch nicht, dass eine solche gesetzlich nicht ausdrücklich vorgesehen ist; die Berücksichtigung eines ungeschriebenen Merkmals läuft nicht dem einheitlichen Schutzniveau des HinSchG zuwider.[460] Sowohl der Erwägungsgrund 32 S. 1 HinSch-RL als auch die Rechtsprechung des EGMR[461] – deren Grundsätze als Auslegungskriterium herangezogen werden können[462] – stellen auf die Umstände

---

[456] BT-Drs. 20/3442, S. 92.
[457] *Gerdemann*, NJW 2021, 2324, 2327.
[458] *Vitt*, BB 2022, 1780, 1784; *Musiol*, Hinweisgeberschutz und Datenschutz, S. 107.
[459] *Bayreuther*, DB 2023, 1537, 1542.
[460] *Gerdemann*, NJW 2021, 2324, 2327.
[461] „Soweit nach den Umständen möglich"; ebenso DSK, Orientierungshilfe der Datenschutzaufsichtsbehörde zur Whistleblowing-Hotlines: Firmeninterne Warnsysteme und Beschäftigtendatenschutz v. 14.11.2018, S. 8.
[462] Vgl. Erwägungsgrund 31 S. 3, 33 HinSch-RL.

Kapitel 2: Das Abwägungserfordernis im Anwendungsbereich des HinSchG

und die dem Hinweisgeber verfügbaren Informationen ab. Wenngleich der Wortlaut des Erwägungsgrundes 32 HinSch-RL keine ausdrückliche Nachforschungshandlung voraussetzt,[463] schließt die gewählte Formulierung eine solche nicht aus, sondern schränkt lediglich ihren Umfang ein. Maßgebliche Umstände können die Schwere des Verstoßes[464] und die dem Betroffenen drohenden Konsequenzen sein. Stehen beispielsweise ein strafrechtliches Ermittlungsverfahren und ein öffentliches Bekanntwerden im Raum, weil der Hinweisgeber wie im Fall *Gawlik/Liechtenstein* seinen Vorgesetzten der aktiven Sterbehilfe bezichtigt, rechtfertig dies, gewisse im Umfang beschränkte Nachforschungen von einem Hinweisgeber zu erwarten.[465] Für die Beurteilung, ob eine etwaige Nachforschungsobliegenheit erfüllt wurde, ist zusätzlich zu berücksichtigen ist, ob aus Sicht des Hinweisgebers Eile zur Meldung geboten war.[466] Hat der Hinweisgeber den Eindruck schnell handeln zu müssen, um beispielsweise weiteres Fehlverhalten zu verhindern, kann gleichwohl eine weitergehende Überprüfung seines Verdachts erwartet werden, sofern dies ohne großen Zeitaufwand möglich ist.[467]

Der Umfang der Nachforschung richtet sich insofern primär nach den Informationen, die dem Hinweisgeber ohne Probleme und großen Aufwand zur Verfügung stehen.[468] Entgegen der Gesetzesmaterialien[469] kann für die Beurteilung der Zumutbarkeit der Verifizierung nicht ausschlaggebend sein, ob der Hinweisgeber eine Aufdeckung fürchtet.[470] Die Tatbestandsvoraussetzung des hinreichenden Grunds zur Annahme ist zwar ebenso subjektiv wie objektiv aufgeladen. Bei der Beurteilung der Zumutbarkeit einer Verifizierungspflicht muss allerdings ausschlaggebend bleiben, ob die Umstände und die zur Verfügung stehenden Informationen eine

---

463 So *Brobeil*, Die Auswirkung der Richtlinie (EU) 2019/1937 auf Arbeitnehmer-Hinweisgeber, S. 159.
464 Vgl. EGMR, 16.02.2021, NZA 2021, 851 Rn. 78 – Gawlik/Liechtenstein; EGMR, 27.6.2017, BeckRS 2017, 150676 Rn. 115 – Medžlis Islamske Zajednice Brčko u.a./Bosnien und Herzegowina; *Redder*, NVwZ 2021, 1047, 1048; *Siemes*, CCZ 2022, 293, 302.
465 EGMR, 16.02.2021, NZA 2021, 851 Rn. 78 – Gawlik/Liechtenstein; *Vitt*, BB 2022, 1844, 1846.
466 *Vitt*, BB 2022, 1780, 1784; *Lühning*, ZD 2023, 136, 139.
467 So im Fall Vgl. EGMR, 16.02.2021, NZA 2021, 851 Rn. 78 – Gawlik/Liechtenstein.
468 Vgl. EGMR, 16.02.2021, NZA 2021, 851 Rn. 78 – Gawlik/Liechtenstein; *Scherbarth* CB 2021, 490, 492; die Auswertung aller verfügbarer Informationen aus Erwägungsgrund 33 HinSch-RL folgernd, *Garden/Hiramente*, BB 2019, 963, 964.
469 BT-Drs. 20/5992, 78.
470 Ebenso *Siemes*, CCZ 2022, 293, 302.

Verifizierung ohne große Herausforderung, d.h. beispielsweise ohne erheblichen zeitlichen Aufwand, ermöglicht hätten. Dies gilt insbesondere dann, wenn dem betroffenen Arbeitnehmer ein schwerwiegender Verstoß vorgeworfen wird.

Zusammenfassend lassen sich folgende Aspekte für die Begründung einer Nachforschungspflicht anführen: Je müheloser Informationen zur Verifizierung verfügbar sind und je schwerwiegender der gegenüber dem Betroffenen erhobene Vorwurf ist, desto größer werden die Anforderungen an eine gründliche Nachforschung.[471] Eine zu strenge Nachforschungspflicht darf hieraus jedoch nicht abgeleitet werden.[472]

bb) Konsequenz einer Nachforschungsobliegenheit

Versäumt die hinweisgebende Person, vor ihrer Meldung auf ihr in zumutbarer Weise zugängliche Informationen zurückzugreifen, verstößt sie gegen ihre Nachforschungsobliegenheit. Hierbei handelt es sich ebenfalls um die Meldung betreffende Umstände, die der Arbeitgeber – jedenfalls bei Kenntnis – vor Gericht darlegen muss.

Abhängig davon, wie gravierend ein solcher Verstoß im konkreten Einzelfall ist, kann dies dem Gericht als Indiz für zumindest grob fahrlässiges Verhalten dienen.

III. Zusammenfassung

Die allgemeinen Darlegungs- und Beweislastgrundsätze, die sich aus dem materiell-rechtlichen Regel-Ausnahmeverhältnis in §§ 8, 9 HinSchG ergeben, bedürfen einer wertungsmäßigen Verteilung, um einen Ausgleich widerstreitender Interessen zu erreichen. Die Anwendung der sekundären Darlegungslast ermöglich einen solchen Ausgleich, ohne die Rechte des Hinweisgebers unverhältnismäßig zu beschneiden.

Um den Anforderungen an die Darlegungslast zu genügen, muss der Arbeitgeber alle Umstände der Hinweisgebermeldung vortragen, wobei hierbei insbesondere Ausführungen zu Verstößen gegen die Nachforschungsob-

---

471 So auch *Vitt*, BB 2022, 1844, 1846; *Lühning*, ZD 2023, 136, 139.
472 *Vitt*, BB 2022, 1844, 1846; *Lühning*, ZD 2023, 136, 139.

Kapitel 2: Das Abwägungserfordernis im Anwendungsbereich des HinSchG

liegenheit dem Gericht als Indiz für die Unredlichkeit des Hinweisgebers dienen können.

Kapitel 3: Die Grenze des Auskunftsanspruchs bei Sachverhalten außerhalb des HinSchG

Kapitel 3 thematisiert die Entscheidung über den Auskunftsanspruch vor Einführung des HinSchG. Geltung können diese Grundsätze auch weiterhin für Fälle beanspruchen, die außerhalb des sachlichen oder persönlichen Anwendungsbereichs des HinSchG liegen. Überschreitet das gemeldete Fehlverhalten nicht die Strafbarkeitsschwelle oder verstößt es nicht gegen eine Vorschrift, die dem Schutz nach § 2 Abs. 1 Nr. 2 HinSchG dient, ist der Hinweisgeber nicht nach dem HinSchG geschützt. Dennoch können sich auch angebliche Verstöße, beispielsweise gegen Compliance- oder AGG-Vorschriften, negativ auf die beteiligten Personen auswirken. Auch in einem solchen Fall bedarf es eines Ausgleichs zwischen dem Auskunfts- und dem Vertraulichkeitsinteresse. Lehnt man zudem eine durch §§ 8, 9 HinSchG vorweggenommene Abwägungsentscheidung ab, können die in diesem Kapitel ausgeführten Kriterien ferner den in Kapitel 2 genannten Sachverhalte zugrunde gelegt werden.

Nachstehend bedarf es zunächst einer Darstellung der potenziellen gesetzlichen oder kollektivvertraglichen Grundlagen, die einer Auskunftserteilung entgegenstehen könnten. Die in diesem Rahmen erforderliche Interessenabwägung gründet auf verfassungsrechtlichen Erwägungen, die im Anschluss genauer betrachtet werden. Schließlich sind Kriterien herauszustellen, die eine abstrakte Abwägungsentscheidung vereinfachen können, wobei zur Orientierung insbesondere auf die bisherigen Entscheidungen der Rechtsprechung[473] zurückgegriffen werden kann.

---

473 BGH 22.02.2022, NJW-RR 2022, 764; LAG Berlin-Brandenburg 30.03.2023, NZA-RR 2023, 454; LAG Baden-Württemberg 17.3.2021, NZA-RR 2021, 410; LAG Baden-Württemberg 20.12.2018, NZA-RR 2019, 242.

Kapitel 3: Die Grenze des Auskunftsanspruchs bei Sachverhalten außerhalb des HinSchG

A. Die Einschränkung des Auskunftsanspruchs qua Gesetz oder Vertrag?

Wie die Ausführungen gezeigt haben, ist unbestritten, dass das Auskunftsrecht bei Vorliegen widerstreitender Interessen beschränkbar ist. Dies betont auch Erwägungsgrund 63 S. 6 DS-GVO ausdrücklich.[474]

Nicht zweifelsfrei geklärt ist dagegen, auf welche Vorschrift sich diese Grenze sekundärrechtlich stützen lässt. Einerseits bezieht sich Art. 15 Abs. 4 DS-GVO explizit auf die Rechte und Freiheiten anderer Personen, die nicht durch Art. 15 Abs. 3 DS-GVO beeinträchtigt werden dürfen. Andererseits schafft die DS-GVO mit Art. 23 Abs. 1 eine Öffnungsklausel, wonach Mitgliedsstaaten gemäß Art. 23 Abs. 1 lit. i DS-GVO Regelungen erlassen können, die ebenfalls die *„Rechte[n] und Freiheiten anderer Personen"* gewährleisten. Nicht zuletzt stützt der BGH in einer aktuellen Entscheidung[475] zum Auskunftsanspruch eine Abwägung widerstreitender Interessen im Wesentlichen auf den Erlaubnistatbestand des Art. 6 Abs. 1 lit. f DS-GVO. Im Folgenden sollen zunächst die soeben angesprochenen Normen, die einen Abwägungsvorbehalt und damit eine Einschränkung für das Auskunftsrecht begründen können, beleuchtet werden. Neben den inhaltlichen Anforderungen, die die jeweilige Regelung vorgibt, gilt es zu beurteilen, auf welche Grundlage zur Einschränkung der Auskunft sich der Verantwortliche bei Geltendmachung des Anspruchs gemäß Art. 15 Abs. 1 DS-GVO berufen kann. Obligatorisch ist diese Einschätzung insbesondere in Bezug auf die Zusatzinformationen in Art. 15 Abs. 1 Hs. 2 DS-GVO, unter die auch die Auskunft über die Herkunft der Daten gemäß Art. 15 Abs. 1 Hs. 2 lit. g DS-GVO fällt.[476]

I. Art. 15 Abs. 4 DS-GVO

Eine explizite Einschränkung der Betroffenenrechte in Art. 15 DS-GVO findet sich ausschließlich in dessen Abs. 4. Danach ist der Verantwortliche zur

---

474 „Dies darf jedoch nicht dazu führen, dass der betroffenen Person jegliche Auskunft verweigert wird."; Ehmann/Selmayr/*Ehmann*, Art. 15 DS-GVO Rn. 36.
475 BGH 22.02.2022, NJW-RR 2022, 764.
476 Nach Ehmann/Selmayr/*Ehmann*, Art. 15 DS-GVO Rn. 11, kommt ein Konflikt mit Rechten und Freiheiten anderer Personen bei der Auskunft über das „ob" einer Datenverarbeitung gemäß Art. 15 Abs. 1 Hs. 1 DS-GVO nicht in Betracht; ähnlich, wenn auch weniger restriktiv *Peisker*, Der datenschutzrechtliche Auskunftsanspruch, S. 412.

Verweigerung der Anfertigung einer Kopie berechtigt, sofern dies gemäß Art. 15 Abs. 3 DS-GVO Rechte und Freiheiten anderer Personen beeinträchtigt. Diese konkrete Anknüpfung an den Kopieanspruch aus Art. 15 Abs. 3 DS-GVO lässt indes den Schluss zu, dass die Beschränkung nach Art. 15 Abs. 4 DS-GVO ihrem Wortlaut nach nicht für den sonstigen Auskunftsanspruch in Art. 15 Abs. 1 DS-GVO bestimmt ist.[477]

1. Anwendbarkeit auf Art. 15 Abs. 1 DS-GVO

Nach Erwägungsgrund 63 S. 5 darf „dieses Recht" nicht zur Beeinträchtigung von Rechten und Freiheiten anderer Personen führen. Der Teil der Literatur, der Abs. 4 auch auf Abs. 1 anwenden will,[478] versteht diese Formulierung als Bezugnahme auf das Auskunftsrecht gemäß Art. 15 Abs. 1 DS-GVO und zieht den Wortlaut des Erwägungsgrunds als Hauptargument heran.[479] Daneben wird für diese Auffassung vorgebracht, dass es sich um ein Redaktionsversehen des Gesetzgebers handele.[480] Gegen die Annahme einer ungewollten Gesetzeslücke werden dagegen die Umstände des Gesetzgebungsverfahrens angeführt. So wurde dem Rat der EU ein deutscher Vorschlag vorgelegt, wonach sich die Einschränkung des heutigen Art. 15 Abs. 4 DS-GVO auch auf die Informationen i.S.d. Art. 15 Abs. 1 DS-GVO erstrecken sollte.[481] Dieser Vorschlag fand jedoch keinen Eingang in die endgültige Fassung der DS-GVO, woraus Stimmen in der Literatur schließen, der Rat habe sich bewusst gegen eine Einbeziehung der Informationen in den Einschränkungstatbestand entschieden. Der Wortlaut der nun gülti-

---

477 Die Anwendbarkeit bejahend: Klachin/Schaff/Rauer, ZD 2021, 663, 666; ablehnend dagegen z.B. LAG Baden-Württemberg 17.03.2021, NZA-RR 2021, 410, 412; ablehnend für die Metainformationen in Art. 15 Abs. 1 lit. a – h DS-GVO, EDPB, Guidelines 01/22, Version 2.0 v. 28.03.2023, S. 52 Rn. 169; *Spindler*, DB 2016, 937, 944.
478 Für eine analoge Anwendung: *Radtke*, K&R 2023, 121, 122; BeckOK DatenschutzR/*Schmidt-Wudy*, Art. 15 DS-GVO Rn. 97; Auernhammer/*Stollhoff*, Art. 15 DS-GVO Rn. 38; für eine direkte Anwendung trotz entgegenstehenden Wortlauts: Paal/Pauly/*Paal*, Art. 15 DS-GVO Rn. 41.
479 Auernhammer/*Stollhoff*, Art. 15 DS-GVO Rn. 38; BeckOK DatenschutzR/*Schmidt-Wudy*, Art. 15 DS-GVO Rn. 97; Sydow/Marsch/*Bienemann*, Art. 15 DS-GVO Rn. 57; *Winzer/Baeck/Schaaf*, NZG 2023, 408, 409; differenzierend *Peisker*, der datenschutzrechtliche Auskunftsanspruch, S. 415.
480 Sydow/Marsch/*Bienemann*, Art. 15 DS-GVO Rn. 47.
481 Rat der EU, German/Austrian Delegation, 8089/15 v. 22.04.2015, Chapter I and III, S. 11.

Kapitel 3: Die Grenze des Auskunftsanspruchs bei Sachverhalten außerhalb des HinSchG

gen Fassung stehe einer (analogen) Einbeziehung des Abs. 1 in Abs. 4 daher entgegen.[482]

Klarheit hat nun eine aktuelle Entscheidung des EuGH[483] geschaffen. Obschon das Gesetzgebungsverfahren und der Wortlaut gegen eine Anwendbarkeit des Abs. 4 auf Abs. 1 sprechen, löst die Feststellung des EuGH, dass es sich bei dem Kopieanspruch in Abs. 3 nicht um einen von Abs. 1 unabhängigen Anspruch handelt,[484] eine Anwendung des Einschränkungstatbestands auch auf das Auskunftsrecht aus. Da sich die einschränkende Bestimmung des Abs. 4 auf die „praktischen Modalitäten"[485] des Auskunftsanspruchs bezieht, muss sich dies im Umkehrschluss erst Recht auf das dem Kopieanspruch zugrunde liegende Auskunftsrecht auswirken. Das einheitliche Verständnis des EuGH[486] von Art. 15 DS-GVO hat zur Folge, dass sich die in Abs. 4 normierte Grenze auch auf den Auskunftsanspruch in Art. 15 Abs. 1 DS-GVO erstreckt.

Die Schlussfolgerungen aus der Entscheidung des EuGH werden durch die Annahme gestützt, dass eine das Auskunftsverlangen einschränkende Interessenabwägung unmittelbar in der DS-GVO verankert sein muss.[487] Wie bereits ausgeführt, basiert die zwingende Berücksichtigung entgegenstehender Interessen im Sinne praktischer Konkordanz auf Primärrecht.[488] Um einen Gleichlauf mit primärrechtlichen Vorgaben herzustellen, müssen auch in Bezug auf Art. 15 Abs. 1 DS-GVO gegenläufige Grundrechte berücksichtigt werden.[489] Die DS-GVO realisiert sekundärrechtlich die Gewährleistung des Rechts auf Schutz personenbezogener Daten, worunter insbesondere das primärrechtlich determinierte Recht auf Auskunft gemäß Art. 8 Abs. 2 S. 2 GRCh fällt.[490] Das Recht gemäß Art. 8 GRCh gilt aller-

---

482 Kühling/Buchner/*Bäcker* Art. 15 DS-GVO Rn. 33; Ehmann/Selmayr/*Ehmann* Art. 15 Rn. 9; Sydow/Marsch/*Bienemann* Art. 15 DS-GVO Rn. 59; die Anwendung des Abs. 4 für die Metainformationen in Abs. 1 Hs. 2 ausschließend, EDPB, Guidelines 01/22, Version 2.0 v. 28.03.2023, S. 52 Rn. 169.
483 EuGH 04.05.2023, NJW 2023, 2253 – Österreichische Datenschutzbehörde.
484 So schon *Franzen*, ZFA 2023, 100, 107.
485 EuGH 04.05.2023, NJW 2023, 2253 Rn. 31 – Österreichische Datenschutzbehörde.
486 EuGH 04.05.2023, NJW 2023, 2253 Rn. 30 ff. – Österreichische Datenschutzbehörde.
487 Ähnlich Gola/Heckmann/*Franck*, Art. 15 DS-GVO Rn. 48.
488 BGH 22.02.2022, NJW-RR 2022, 764, 767; Ehmann/Selmayr/*Ehmann*, Art. 15 DS-GVO Rn. 36; *Korch/Chatard*, CR 2020, 438, 441.
489 Vgl. für die Verordnung allgemein Erwägungsgrund 4 S. 2 Hs. 2 und S. 3 DS-GVO.
490 GA Pitruzzella, Schlussantrag zu Rs. C-154/21, BeckRS, 12698 Rn. 14 – Österreichische Post; EuGH 12.01.2023, NVwZ 2023, 319 Rn. 44 – Österreichische Post.

dings nicht uneingeschränkt und muss unter Wahrung des Grundsatzes der Verhältnismäßigkeit gegen andere Grundrechte, insbesondere Datenschutzrechte anderer Personen und die unternehmerische Freiheit des Arbeitgebers, abgewogen werden.[491] Eine schrankenlose Gewähr des Rechts auf Schutz personenbezogener Daten bzw. eines Betroffenenrechts ist durch die DS-GVO folglich unmittelbar ausgeschlossen.[492]

2. Begründung der Abwägungsentscheidung nach Ansicht des BGH

Auch der BGH hält es für „sehr naheliegend", dass sich eine immanente Beschränkung aus der DS-GVO selbst ergibt.[493] Das Gericht stellt den Bezug zur Berücksichtigung konfligierender Grundrechte allerdings in der Konsequenz über Art. 6 Abs. 1 lit. f DS-GVO her,[494] da die Offenlegung durch Übermittlung eine Datenverarbeitung darstellt, die ihrerseits eines Erlaubnistatbestands bedarf. In Betracht kommt hierfür laut BGH ausschließlich Art. 6 Abs. 1 lit. f DS-GVO, wonach sich die Rechtmäßigkeit der Datenverarbeitung nach Abwägung der widerstreitenden Rechte und Interessen ergibt.[495] Der Verantwortliche kann in diesem Zusammenhang die Auskunft verweigern, wenn entgegenstehende Grundrechte das Auskunftsrecht überwiegen. Der BGH sieht die Grundlage für einen Abwägungsvorbehalt insofern ebenfalls in der DS-GVO selbst begründet und schließt auch die Herleitung desselben aus Art. 15 DS-GVO nicht gänzlich aus. Im Ergebnis verknüpft er die Berücksichtigung der verfassungsrechtlichen Vorgaben und mithin der konkurrierenden Grundrechte mit der Beschränkung des Auskunftsrechts über den Umweg der rechtmäßigen Datenverarbeitung i.S.d. Art. 6 Abs. 1 DS-GVO.

---

491 Die Einschränkung der Art. 7 und 8 GRCh im Hinblick auf ihre gesellschaftliche Funktion begründend, EuGH 17.07.2020, GRUR-RS 2020, 16082 Rn. 172 – Schrems II; nachfolgend EuGH 12.01.2023, NVwZ 2023, 319 Rn. 47 – Österreichische Post.
492 Ähnlich *Kuznik*, NVwZ 2023, 297, 299; jedenfalls ist Sekundärrecht grundrechtskonform auszulegen, vgl. EuGH 20.05.2003, EuR 2004, 276 Rn. 68 – Österreichischer Rundfunk; EuGH 13.05.2014, NVwZ 2014, 857 Rn. 68 – Google Spain; EuGH 06.10.2015, EuZW 2015, 881 Rn. 38 – Schrems; EuGH 09.03.2017, ZD 2017, 325 Rn. 39 – Manni; Jarass, Art. 8 GRCh Rn. 2.
493 BGH 22.02.2022, NJW-RR 2022, 764, 766.
494 BGH 22.02.2022, NJW-RR 2022, 764, 767.
495 BGH 22.02.2022, NJW-RR 2022, 764, 767; Kühling/Buchner/*Buchner*/*Petri*, DS-GVO Art. 6 Rn. 141; zur Kritik am BGH siehe Kap. 1 B. II. 5.

Dem Ansatz des BGH überzeugt allerdings nicht vollends. Das Gericht geht fälschlicherweise nicht auf Art. 6 Abs. 1 lit. c DS-GVO ein, der als Erlaubnistatbestand vor dem Auffangtatbestand des Art. 6 Abs. 1 lit. f DS-GVO heranzuziehen ist. Begreift man Art. 6 Abs. 1 lit. c DS-GVO als bloße „Scharniernorm"[496], ist die Interessenabwägung wiederum aus der zugrunde liegenden Rechtspflicht des Art. 15 Abs. 4 DS-GVO zu folgern, die – wie soeben erläutert – auf Art. 15 Abs. 1 DS-GVO anzuwenden ist.

Richtigerweise sollte für die Begrenzung des Auskunftsanspruchs unmittelbar auf Art. 15 Abs. 4 DS-GVO abgestellt werden, da sich die Rechtmäßigkeit der Offenlegung nach Art. 6 Abs. 1 lit. c. i.V.m. Art. 15 Abs. 1 DS-GVO ergibt und sich die Erforderlichkeit der Datenverarbeitung daher den immanenten Vorgaben des Art. 15 DS-GVO entnehmen lässt. Ein Rückgriff auf den Auffangtatbestand des Art. 6 Abs. 1 lit. f DS-GVO ist dann nicht notwendig.

Für das Abwägungsvorgehen ergibt sich auch nach Ansicht des BGH allerdings kein Unterschied. Zwar spricht Art. 15 Abs. 4 DS-GVO davon, dass das Recht auf Kopie andere Rechte nicht „beeinträchtigen" darf, wohingegen bei Art. 6 Abs. 1 lit. f DS-GVO die Grundrechte der betroffenen Person die berechtigten Interessen des Verantwortlichen oder eines Dritten „überwiegen" müssen. Eine Beeinträchtigung anderer Rechte ist allerdings zu bejahen, wenn konfligierende Interessen das Auskunftsrecht überwiegen.[497]

3. Inhalt

Zunächst stellt sich die Frage, welcher Personenkreis vom Schutz des Abs. 4 umfasst ist. Dem Wortlaut zufolge dürfen Rechte und Freiheiten „anderer Personen" durch den Kopieanspruch nicht tangiert werden. Wer unter den Begriff der „anderen Personen" fällt, definiert die DS-GVO nicht. In Art. 4 Nr. 10 DS-GVO findet sich lediglich eine Legaldefinition des „Dritten": Dieser ist *„eine natürliche oder juristische Person, [...], außer der betroffenen Person, dem Verantwortlichen, [...] und den Personen, die unter der unmittelbaren Verantwortung des Verantwortlichen oder des Auftragsverarbeiters befugt sind, die personenbezogenen Daten zu verarbeiten".* Im Umkehrschluss muss der Begriff „andere Personen" inhaltlich weiter ausgestaltet

---

496 Simitis/Hornung/Spiecker/*Roßnagel*, Art. 6 DS-GVO Rn. 52.
497 Kühling/Buchner/*Bäcker*, Art. 15 DS-GVO Rn. 42a; *Peisker*, Der datenschutzrechtliche Auskunftsanspruch, S. 421 f.

sein,[498] sodass prinzipiell jeder – beispielsweise auch der Verantwortliche selbst – „andere Person" in diesem Sinne ist. Hätte der Gesetzgeber gewollt, dass der Verantwortliche vom personellen Anwendungsbereich des Art. 15 Abs. 4 DS-GVO ausgenommen ist, hätte er sich auf den Begriff des „Dritten" i.S.d. Art. 4 Nr. 10 DS-GVO beziehen können.[499] Ausgenommen vom Begriff der „anderen Person" ist denknotwendig lediglich der Betroffene selbst.[500]

Zu klären ist zudem, welche konkreten Rechte und Freiheiten Abs. 4 schützt. Auch diesbezüglich lässt sich dem Gesetzestext keine Definition entnehmen. Denkbar wäre einerseits, nur grundrechtsrelevante Rechte als Einschränkungsgrundlage heranzuziehen, um die zentrale Bedeutung des Betroffenenrechts und ihren grundrechtlichen Schutzgehalt zu unterstreichen. Andererseits könnte angesichts des voraussetzungslosen Wortlauts des Abs. 4 anzunehmen sein, dass jegliche Rechte, unabhängig von ihrer verfassungsrechtlichen Bedeutung oder ihrem Gewicht, geeignet sind, den Kopieanspruch einzuschränken.

Zwar benennt Erwägungsgrund 63 S. 5 DS-GVO Geschäftsgeheimnisse oder Rechte des geistigen Eigentums als Rechte und Freiheiten anderer Personen. Mehr als einen Anhaltspunkt bietet diese beispielhafte Aufzählung, aus der keine allgemeine Regel abgeleitet werden kann, allerdings nicht. Auch das European Data Protection Board äußert sich in seinen Guidelines zum Auskunftsrecht zur Lesart der Rechte und Freiheiten anderer Personen:[501] Danach ist nicht jedes beliebige Interesse von Art. 15 Abs. 4 DS-GVO umfasst, sondern etwa das rein wirtschaftliche Interesse des Arbeitgebers an der Nichtveröffentlichung personenbezogener Daten als Negativbeispiel angeführt. Ein solches soll nur abzulehnen sein, wenn es sich bei den personenbezogenen Daten um schützenswerte Geschäftsgeheimnisse, Daten zu geistigem Eigentum oder andere geschützte Rechte handelt.[502] Im Gegensatz zum ausschließlich wirtschaftlichen Interesse könne das Recht auf Schutz personenbezogener Daten hingegen einem Interesse i.S.v. Art. 15 Abs. 4 DS-GVO entsprechen.[503] Legt man die Ansicht

---

498 Gola/Heckmann/*Lapp*, Art. 15 DS-GVO Rn. 46; ebenso EDPB, Guidelines 01/22, Version 2.0 v. 28.03.2023, S. 53 Rn. 171.
499 So auch EDPB, Guidelines 01/22, Version 2.0 v. 28.03.2023, S. 53 Rn. 171.
500 BeckOK DatenschutzR/*Schmidt-Wudy*, Art. 15 DS-GVO Rn. 96.
501 EDPB, Guidelines 01/22, Version 2.0 v. 28.03.2023, S. 52 f.
502 EDPB, Guidelines 01/22, Version 2.0 v. 28.03.2023, S. 52 f. Rn. 170.
503 EDPB, Guidelines 01/22, Version 2.0 v. 28.03.2023, S. 53 Rn. 170; so auch Gola/Heckmann/*Franck*, Art. 15 DS-GVO Rn. 49.

Kapitel 3: Die Grenze des Auskunftsanspruchs bei Sachverhalten außerhalb des HinSchG

des European Data Protection Board zugrunde, scheiden verfassungsrechtlich nicht geschützte Interessen als Verweigerungsgrund im Rahmen des Art. 15 Abs. 4 DS-GVO aus. Folgt man dieser Auffassung müsste der Verantwortliche als Richtschnur zunächst die verfassungsrechtliche Bedeutung des konkreten widerstreitenden Rechts ermitteln, um diese im Anschluss einem Kopieanspruch entgegenzusetzen. Nur der hohe Schutzgehalt, der sich aus der verfassungsrechtlichen Verankerung ergibt, kann die Versagung eines Kopieanspruchs rechtfertigen.

Zu einem anderen Ergebnis führt der Vergleich mit Art. 6 Abs. 1 lit. f DS-GVO. Dient eine Datenverarbeitung der Wahrung „berechtigter Interessen" des Verantwortlichen oder eines Dritten, ist sie danach rechtmäßig, sofern eine anschließende Abwägung mit den Grundrechten der betroffenen Person nichts Gegenteiliges ergibt. Die Norm schließt folglich zunächst Interessen des Verantwortlichen oder eines Dritten ein, die lediglich wirtschaftlicher oder ideeller Natur sind.[504] Bei der Bestimmung legitimer Interessen können gleichwohl die Grundrechte der Charta als Orientierung dienen.[505] Jedoch ist dies zur Begründung eines berechtigten Interesses nicht zwingend erforderlich. Die Formulierung „Rechte und Freiheiten" in Art. 15 Abs. 4 DS-GVO ist ähnlich weit gefasst wie „berechtigte Interessen" i.S.d. Art. 6 Abs. 1 lit. f DS-GVO und deutet ebenfalls nicht darauf hin, dass lediglich Interessen von erheblichem Gewicht eingeschlossen sein sollen. Sind rein tatsächliche oder ideelle Interessen prinzipiell geeignet, eine rechtmäßige Datenverarbeitung zu legitimieren und wird folglich das Recht auf den Schutz personenbezogener Daten der betroffenen Person beschränkt, kann nichts anderes für die Einschränkung von Betroffenenrechten gelten.[506] In die Abwägung gemäß Art. 15 Abs. 4 DS-GVO sind insofern alle schützenswerten Interessen – ohne antizipierte Gewichtung[507] – einzustellen.[508] Ein solch weites Verständnis steht der zentralen Bedeutung des Betroffenenrechts nicht entgegen. Die Abweisung rein wirtschaftlicher Interessen a priori nach Maßgabe des European Data Protection Board ist hingegen abzulehnen. Richtig ist, dass einem bloß wirtschaftlichen Interes-

---

504 Paal/Pauly/*Frenzel*, Art. 6 DS-GVO Rn. 28; Kühling/Buchner/*Buchner*/*Petri*, Art. 6 DS-GVO Rn. 146a; Sydow/Marsch/*Reimer*, Art. 6 DS-GVO Rn. 75.
505 Paal/Pauly/*Frenzel*, Art. 6 DS-GVO Rn. 28.
506 Ähnlich *Peisker*, Der datenschutzrechtliche Auskunftsanspruch, S. 418.
507 Dagegen Berechtigung und Interessenabwägung für Art. 6 Abs. 1 lit. f DS-GVO undifferenziert prüfend *Raji*, ZD 2019, 61, 66.
508 *Zikesch/Sörup*, ZD 2019, 239, 242; Sydow/Masch/*Bienemann*, Art. 15 DS-GVO Rn. 60; *Dörr*, MDR 2022, 605, 609.

se im Verhältnis zu Geschäftsgeheimnissen oder dem Recht auf Schutz personenbezogener Daten beispielsweise aufgrund einer geringeren Vertraulichkeitserwartung[509] im Rahmen einer Abwägung ggf. weniger Gewicht zukommen muss. Hieraus lässt sich indes nicht schließen, dass derartige Rechte und Interessen gänzlich unberücksichtigt bleiben sollen. Deutlich macht dies auch der EuGH, wenn er ausführt, dass schwere Eingriffe nicht allein mit wirtschaftlichen Interessen gerechtfertigt werden können.[510] Nur wirtschaftliche Interessen bleiben im Sinne der Rechtsprechung nicht von vornherein unberücksichtigt, sondern treten frühestens im Rahmen einer Interessenabwägung hinter gewichtigeren Rechten zurück.[511] Im Rahmen des Art. 15 Abs. 4 DS-GVO bedarf es einer Interessenabwägung, in der die konfligierenden Interessen gewichtet und abgewogen werden müssen. Sofern den wirtschaftlichen Interessen geringere Gewichtung als grundrechtlich verbürgten Rechten zukommt, müssen sie abgewogen und ggf. als weniger bedeutsam zurückgestellt werden. Ein gegenüber dem Auskunftsrecht überwiegendes Interesse, das allein ideellen oder wirtschaftlichen Gehalt aufweist, wird gemeinhin auszuschließen sein und keine Einschränkung des Auskunftsersuchens zur Folge haben.[512]

Einschränkend ist für Art. 15 Abs. 4 DS-GVO allerdings zu berücksichtigen, dass eine Begrenzung des durch Art. 15 DS-GVO vermittelten Transparenzprinzips nicht auf eine bloße Befürchtung etwa des Entgegenstehens anderer Rechte und Freiheiten gestützt werden kann. Erforderlich ist vielmehr, dass dem Auskunftsinteresse konkrete Rechte tatsächlich entgegenstehen.[513] Ist dies der Fall, legitimiert Abs. 4 als praktische Konsequenz des Verhältnismäßigkeitsgrundsatzes, den Anspruch in dem Umfang einzuschränken, in dem die Rechte Dritter objektiv beeinträchtigt sind.[514]

---

509 Simitis/Hornung/Spieker gen. Döhmann/*Schantz*, Art. 6 DS-GVO Rn. 105.
510 EuGH 13.05.2014, NVwZ 2014, 857 Rn. 81 – Google Spain.
511 Hierzu sogleich.
512 Ebenso *Peisker*, Der datenschutzrechtliche Auskunftsanspruch, S. 419.
513 Kühling/Buchner/*Bäcker*, Art. 15 DS-GVO Rn. 42a; EDPB, Guidelines 01/22, Version 2.0 v. 28.03.2023, S. 53; BeckOK Datenschutzrecht/*Schmidt-Wudy*, Art. 15 DS-GVO Rn. 96.
514 LG Köln 24.6.2020, ZD 2021, 219 Rn. 39; Sydow/Marsch/*Bienemann*, Art. 15 DS-GVO Rn. 64; Simitis/Hornung/Spieker gen. Döhmann/*Dix*, Art. 15 DS-GVO Rn. 34; vgl. auch EG 63 S. 3 DS-GVO.

Kapitel 3: Die Grenze des Auskunftsanspruchs bei Sachverhalten außerhalb des HinSchG

4. Gewährleistung des Verhältnismäßigkeitsprinzips

Tangiert die Erfüllung des Auskunftsbegehrens ein Recht oder eine Freiheit einer anderen Person i.S.d. Art. 15 Abs. 4 DS-GVO, bedarf es einer Verhältnismäßigkeitsprüfung, um einen angemessenen Ausgleich zwischen den konfligierenden Interessen zu schaffen.[515] Erwägungsgrund 63 S. 5 und 6 DS-GVO unterstreicht dieses Abwägungserfordernis und sieht vor, dass das Auskunftsrecht weder zu einer Beeinträchtigung anderer Rechte führen, noch eine vollständige Verweigerung des Auskunftsrechts bewirken darf. Insofern kann der Verantwortliche widerstreitende Grundrechte gegeneinander abwägen.[516] Abgesehen von der Vorgabe des Art. 15 Abs. 4 DS-GVO, wonach Rechte und Freiheiten anderer Personen nicht „beeinträchtig[t]" werden dürfen, können weder dem Gesetzeswortlaut noch sonstigen Vorschriften konkrete Anhaltspunkte für das Abwägungsvorgehen und die Gewichtung einzelner Rechte entnommen werden.[517] Eine Beeinträchtigung anderer Rechte liegt danach vor, wenn konfligierende Interessen das Auskunftsrecht überwiegen.[518]

Das European Data Protection Board empfiehlt eine dreischrittige Abwägung:[519] Zunächst sind danach die Interessen der betroffenen Parteien gegeneinander abzuwägen, wobei der konkrete Sachverhalt und die mit der Übermittlung der Daten einhergehenden Risiken einzubeziehen sind (1.). In einem zweiten Schritt sollen die widerstreitenden Interessen abgewogen und in einen gerechten Ausgleich gebracht werden (2.). Weniger einschneidende Maßnahmen, wie beispielsweise die Schwärzung einzelner Informationen, können auf dieser Ebene das Risiko für Rechte und Freiheiten anderer minimieren, ohne dass die Auskunft gänzlich verweigert werden müsste. Erst im letzten Schritt soll der Verantwortliche entscheiden können, welches Interesse im konkreten Fall überwiegt (3.). In diesem Zu-

---

515 LAG Baden-Württemberg 20.12.2018, NZA-RR 2019, 242 Rn. 181 f.; VG Schwerin 19.04.202, BeckRS 2021, 14406 Rn. 57; LG Stuttgart 04.11.2020, ZD 2021, 381 Rn. 34; Ehmann/Selmayr/*Ehmann*, Art. 15 DS-GVO Rn. 36; *Korch/Chatard*, CR 2020, 438, 441; *Härting*, CR 2019, 219, 222; *Riemer*, DSB 2019, 223, 225; BeckOK Datenschutzrecht/*Schmidt-Wudy*, Art. 15 DS-GVO Rn. 96; Sydow/Marsch/*Bienemann*, Art. 15 DS-GVO Rn. 60.
516 Paal/Pauly/*Paal*, Art. 15 DS-GVO Rn. 41; BeckOK Datenschutzrecht/*Schmidt-Wudy*, Art. 15 DS-GVO Rn. 96; Ehmann/Selmayr/*Ehmann*, Art. 15 DS-GVO Rn. 36; *Schreiber/Brinke*, RDi 2023, 232, 235; *Spindler*, DB 2016, 937, 944.
517 BeckOK Datenschutzrecht/*Schmidt-Wudy*, Art. 15 DS-GVO Rn. 96.
518 Vgl. *Peisker*, Der datenschutzrechtliche Auskunftsanspruch, S. 421 f.
519 EDPB, Guidelines 01/22, Version 2.0 v. 28.03.2023, S. 53 f. Rn. 173.

sammenhang sind Bedeutung, Gewicht und der Zweck des Auskunftsinteresses zu berücksichtigen.[520] Dass das datenschutzrechtliche Auskunftsrecht grundrechtlich in Art. 8 Abs. 2 S. 2 GRCh garantiert ist, verdeutlicht dabei den erheblichen Stellenwert des Auskunftsanspruchs.

Welches Gewicht dem jeweiligen Interesse beizumessen ist, bestimmt sich folglich erst innerhalb der Interessenabwägung.[521] In diesem Rahmen sollen unter B. sogleich die verfassungsrechtlichen Grundlagen für die DS-GVO in der GRCh einbezogen werden.

5. Rechtsfolge

Unabhängig von den primärrechtlichen Anforderungen an eine Einschränkung des Auskunftsanspruchs nach der DS-GVO selbst gebietet das einheitliche Verständnis des EuGH in Bezug auf Art. 15 DS-GVO die Berücksichtigung der in Art. 15 Abs. 4 DS-GVO manifestierten verfassungsrechtlichen Abwägungsgrundsätze auch in Bezug auf den Auskunftsanspruch in Abs. 1.

Für die Erteilung des Auskunftsanspruchs in der Praxis ergibt sich durch das Abwägungserfordernis Folgendes: Da die Auskunft über das „Ob" einer Datenverarbeitung in der Regel keine Rechte anderer Personen beeinträchtigt, ist diese Auskunft stets zu erteilen. Auch der Inhalt einer Meldung ist in aller Regel mitzuteilen. Eine generelle Verweigerung der Auskunft ist mit Blick auf den Transparenzgrundsatz der DS-GVO, der sich in Art. 15 Abs. 1 DS-GVO konkretisiert, unvereinbar.[522] Stehen schon der Auskunft über den Inhalt der Meldung Verweigerungsgründe entgegen – weil beispielsweise eine E-Mail des Hinweisgebers personenbezogene Daten Dritter enthält – kommen Schwärzungen oder anderweitige Unkenntlichmachung[523] in Betracht. Selbes gilt in Bezug auf die Metainformationen gemäß Art. 15 Abs. 1 Hs. 2 DS-GVO, sofern eine Interessenabwägung ergibt, dass Rechte anderer Personen durch die Beauskunftung beeinträchtigt würden.

---

520 BGH 22.02.2022, NJW-RR 2022, 764, 768.
521 *Hofmann*, Assistenzsysteme in der Industrie 4.0, S. 514.
522 Siehe ausführlich Kap. 2 A. II. 5. b).
523 *Schulte/Welge*, NZA 2019, 1110, 1113.

II. Die Öffnungsklausel des Art. 23 Abs. 1 DS-GVO

Abgesehen von der für Art. 15 Abs. 1 DS-GVO soeben bejahten immanenten Beschränkung der DS-GVO ermöglicht die Öffnungsklausel in Art. 23 Abs. 1 DS-GVO für die in lit. a – j aufgeführten Zwecke Beschränkungen der Rechte und Pflichten, die sich aus dem Transparenzprinzip ableiten.[524] Die Beschränkungen können durch Rechtsvorschriften der Union oder Mitgliedsstaaten im Wege gesetzlicher Regelungen erlassen werden. Einschränkungen sind nur möglich, sofern eines der in lit. a – j abschließend aufgezählten Interessen betroffen ist, die Beschränkung den Wesensgehalt der Grundrechte achtet und dem Verhältnismäßigkeitsprinzip entspricht. Aus der letztgenannten Voraussetzung ergibt sich, dass pauschal einschränkende Vorschriften den Anforderungen nicht genügen. Jede gesetzliche Einschränkung der Betroffenenrechte muss vielmehr „situationsorientiert gerechtfertigt"[525] sein und eine Abwägung zwischen dem Betroffenenrecht und dem konkreten in Art. 23 Abs. 1 DS-GVO benannten Schutzziel vorsehen.[526] Von Relevanz für Whistleblower ist dabei insbesondere der Schutz der Rechte und Freiheiten anderer Personen, der durch Art. 23 Abs. 1 lit. i DS-GVO sichergestellt werden soll. Andere Personen sind dabei, wie bereits zur inhaltlich korrespondierenden Vorschrift Art. 15 Abs. 4 DS-GVO ausgeführt, „Dritte" i.S.d. Art. 4 Nr. 10 sowie weitergehend beispielsweise der Verantwortliche selbst.[527] Auch die übrigen Voraussetzungen entsprechen prinzipiell jenen des Art. 15 Abs. 4 DS-GVO.[528]

Griffen zahlreiche Autoren in der Literatur für den Anspruch in Art. 15 Abs. 1 DS-GVO auf eine durch Art. 23 DS-GVO eröffnete Einschränkung zurück, da eine Anwendung des Abwägungsvorbehalts aus Art. 15 Abs. 4

---

524 Paal/Pauly/*Paal*, Art. 23 DS-GVO Rn. 1; BeckOK Datenschutzrecht/*Stender-Vorwachs/Wolff*, Art. 23 DS-GVO Vorb.
525 *Johannes/Richter*, DuD 2017, 300, 305; Paal/Pauly/*Paal*, Art. 23 DS-GVO Rn. 9.
526 BeckOK Datenschutzrecht/*Stender-Vorwachs/Wolff*, Art. 23 DS-GVO Rn. 18.
527 Kühling/Buchner/*Bäcker*, Art. 23 DS-GVO Rn. 32; Paal/Pauly/*Paal*, Art. 23 DS-GVO Rn. 42; Gola/Heckmann/*Lapp*, § 29 BDSG Rn. 13; a.A. *Johannes/Richter*, DuD 2017, 300, 303.
528 *Sörup/Zikesch*, ArbRAktuell 2020, 382, 383; dagegen rein wirtschaftliche Interessen als nicht ausreichend erachtend, Simitis/Hornung/Spiecker gen. Döhmann/*Dix*, Art. 23 DS-GVO Rn. 32; *Petri*, DuD 2018, 347, 349; Kühling/Buchner/*Bäcker*, Art. 23 DS-GVO Rn. 32; vgl. auch Vorlagefrage 2b zur Auslegung des Art. 23 Abs. 1 lit. i DS-GVO aus dem Vorabentscheidungsersuchen des BGH v. 10.05.2022 = EuGH C-307/22 – FT.

DS-GVO abgelehnt wurde[529], kann hieran seit der jüngsten EuGH-Entscheidung[530] für Sachverhalte mit Hinweisgeberbeteiligung nicht mehr festgehalten werden. Der Rückgriff auf die Öffnungsklausel des Art. 23 Abs. 1 DS-GVO ist im Übrigen insofern problematisch, als hierdurch das Auskunftsrecht unbeschränkt gewährleistet wird, solange unions- oder mitgliedsstaatliche Rechtsvorschriften nichts anderes bestimmen.[531] Art. 23 DS-GVO stellt für Mitgliedstaaten insofern keine Handlungspflicht dar.[532] Dieses Verständnis steht im Widerspruch zu Art. 8 i.V.m. Art. 52 Abs. 1 GRCh.[533]

III. Erlass von § 29 Abs. 1 BDSG als Realisierung der Gestaltungsmöglichkeit i.S.d. Öffnungsklausel

1. Überwiegend berechtigte Interessen eines Dritten

Der nationale Gesetzgeber hat durch Erlass des § 29 Abs. 1 S. 2 BDSG von der Öffnungsklausel des Art. 23 Abs. 1 lit. i DS-GVO zum Zwecke der Einschränkung des Art. 15 DS-GVO Gebrauch gemacht.[534] In Umsetzung der Öffnungsklausel dient § 29 Abs. 1 S. 2 BDSG daher unmittelbar dem Zweck, Rechte und Freiheiten anderer Personen zu schützen.[535] Für den Fall, dass durch die Auskunft Informationen offenbart werden, die nach einer Rechtsvorschrift oder ihrem Wesen – insbesondere wegen der überwiegenden berechtigten Interessen eines Dritten – geheim gehalten werden müssen, kann der Auskunftsanspruch gemäß § 29 Abs. 1 S. 2 BDSG eingeschränkt werden. Die Norm greift dementsprechend entweder, wenn eine Verpflichtung zur Geheimhaltung besteht[536] oder eine Interessenabwägung zugunsten des von Art. 15 Abs. 1 DS-GVO Betroffenen ausgeht.[537] Auch wenn der Wortlaut des § 29 Abs. 1 S. 2 BDSG ausdrücklich auf die überwiegenden Interessen eines

---

529 Vgl. nur *Spindler*, DB 2016, 937, 944; Kühling/Buchner/*Bäcker*, Art. 15 DS-GVO Rn. 33.
530 EuGH 04.05.2023, NJW 2023, 2253 – Österreichische Datenschutzbehörde.
531 *Peisker*, Der datenschutzrechtliche Auskunftsanspruch, S. 413.
532 Siehe *Kühling/Martini* et. al., Die DS-GVO und das nationale Recht, S. 69 f.; ebenso *Petri*, DuD 2018, 347, 349.
533 *Franck*, ZD 2018, 345, 347 f.; Sydow/Marsch/*Wilhelm-Robertson*, § 29 BDSG Rn. 24.
534 BT-Drs. 18/11325, S. 100.
535 Ähnlich auch *Klaas*, CCZ 2019, 163, 170; *Mohn*, NZA 2022, 1159, 1163.
536 Beispielsweise nach § 203 StGB, vgl. Paal/Pauly/*Paal*, § 29 BDSG Rn. 6.
537 *Mohn*, NZA 2022, 1159, 1163.

"Dritten" verweist, macht die Vorschrift durch die Formulierung "insbesondere" deutlich, dass auch Interessen anderer Personen hierunter fallen können.[538] Jedenfalls ist § 29 Abs. 1 BDSG verordnungskonform auszulegen, sodass auch Interessen anderer Personen, wie in Art. 23 Abs. 1 lit. i DS-GVO genannt, erfasst sind.[539] Inhaltlich ergeben sich im Ergebnis keine Unterschiede zu einer der DS-GVO immanenten Begrenzung; auch § 29 Abs. 1 S. 2 BDSG erfordert eine Interessenabwägung für den Fall widerstreitender Rechte.[540] Lediglich für durch Rechtsvorschriften vorgesehene Geheimhaltungspflichten hat der Gesetzgeber eine Interessenabwägung zugunsten des Geheimhaltungsinteresses antizipiert.[541]

2. Vereinbarkeit mit Unionsrecht

Obwohl die Anforderungen § 29 Abs. 1 S. 2 BDSG denen der DS-GVO ähnlich sind, sind dessen Anwendbarkeit auf das Auskunftsrecht und die Unionsrechtskonformität nicht unbestritten.[542] Teilweise wird die Vereinbarkeit mit Unionsrecht aufgrund einer generellen Geheimhaltungspflicht für Informationen, die gemäß § 29 Abs. 1 S. 2 BDSG "ihrem Wesen nach" schutzbedürftig sind, abgelehnt.[543] Eine pauschale, das Auskunftsrecht stets überwiegende Geheimhaltungspflicht "dem Wesen nach" wird dem durch die DS-GVO geforderten Verhältnismäßigkeitsprinzip nicht gerecht.[544] Der Unvereinbarkeit mit unionsrechtlichen Vorgaben kann in diesem Zusammenhang daher allenfalls durch unionskonforme Auslegung begegnet werden.

---

538 Gola/Heckmann/*Lapp*, § 29 BDSG Rn. 13.
539 Gola/Heckmann/*Lapp*, § 29 BDSG Rn. 12; Kühling/Buchner/*Herbst*, § 29 BDSG Rn. 8.
540 BGH 22.02.2022, NJW-RR 2022, 764, 767 f.; Gola/Heckmann/*Lapp*, § 29 BDSG Rn. 17; Kühling/Buchner/*Herbst*, § 29 BDSG Rn. 7, 13.
541 Paal/Pauly/*Gräber/Nolden*, § 29 BDSG Rn. 10; Gola/Heckmann/*Lapp*, § 29 BDSG Rn. 16; die Unionsrechtskonformität dieser Regelung in Frage stellend, Auernhammer/*Eßer*, § 29 BDSG Rn. 12; ebenso Simitis/Hornung/Spiecker gen. Döhmann/*Dix*, Art. 14 DS-GVO Rn. 30.
542 *Franck,* ZD 2018, 345, 348; Auernhammer/*Eßer*, § 29 BDSG Rn. 7.
543 EAiD-Stellungnahme zum DSAnpG-EU v. 22.02.2017, S. 4: https://www.bundestag.de/resource/blob/499296/faa96bd7382c848b8d85e0da16aca4ad/18-4-824-a-data.pdf (Stand: 10.11.2023); Simitis/Hornung/Spiecker gen. Döhmann/*Dix*, Art. 23 DS-GVO Rn. 34.
544 BeckOK Datenschutzrecht/*Uwer*, § 29 BDSG Rn. 9.

Als ungleich problematischer ist zudem die Vereinbarkeit des § 29 Abs. 1 S. 2 BDSG mit Art. 23 DS-GVO zu beurteilen.[545] Insbesondere durch die jüngste Entscheidung des EuGH vom 30.03.2023[546] ist die Einhaltung der unionsrechtlichen Vorgaben durch nationale Regelungen ins Zentrum der rechtswissenschaftlichen Aufmerksamkeit gerückt. Zwar war streitgegenständliche Öffnungsklausel des Urteils nicht Art. 23 DS-GVO, sondern der beschäftigungsspezifische Art. 88 DS-GVO. Dennoch können einige grundlegende Aussagen des EuGH übertragen werden und die Anwendbarkeit des § 29 Abs. 1 S. 2 BDSG ausschließen. Grundsätzlich gilt, dass die Mitgliedsstaaten bei der Ausfüllung von Öffnungsklauseln im Wesentlichen selbständig und frei handeln dürfen.[547] Die Umsetzung wird jedoch beispielsweise durch das unionsrechtlich vorausgesetzte Wiederholungsgebot eingeschränkt.[548] Danach dürfen sich die Mitgliedsstaaten nicht auf die bloße Wiederholung der Bestimmungen der DS-GVO beschränken;[549] vielmehr müssen die nationalen Vorschriften dem Schutz vor spezifischen, die konkrete Verarbeitungssituation betreffenden Gefahren dienen. Mit dem Wiederholungsverbot verhindert der EuGH, dass Zweifel beim Rechtsanwender entstehen, wer die Gesetzgebungskompetenz innehat.[550] Die unionsrechtliche Zuständigkeit darf durch nationale Rechtsakte nicht untergraben werden. Die rein punktuelle Wiederholung, die lediglich zur besseren Verständlichkeit von Regelungen dient, widerspricht der unmittelbaren Wirkung der DS-GVO dagegen nicht.[551]

Der Wortlaut des § 29 Abs. 1 S. 2 BDSG dient allerdings gerade nicht der Verständlichkeit,[552] sondern gibt im Wesentlichen die Inhalte der DS-GVO immanenten Abwägungsvorbehalte wieder. So spricht Art. 15 Abs. 4 DS-GVO zwar von Rechten und Freiheiten, die nicht „beeinträchtigt" werden dürfen. Beeinträchtigen meint in diesem Zusammenhang, dass konfligierende Interessen das Auskunftsinteresse nicht überwiegen dürfen.

Spezifische Vorschriften für die Beschränkung der Betroffenenrechte im Falle widerstreitender Interessen stellt § 29 Abs. 1 BDSG zudem nicht auf.

---

545 Siehe auch *Peisker,* Der datenschutzrechtliche Auskunftsanspruch, S. 431 f.
546 EuGH 30.03.2023, NZA 2023, 487 – Hauptpersonalrat.
547 *Kühling/Martini et. al.,* Die DS-GVO und das nationale Recht, S. 74.
548 *Kühling/Martini et. al.,* Die DS-GVO und das nationale Recht, S. 6.
549 EuGH 30.03.2023, NZA 2023, 487, 490 Rn. 65 – Hauptpersonalrat.
550 *Kühling/Martini et. al.,* Die DS-GVO und das nationale Recht, S. 7.
551 *Kühling/Martini et. al.,* Die DS-GVO und das nationale Recht, S. 8 m.w.N.
552 *Kühling/Martini et. al.,* Die DS-GVO und das nationale Recht, S. 8.

Der Rückgriff auf eine Generalklausel ohne konkrete Beschneidungen der Rechte wird den Vorgaben des Art. 23 DS-GVO nicht gerecht.[553]

Unbeschadet dessen findet § 29 Abs. 1 BDSG sowohl in der Literatur[554] und in der Rechtsprechung als auch in der nationalen Gesetzgebung nach wie vor Anwendung. So verweist das LAG Baden-Württemberg in seiner Entscheidung vom 20.12.2018 für die Einschränkung des Auskunftsinteresses auf § 29 Abs. 1 S. 2 BDSG[555] und auch der Bundestag zieht in den Gesetzesmaterialien zum HinSchG § 29 Abs. 1 S. 2 BDSG als Ausnahmetatbestand zum Vertraulichkeitsgebot nach § 8 HinSchG heran.[556] Danach gewährleistet § 29 BDSG den „*erforderliche[n] Gleichlauf zwischen dem Vertraulichkeitsschutz [...] und [den] Auskunftsrechten*".[557] Solange der EuGH, ähnlich wie in seiner aktuellen Entscheidung vom 30.03.2023 zu Art. 88 DS-GVO und § 23 Hess.DSIG,[558] keine Aussage bezüglich der Anwendbarkeit von § 29 BDSG trifft und die Entscheidung den Mitgliedsstaaten überlässt, ist nicht ausgeschlossen, dass nationale Gerichte die Interessenabwägung weiterhin auf § 29 Abs. 1 S. 2 BDSG stützen.

3. Zwischenergebnis

Aufgrund unionsrechtlicher Bedenken in Bezug auf die Anwendbarkeit des auf der Öffnungsklausel des Art. 23 Abs. 1 lit. i DS-GVO beruhenden Einschränkungstatbestands nach § 29 Abs. 1 S. 2 BDSG empfiehlt es sich, eine Begrenzung des Auskunftsrechts unmittelbar aus der DS-GVO selbst abzuleiten. Vorbehaltlich einer Entscheidung des EuGH über die Unionsrechtskonformität der nationalen Vorschrift ist eine Interessenabwägung gemäß § 29 Abs. 1 S. 2 BDSG allerdings nicht grundsätzlich ausgeschlossen. Im Übrigen ergeben sich in der Konsequenz keine inhaltlichen Abweichun-

---

553 BeckOK Datenschutzrecht/*Stender-Vorwachs/Wolff*, Art. 23 DS-GVO Rn. 14, 55.
554 *Schmidt*, Regelungsoptionen des deutschen Gesetzgebers zum Whistleblower-Schutz in Umsetzung der EU-RL 2019/1937, S. 243 f.
555 LAG Baden-Württemberg, 20.12.2018, NZA-RR 2019, 242, 250.
556 BT-Drs. 20/5992, S. 59.
557 BT-Drs. 20/5992, S. 59.
558 Der EuGH trifft hier ausdrücklich keine Entscheidung zur Unanwendbarkeit, da dies Sache der mitgliedstaatlichen Gerichte sei. Diese habe die Vorschrift des § 23 Hess.DSIG grundsätzlich unangewendet zu lassen, vgl. EuGH 30.03.2023, NZA 2023, 487, 491 Rn. 82 – Hauptpersonalrat.

gen:⁵⁵⁹ Es bedarf in jedem Fall einer umfassenden Verhältnismäßigkeitsprüfung, die die widerstreitenden Interessen der Parteien im Sinne praktischer Konkordanz in einen angemessenen Ausgleich bringt.

IV. Einschränkung des Auskunftsanspruchs durch Betriebsvereinbarung, Art. 88 DS-GVO

Von besonderem Interesse für den Arbeitgeber ist die Frage, ob der Auskunftsanspruch gemäß Art. 15 Abs. 1 DS-GVO auch durch Regelungen im Rahmen einer Betriebsvereinbarung eingeschränkt werden kann. Abweichend von den Vorgaben der DS-GVO könnte beispielsweise eine unbedingte Vertraulichkeitszusage zu Gunsten des Hinweisgebers festgelegt werden. Die Öffnungsklausel in Art. 88 DS-GVO ermöglicht es den Mitgliedsstaaten grundsätzlich, durch Kollektivvereinbarungen spezifischere Vorschriften zu erlassen, um den Schutz der Rechte und Freiheiten im Rahmen von Datenverarbeitungen zu gewährleisten. Neben der Wahrung der datenschutzrechtlichen Grundsätze bei Beantwortung dieser Frage sind beim Einsatz von Hinweisgebersystemen auch mitbestimmungsrechtliche Vorgaben relevant. Vor dem Hintergrund der datenschutz- und mitbestimmungsrechtlichen Vorschriften soll im Folgenden untersucht werden, ob eine kollektivrechtliche Verschärfung der Auskunftsverweigerung realisiert werden kann.

1. Erlaubnistatbestand für die Datenverarbeitung im Rahmen einer Betriebsvereinbarung

Aufgrund der Ermächtigung in Art. 88 Abs. 1 DS-GVO hat der deutsche Gesetzgeber mit § 26 BDSG eine Rechtsvorschrift geschaffen, die spezifisch die Verarbeitung personenbezogener Daten im Beschäftigungsverhältnis erlauben soll.

---

559 BGH 22.02.2022, NJW-RR 2022, 764, 767 f.; im Ergebnis auch *Musiol*, Hinweisgeberschutz und Datenschutz, S. 522.

Kapitel 3: Die Grenze des Auskunftsanspruchs bei Sachverhalten außerhalb des HinSchG

a) Bedeutungsverlust der datenschutzrechtlichen Generalklausel

Prinzipiell lassen sich § 26 BDSG mehrere Erlaubnistatbestände entnehmen. Gemäß § 26 Abs. 1 BDSG sind Datenverarbeitungen für beschäftigungsspezifische Zwecke (§ 26 Abs. 1 S. 1) sowie für die Aufdeckung von Straftaten (§ 26 Abs. 1 S. 2 BDSG) zulässig. Daneben eröffnet § 26 Abs. 4 S. 1 BDSG die Möglichkeit, durch Abschluss einer Betriebsvereinbarung die Datenverarbeitung zuzulassen.

Werden Daten für Zwecke des Beschäftigungsverhältnisses verarbeitet, ist der Rückgriff auf § 26 BDSG nun nicht mehr möglich,[560] denn das Bestreben des nationalen Gesetzgebers, mit dieser Norm einen bereichsspezifischen Erlaubnistatbestand zu schaffen, ist nicht gelungen. Bestätigt wurde dies nun durch die Rechtsprechung des EuGH vom 30.03.2023 zu § 23 Abs. 1 S. 1 Hessisches Datenschutz- und Informationsfreiheitsgesetz (Hess.DSIG), der § 26 Abs. 1 S. 1 BDSG wortlautgetreu entspricht.[561] Das Gericht begründet seine Entscheidung damit, dass sich „spezifischere Vorschriften" i.S.d. Art. 88 Abs. 1 DS-GVO nicht auf eine bloße Wiederholung der Bestimmungen der DS-GVO beschränken dürfen. Vielmehr müssten Regelungen geschaffen werden, die gerade vor den charakteristischen Gefahren bei der Verarbeitung im Beschäftigungskontext durch geeignete und besondere Maßnahmen schützen.[562] Da § 23 Abs. 1 S. 1 Hess.DSIG diesen Anforderungen nicht entspricht, müssen die Vorschrift und folglich auch der wortgleiche § 26 Abs. 1 S. 1 BDSG unangewendet bleiben.

b) Konsequenzen für § 26 Abs. 4 BDSG

Ausdrücklich beschäftigt sich die Entscheidung des EuGH allerdings lediglich mit der Rechtsvorschrift in § 26 Abs. 1 S. 1 BDSG. Nicht geklärt ist damit, ob sich die Rechtsprechung auch auf Kollektivvereinbarungen i.S.d. § 26 Abs. 4 BDSG auswirkt, sodass Betriebsvereinbarungen deutsches Beschäftigtendatenschutzrecht nicht mehr gestalten könnten. Eine solche Sichtweise ist jedoch abzulehnen.[563]

---

560 Kühling/Buchner/*Maschmann*, § 26 BDSG Rn. 2 m.w.N.
561 EuGH 30.3.2023, NZA 2023, 487 – Hauptpersonalrat.
562 EuGH 30.3.2023, NZA 2023, 487, 490 Rn. 71 – Hauptpersonalrat.
563 *Fehr*, DB 2023, 180, 183; Kühling/Buchner/*Maschmann*, § 26 BDSG Rn. 66; *Wünschelbaum*, NZA 2023, 542, 544.

Auch nach der Entscheidung des EuGH können Betriebsvereinbarungen die Zulässigkeit von Datenverarbeitungen für Zwecke des Beschäftigungsverhältnisses vorsehen. Dass der kollektivrechtliche Gestaltungsspielraum von der Unanwendbarkeit des § 26 BDSG unberührt bleibt, wird bereits durch Art. 88 Abs. 1 DS-GVO deutlich, der Mitgliedsstaaten ausdrücklich den Erlass von Kollektivvereinbarungen ermöglicht. Diese Befugnis hat der deutsche Gesetzgeber in § 26 Abs. 4 BDSG lediglich verankert.[564] Auf dieses Ergebnis lassen auch die Schlussanträge des Generalstaatsanwalts *Sánchez-Bordona* in der Sache zu § 23 Abs. 1 S. 1 Hess.DSIG schließen, wenn er in Bezug auf § 23 Abs. 4 Hess.DSIG betont: *„Der deutsche Gesetzgeber [nutzt] somit die Möglichkeit, die Art. 88 I DS-GVO für Kollektivvereinbarungen vorsieht"*[565].[566]

2. Rechte des Betriebsrats

Die Einführung von Meldestellen kann Mitbestimmungsrechte des Betriebsrats in § 87 Abs. 1 Nr. 1 und 6 BetrVG begründen.[567]

Da das HinSchG in § 12 eine Pflicht zur Errichtung von Meldestellen für Unternehmen mit mindestens 50 Beschäftigten vorsieht, ist ein Mitbestimmungsrecht über die Einführung eines Hinweisgebersystems im Anwendungsbereich des HinSchG ausgeschlossen.[568] Die Ausgestaltung des Meldeverfahrens sowie Regelungen über Folgemaßnahmen können gleichwohl auch in diesem Rahmen Mitbestimmungsrechte des Betriebsrats in § 87 Abs. 1 Nr. 1 und 6 BetrVG begründen.[569] Das Mitbestimmungsrecht wird danach einerseits ausgelöst, sofern eine Datenverarbeitung Fragen zur Ordnung des Betriebs oder des Verhaltens des Arbeitnehmers berührt, vgl. § 87 Abs. 1 Nr. 1 BetrVG. Andererseits greift § 87 Abs. 1 Nr. 6 DS-GVO, wenn Datenverarbeitungen durch eine technische Einrichtung eine Leistungs-

---

564 Mit Verweis auf den deklaratorischen Charakter der Vorschrift Kühling/Buchner/ Maschmann, § 26 BDSG Rn. 66; *Kühling*, NJW 2017, 1985, 1988.
565 Schlussanträge des GA Sánchez-Bordona 22.9.2022 – C-34/21, ECLI:EU:C:2022:710 Rn. 71, dort Fn. 37; *Thüsing/Peisker*, NZA 2023, 213, 215.
566 *Wünschelbaum*, NZA 2023, 542, 544; kritisch wohl *Kaufmann/Wegmann/Wieg*, NZA 2023, 740, 745.
567 Für die Einführung von Hinweisgebersystemen generell, *Sixt*, Whistleblowing im Spannungsfeld von Macht, Geheimnis und Information, S. 127 f.
568 *Bayreuther*, NZA 2023, 666, 667; *Götz*, NZA 2023, 1433, 1435.
569 *Götz*, NZA 2023, 1433, 1435.

oder Verhaltenskontrolle von Arbeitnehmern ermöglichen.[570] Insbesondere bei modernen IT-basierten Hinweisgeberkanälen ist § 87 Abs. 1 Nr. 6 DS-GVO regelmäßig einschlägig, da eine Leistungs- oder Verhaltenskontrolle möglich ist, sobald personenbezogene Daten verarbeitet werden.[571] Hat der Betriebsrat ein solches Mitbestimmungsrecht, kann es sich ggf. anbieten, weitere datenschutzrechtliche Aspekte wie beispielsweise Modalitäten für die Erfüllung von Auskunftsansprüchen[572] in einer Rahmenbetriebsvereinbarung festzulegen.[573]

Für den Abschluss von Betriebsvereinbarungen muss das Mitwirkungsrecht des Betriebsrats gemäß § 75 Abs. 2 BetrVG berücksichtigt werden, wonach das Persönlichkeitsrechts der Arbeitnehmer zu schützen ist. Auf datenschutzrechtlicher Ebene werden die Vorgaben des § 75 Abs. 2 BetrVG allerdings weitestgehend von Art. 88 Abs. 2 DS-GVO erfasst.[574]

3. Erlass einer unbedingten Vertraulichkeitszusage im Rahmen einer Betriebsvereinbarung

Durch eine Betriebsvereinbarung können prinzipiell Strukturen und Prozesse des Auskunftsanspruchs gemäß Art. 15 Abs. 1 DS-GVO festgelegt werden.[575] Sieht eine Betriebsvereinbarung die Verweigerung des Auskunftsverlangens aufgrund einer den Hinweisgeber begünstigenden Vertraulichkeitszusage vor, wird dadurch das Auskunftsinteresse des Beschuldigten allerdings beschränkt. Um festzustellen, ob eine solche Regelung zulässig ist, bedarf es zunächst der Darstellung der allgemeinen inhaltlichen Anforderungen an eine datenschutzrechtliche Kollektivvereinbarung. Daran anschließend stellt sich die Frage, ob die Vorgaben der DS-GVO im kollektivrechtlichen Wege verschärft werden dürfen.

---

570 Richardi/*Maschmann*, § 87 BetrVG Rn. 489.
571 *Dahl/Brink*, NZA 2018, 1231, 1232; *Götz*, NZA 2023, 1433, 1435 f.
572 *Wybitul*, NZA 2017, 1488, 1493.
573 Vgl. z.B. Formulierungsvorschlag 7 („Rechte der Beschäftigten") bei *Schulze/Pfeffer*, ArbRAktuell 2017, 358, 360; *Dahl/Brink*, NZA 2018, 1231, 1232 f.
574 *Maschmann*, DB 2016, 2480, 2485; *Wünschelbaum*, BB 2019, 2102, 2104.
575 *Wybitul*, NZA 2017, 1488, 1491.

A. Die Einschränkung des Auskunftsanspruchs qua Gesetz oder Vertrag?

a) Allgemeine inhaltliche Anforderungen

§ 26 Abs. 4 BDSG verweist klarstellend auf Art. 88 Abs. 2 DS-GVO.[576] Danach muss die Betriebsvereinbarung *„geeignete und besondere Maßnahmen zur Wahrung der menschlichen Würde sowie der berechtigten Interessen und der Grundrechte der betroffenen Person, insbesondere im Hinblick auf die Transparenz der Verarbeitung"* beinhalten. Vorausgesetzt wird mithin eine der Erforderlichkeit entsprechende Abwägung zwischen den Persönlichkeitsinteressen des von einer Meldung betroffenen Arbeitnehmers und den schützenswerten Interessen des Arbeitgebers an einer Datenverarbeitung im Hinweisgebersystem, wobei die jeweils einzelfallbezogenen Umstände in die Abwägung einfließen müssen.[577] Ferner müssen sich auch die Regelung einer Betriebsvereinbarung im Rahmen der Transparenzvorgaben der DS-GVO bewegen.[578] Dies setzt für Datenverarbeitungen im Rahmen eines Hinweisgebersystems insbesondere voraus, dass der betroffene Arbeitnehmer nach Erwägungsgrund 61 S. 1 DS-GVO innerhalb einer angemessenen Frist über die Erhebung informiert wird.

Eine Beschränkung von grundrechtlich geschützten Positionen ist dadurch nicht per se ausgeschlossen. Unabhängig von den Anforderungen, die an einschränkende Maßnahmen i.S.d. Art. 23 DS-GVO zu stellen sind, ermöglicht jedenfalls Art. 88 Abs. 1 DS-GVO die Regelung des Beschäftigtendatenschutzes durch Kollektivvereinbarung.[579] Eine Regelung i.S.d. Art. 88 Abs. 1 DS-GVO muss allerdings unter Anwendung des Verhältnismäßigkeitsgrundsatzes einen Ausgleich widerstreitender Interessen im Sinne praktischer Konkordanz vorsehen.[580] Entsprechend verpflichtet auch § 75 Abs. 2 BetrVG dazu, das allgemeinen Persönlichkeitsrechts zu wahren, in das allenfalls aufgrund entgegenstehender schutzwürdiger Belange eingegriffen werden darf.[581]

---

576 Kühling/Buchner/*Maschmann*, Art. 88 DS-GVO Rn. 82.
577 Maschmann/Fritz/*Maschmann*, Matrixorganisation, Kap. 5 Rn. 38, 140; Kühling/Buchner/*Maschmann*, Art. 88 DS-GVO Rn. 43.
578 Vgl. Erwägungsgrund 58 DS-GVO; Kühling/Buchner/*Maschmann*, Art. 88 DS-GVO Rn. 46; *Wünschelbaum*, NZA 2023, 542, 543 f.
579 Kühling/Buchner/*Bäcker*, Art. 23 DS-GVO Rn. 36; Kühling/Buchner/*Maschmann*, Art. 88 DS-GVO Rn. 81 ff.; a.A. *Lembke*, NJW 2020, 1841, 1845 f.; ähnlich wohl auch *Schulte/Welge*, NZA 2019, 1110, 1115.
580 Maschmann/Fritz/*Maschmann*, Matrixorganisation, Kap. 5 Rn. 38, 140; Kühling/Buchner/*Maschmann*, Art. 88 DS-GVO Rn. 43.
581 Kühling/Buchner/*Maschmann*, Art. 88 DS-GVO Rn. 84.

b) Verschärfung der datenschutzrechtlichen Vorgaben durch Betriebsvereinbarung

Angesichts fehlender Klarstellung im Gesetzestext des Art. 88 Abs. 1 DS-GVO stellt sich allerdings die Frage, wie das Verhältnis zwischen den bestehenden Erlaubnistatbeständen und Kollektivvereinbarungen zu beurteilen ist und inwieweit durch Kollektivvereinbarungen von gesetzlichen Vorschriften abgewichen werden kann. Der Telos der DS-GVO, einen einheitlichen europäischen Datenschutz zu schaffen, spricht dafür, dass Kollektivvereinbarungen die Vorgaben der DS-GVO konkretisieren, dabei aber die Schutzgewährleistung nicht absenken dürfen.[582] Die primärrechtlichen Vorgaben der GRCh stützen diesen Harmonisierungsgedanken. Der Zweck der DS-GVO, personenbezogene Daten zu schützen, vgl. Art. 1 Abs. 2 DS-GVO, wird nur erfüllt, wenn der durch die DS-GVO verwirklichte Ausgleich konfligierender Rechte nicht unterwandert wird.[583]

Weniger eindeutig wird in der Literatur die Thematik nach einer Erhöhung des Schutzniveaus beantwortet. Mit Blick auf die Genese der DS-GVO und den ursprünglichen Entwurf der Kommission wird teilweise auch ein positives Abweichen von der Verordnung bejaht.[584] Die Kommission sah vor, dass sich die nationalen Regelungen „in den Grenzen der Verordnung" zu halten haben.[585] Der Wegfall dieser einschränkenden Formulierung spreche dafür, dass zumindest nach oben hin von der Verordnung abgewichen werden könne.[586] Vertreter dieser Ansicht führen ferner die sonst fehlende Relevanz der Kollektivvereinbarungen als Argument an: Wären die Vorschriften der DS-GVO abschließend, hätte es der Regelungen in Art. 88 DS-GVO nicht bedurft.[587]

Der Mindestharmonisierungsgedanke steht dieser Auffassung jedenfalls seit der Entscheidung des EuGH vom 30.03.2023 nicht mehr entgegen.[588] Das Gericht betont hier ausdrücklich, dass die DS-GVO – trotz ihrer

---

582 Ausführlich hierzu *Maschmann*, DB 2016, 2480, 2482 f.; *Maier*, DuD 2017, 169, 172; *Kort*, DB 2016, 711, 715.
583 Kühling/Buchner/*Maschmann*, Art. 88 DS-GVO Rn. 38.
584 *Wybitul/Sörup/Pötters*, ZD 2015, 559, 561; *Kort*, DB 2016, 711, 714 f; *Körner*, NZA 2019, 1389, 1391; a.A. Kühling/Buchner/*Maschmann*, Art. 88 DS-GVO Rn. 40.
585 *Körner*, NZA 2019, 1389, 1391.
586 *Körner*, NZA 2019, 1389, 1391.
587 *Körner*, NZA 2019, 1389, 1391.
588 Dagegen auf die Harmonisierungswirkung der DS-GVO abstellend BAG 29.06.2023, NZA 2023, 1105, 1111.

grundsätzlich vollständigen Harmonisierung – den Mitgliedsstaaten durch Öffnungsklauseln gerade ermöglicht, zusätzliche strengere oder einschränkende nationale Vorschriften zu erlassen und räumt ihnen einen Ermessensspielraum hinsichtlich der Art und Weise der Durchführung dieser Bestimmungen ein.[589] Innerhalb der Vorgaben des Art. 88 Abs. 2 DS-GVO ist ein Abweichen von den Bestimmungen der DS-GVO mithin auch im Sinne eines höheren Schutzniveaus möglich.[590]

Dagegen legt der BAG seinem Vorlagebeschluss vom 22.09.2022 ein weniger weites Verständnis von Art. 88 DS-GVO zugrunde.[591] Nach Auffassung des Senats könne durch Regelung in einer Kollektivvereinbarung nicht von der DS-GVO, insbesondere von der in Art. 5, Art. 6 Abs. 1 DS-GVO normierten Erforderlichkeit, abgesehen werden.[592] Nichts anderes gelte mit Blick auf Art. 88 Abs. 2 DS-GVO.[593] Ähnlich entschied der BAG außerdem im Jahr 2023, dass Kollektivvereinbarungen nicht gegen Inhalte und Ziele der DS-GVO verstoßen dürfen.[594]

Um die Einheitlichkeit des Datenschutzrechts nicht zu gefährden, ist die Annahme einer Harmonisierungswirkung auch im Hinblick auf die primärrechtlichen Vorgaben[595] weiterhin konsequent.[596] Einer unbedingten Vertraulichkeitszusage muss demgemäß eine Absage erteilt werden. Eine derartig antizipierte Einschränkung zugunsten des Hinweisgebers ist mit dem zwingenden Verhältnismäßigkeitsgrundsatz gemäß Art. 88 Abs. 2 DS-GVO bzw. § 75 Abs. 2 BetrVG unvereinbar.[597] Auch die Kollektivparteien müssen die konfligierenden Rechte der beteiligten Akteure angemessen ausgleichen und die wesentlichen datenschutzrechtlichen Grundsätze nach Art. 5, 6 und 12 ff. DS-GVO[598] wahren. Hierzu sind Regelungen denkbar,

---

[589] EuGH 30.3.2023, NZA 2023, 487, 489 Rn. 51 – Hauptpersonalrat; krit. Kühling/Buchner/*Maschmann*, Art. 88 DS-GVO Rn. 40 ff.
[590] *Wünschelbaum*, NZA 2023, 542, 543.
[591] BAG 22.09.2022, NZA 2023, 363.
[592] BAG 22.09.2022, NZA 2023, 363, 366.
[593] BAG 22.09.2022, NZA 2023, 363, 366.
[594] BAG 29.06.2023, NZA 2023, 1105, 1111.
[595] Vgl. Kap. 1 A. II. 2. cc) (ii).
[596] BAG 29.06.2023, NZA 2023, 1105, 1111; so auch für Regelungen zur Mitarbeiterüberwachung, Kühling/Buchner/*Maschmann*, § 26 BDSG Rn. 72; a.A. wohl EuGH 30.3.2023, NZA 2023, 487.
[597] Ähnlich zur pauschalen Verweigerung einer Anfrage *Wünschelbaum*, Kollektivautonomer Datenschutz, S. 161 f.
[598] *Wünschelbaum*, Kollektivautonomer Datenschutz, S. 108.

die eine Gewichtung der jeweiligen Interessen vorsehen,[599] ohne dabei Verhältnismäßigkeitserwägungen auszuklammern. Auch wenn der EuGH mit seiner jüngeren Rechtsprechung dem Mindestharmonisierungsgedanken entgegentritt, ergibt sich für den Fall der kollektivrechtlich zugesicherten Vertraulichkeit auch nach seiner Auffassung nichts anderes. Das den Betriebsparteien durch Art. 88 Abs. 1 DS-GVO vermittelte Ermessen ist durch die Vorgaben des Art. 88 Abs. 2 DS-GVO begrenzt, wonach Verhältnismäßigkeitserwägungen berücksichtigt werden müssen. Auch Art. 15 DS-GVO sieht in Abs. 4 die zwingende Berücksichtigung konfligierender Interessen vor. Eine unbedingte Vertraulichkeitszusage bezieht jedoch gerade nicht die widerstreitenden Interessen des Beschuldigten ein. Dessen primärrechtlich in Art. 8 Abs. 2 GRCh geschütztes Auskunftsinteresse darf nur aufgrund schutzbedürftiger Interessen Dritter beschränkt werden. Durch eine derart umfassende Vertraulichkeitszusage wird der nicht schutzwürdige unredliche Whistleblower ebenso geschützt wie der redliche, ohne dass es einer Güterabwägung bedürfte. Sofern eine Einschränkung des Auskunftsrechts im Rahmen einer Betriebsvereinbarung nicht ein Überwiegen der Rechte des Beschuldigten im Einzelfall vorsieht, ist sie unzulässig.

4. Zulässige kollektivrechtliche Regelungen im Kontext des Auskunftsverlangens

Den Betriebsparteien bleibt folglich die Möglichkeit, in der DS-GVO vorgesehene Einschränkungen – unter Einhaltung der Vorgaben aus Art. 88 Abs. 1 und 2 DSVO – zu konkretisieren und zu modifizieren.[600]

In der Konsequenz lässt sich ein genereller Ausschluss eines Auskunftsverlangens nicht auf eine Betriebsvereinbarung stützen. Eine Regelung für den Umgang mit dem datenschutzrechtlichen Auskunftsanspruch in einer Betriebsvereinbarung ist zulässig, wenn sie unter Wahrung des Transparenzgebots die Vorgaben der DS-GVO konkretisiert, ohne den durch die DS-GVO zwingend vorgesehenen Abwägungsvorbehalt zu umgehen.[601]

Da Mitbestimmungsrechte des Betriebsrats jedenfalls für das Meldeverfahren und die Folgemaßnahmen eines Hinweisgebersystems regelmäßig berührt sein werden, kann sich für Betriebsparteien in diesem Zusammen-

---

599 Instruktiv *Wünschelbaum*, Kollektivautonomer Datenschutz, S. 108.
600 *Wünschelbaum*, BB 2019, 2102, 2105 f.; siehe auch BAG 29.06.2023, NZA 2023, 1105, 1111.
601 Im Ergebnis wohl auch *Lentz*, ArbRB 2019, 150, 153.

hang zugleich eine Regelung über die Einschränkung des Auskunftsrechts anbieten. Entsprechend der soeben ausgeführten Zulässigkeitsvoraussetzungen können folgende Regelungen in Betriebsvereinbarungen erlassen werden:

Von entscheidender Bedeutung sind Bestimmungen, die einzelfallbezogene Entscheidungen zulassen, sodass der Schutz des zu Unrecht Beschuldigten ausnahmsweise überwiegen kann. Dies ist mit Blick auf Art. 88 Abs. 2, § 75 Abs. 1 BetrVG und Art. 15 Abs. 4 DS-GVO zulässig. Zur Konkretisierung bieten sich etwa Kriterien für einen verhältnismäßigen Ausgleich der konfligierenden Interessen an.[602] Ebenfalls denkbar ist – jedenfalls außerhalb des HinSchG – die Verpflichtung des Hinweisgebers, Angaben zu den Motiven seiner Meldung zu machen oder Stellung zu etwaigen Nachforschungsmaßnahmen zu beziehen. Dies ermöglicht dem Arbeitgeber eine interessengerechte Abwägungsentscheidung.[603] Im Übrigen können Modifikationen zur Erfüllungsvorschrift des Art. 12 DS-GVO in Erwägung gezogen werden.[604]

V. Einschränkung des Auskunftsanspruchs durch Abschluss einer Vertraulichkeitsvereinbarung

Möglicherweise könnte eine zwischen Hinweisgeber und Verantwortlichem geschlossene Vertraulichkeitsvereinbarung einer Auskunftserteilung entgegenstehen und die Interessenabwägung zugunsten des Hinweisgeberinteresses beeinflussen.[605] Das LAG Baden-Württemberg sowie das LAG Berlin-Brandenburg erkennen die Zusicherung der Anonymität durch den Arbeitgeber als ein mögliches Kriterium an, welches grundsätzlich gegen eine Auskunftserteilung sprechen kann.[606] Dagegen ließ der BGH die bloße

---

602 Siehe dazu sogleich die unter Punkt C. dargestellten Aspekte.
603 Ähnlich auch *Wünschelbaum*, BB 2019, 2102, 2106; vgl. Gestaltungsvorschlag für den Umgang mit Betroffenenrechte *Wünschelbaum*, Kollektivautonomer Datenschutz, S. 158 f., sowie S. 185 ff.
604 *Wünschelbaum*, BB 2019, 2102, 2106.
605 *Mohn*, NZA 2022, 1159, 1162; Kühling/Buchner/*Herbst*, § 29 BDSG Rn. 7; Schantz/Wolff/*Schantz*, Das neue Datenschutzrecht, Rn. 1366; Paal/Pauly/*Gräber/Nolden*, § 29 BDSG Rn. 8.
606 LAG Baden-Württemberg 20.12.2018, NZA-RR 2019, 242, 250; LAG Berlin-Brandenburg 30.03.2023, NZA-RR 2023, 454, 457.

Kapitel 3: Die Grenze des Auskunftsanspruchs bei Sachverhalten außerhalb des HinSchG

Zusicherung der Vertraulichkeit als nicht ausreichend genügen.[607] Dem ist zuzustimmen.

Die materiell-rechtlichen Vorgaben der DS-GVO, die sekundärrechtlich die Bestimmungen der GRCh umsetzen, sind insofern zwingend, als das Recht auf Auskunft nur eingeschränkt werden darf, wenn Rechte oder Interessen Dritter dem Anspruch gemäß Art. 15 Abs. 1 DS-GVO entgegenstehen. Trifft der Arbeitgeber mit dem Hinweisgeber eine Vereinbarung, wonach dessen Vertraulichkeitsinteresse unbedingt zu schützen ist, führt dies zu einer unangemessenen Benachteiligung des Beschuldigten. Der Hinweisgeber kann sich prinzipiell ebenfalls auf den grundrechtlichen Schutz seiner Rechte und dabei insbesondere auf das Recht auf Schutz seiner personenbezogenen Daten gemäß Art. 7, 8 GRCh berufen. Diese Rechte müssen allerdings in einen angemessenen Ausgleich mit den Rechten der beschuldigten Person gebracht werden. Insbesondere ist der Hinweisgeber, der vorsätzlich oder grob fahrlässig unrichtige Informationen mitteilt, unter Berücksichtigung der entgegenstehenden Rechte und Interessen nicht schutzwürdig. Der Arbeitgeber darf keine uneingeschränkte Vertraulichkeitszusicherung dergestalt machen, dass auch der unredliche Whistleblower hiervon geschützt wird. Die Vertragsautonomie findet dort Grenzen, wo gesetzlich vorgesehene Rechte in unzulässiger Weise beschnitten werden. Eine verbindliche privatrechtliche Abrede würde zu einer Umgehung der Betroffenenrechte der DS-GVO führen. Nichts anderes kann geltend, wenn sich der Arbeitgeber darauf beruft, dass Whistleblower nur unter der Bedingung der Vertraulichkeit Hinweis erstatten. Die arbeitgeberseitige Zusicherung von Vertraulichkeit soll die Funktionsfähigkeit des Hinweisgebersystems garantieren. Dieses Ziel ist prinzipiell vom Recht auf unternehmerische Freiheit gemäß Art. 16 GRCh gedeckt,[608] jedoch im Verhältnis zum Recht auf Schutz personenbezogener Daten geringer zu gewichten.

Hinzu kommt, dass eine rein privatrechtlich bindende Vereinbarung auch aus formeller Sicht nicht geeignet ist, eine Abwägungsentscheidung zwischen grundrechtlich verbürgten Interessen zu antizipieren. Die Auskunft gemäß Art. 15 Abs. 1 DS-GVO kann grundsätzlich nur verweigert werden, wenn Interessen Dritter einer solchen entgegenstehen. Ergibt sich diese Einschränkung nicht schon aus den unionsrechtlichen Vorgaben der

---

607 BGH 22.02.2022, NJW-RR 2022, 764, 768.
608 Vgl. Kap. 3 B. III. 2.

DS-GVO selbst, verdeutlicht Art. 23 Abs. 1 DS-GVO, dass eine Beschränkung der Betroffenenrechte ausschließlich durch Rechtsvorschriften möglich ist und zugleich die Voraussetzungen des Art. 23 Abs. 1 und 2 DS-GVO gewahrt werden müssen. Mit Blick auf Erwägungsgrund 41 DS-GVO wird klar, dass eine vertragliche Vereinbarung den Anforderungen an eine entsprechende einschränkende Rechtsgrundlage nicht gerecht werden kann. Zwar ist nach Erwägungsgrund 41 S. 1 Hs. 1 DS-GVO ein parlamentarischer Gesetzgebungsakt nicht erforderlich; die verfassungsrechtlichen Vorgaben der Mitgliedsstaaten bleiben von den unionsrechtlichen Anforderungen gemäß Erwägungsgrund 41 S. 1 Hs. 2 DS-GVO jedoch unberührt. Eine zwingende vertragliche Vereinbarung des Vertraulichkeitsschutzes des Hinweisgebers beschränkt einerseits das Auskunftsrecht gemäß Art. 15 Abs. 1 DS-GVO und greift zugleich in das Grundrecht auf Schutz personenbezogener Daten ein. Im Sinne der nationalen Verfassungsordnung, wonach jede Beschränkung des Rechts auf informationelle Selbstbestimmung den Gesetzesvorbehalt berücksichtigen muss,[609] wird eine vertragliche Vereinbarung diesen Anforderungen nicht gerecht.[610] Des Weiteren erfordert eine Rechtsvorschrift für die Einschränkung von Betroffenenrechten klare und präzise Vorgaben, die ihre Anwendbarkeit vorhersehbar machen.[611] Sieht eine vertragliche Vertraulichkeitszusicherung den unbedingten Schutz jedes Hinweisgebers vor, ohne dessen tatsächliche Schutzwürdigkeit zu werten, verstößt dies gegen materiell-rechtliche Vorgaben der DS-GVO. Mithin liegt schon keine präzise und rechtssichere Bestimmung vor.[612]

VI. Zusammenfassung

De facto liegt der Entscheidung, ob einem Auskunftsverlangen uneingeschränkt entsprochen werden kann, eine Abwägung widerstreitender Interessen zugrunde. Gelangt der Verantwortliche bei dieser Interessenabwägung zu dem Ergebnis, dass die eigenen oder die Rechte Dritter das

---

[609] Kühling/Buchner/*Bäcker*, Art. 23 DS-GVO Rn. 38; Paal/Pauly/*Paal*, Art. 23 DS-GVO Rn. 15a; BeckOK DatenschutzR/*Stender-Vorwachs/Wolff*, Art. 23 DS-GVO Rn. 12.
[610] So auch *Mohn*, NZA 2022, 1159, 1162; Kühling/Buchner/*Bäcker*, Art. 23 DS-GVO Rn. 36; BeckOK DatenschutzR/*Stender-Vorwachs/Wolff*, Art. 23 DS-GVO Rn. 12; Paal/Pauly/*Paal*, Art. 23 DS-GVO Rn. 15.
[611] Vgl. Erwägungsgrund 41 S. 2 DS-GVO.
[612] Ähnlich auch *Mohn*, NZA 2022, 1159, 1162.

Kapitel 3: Die Grenze des Auskunftsanspruchs bei Sachverhalten außerhalb des HinSchG

Auskunftsinteresse nicht überwiegen, muss das Auskunftsrecht vorbehaltlos erfüllt werden. Welche Einschränkungsgrundlage für die Begründung des Abwägungsvorbehalts herangezogen wird,[613] ist für das Abwägungsergebnis ohne Bedeutung. Der Abwägungsvorgang ist stets derselbe und muss – auch bei Kollektivparteien – einheitlich erfolgen.[614] Ein genereller Ausschluss einer Interessensabwägung durch eine einseitig begünstigende vertragliche Abrede verbietet sich.

B. Die verfassungsrechtlichen Grundlagen der konfligierenden Interessen

Die der Arbeit zugrunde liegende Frage nach einem gerechten Ausgleich der konfligierenden Interessen kann nicht beantwortet werden, ohne das verfassungsrechtliche Fundament, auf welchem die Interessen basieren, genauer zu beleuchten. Die Abwägung der entgegenstehenden Interessen bildet – wie soeben dargelegt – den zentralen Aspekt der vorliegenden Problematik, der eine Gewichtung der widerstreitenden Rechte erforderlich macht.

Die DS-GVO dient als Sekundärrecht dem Schutz der Grundrechte und Grundfreiheiten natürlicher Personen und dabei insbesondere dem Recht auf Schutz personenbezogener Daten, Art. 1 Abs. 2 DS-GVO. Daneben achtet die DS-GVO den Schutz aller Grundrechte und -freiheiten der GRCh sowie der europäischen Verträge. Erwägungsgrund 4 S. 3 der DS-GVO nennt beispielsweise die Achtung des Privatlebens, die Freiheit der Meinungsäußerung sowie die unternehmerische Freiheit als wesentliche Schutzgüter. Auch wenn sich die verfassungsrechtlichen Maßgaben der Union, insbesondere der Ausgleich konkurrierender Interessen und Grundrechte, in der Umsetzung des Sekundärrechts niedergeschlagen haben und die direkte Anwendbarkeit des Primärrechts dadurch grundsätzlich ausgeschlossen ist,[615] sind die Grundrechte, insbesondere das Recht auf Schutz personenbezogener Daten, im Anwendungsbereich der DS-GVO bei dessen Auslegung interpretationsleitend zu berücksichtigen.[616] Die Charta-Grund-

---

613 Eine endgültige Entscheidung hierüber ist dem EuGH vorbehalten.
614 Ebenso BGH 27.07.2020, GRUR 2020, 1331 Rn. 24.
615 Callies/Ruffert/*Kingreen*, Art. 8 GRCh Rn. 1; im Ergebnis auch Streinz/*Schröder*, Art. 16 AEUV Rn. 7; kritisch angesichts dieses großzügigen Verständnisses des Sekundärrechts Schantz/Wolff/*Wolff*, Das neue Datenschutzrecht, A. Rn. 39.
616 Kühling/Buchner/*Kühling*/Raab, Einf. DS-GVO Rn. 12.

B. Die verfassungsrechtlichen Grundlagen der konfligierenden Interessen

rechte nehmen insofern eine entscheidende Doppelrolle als regulatorischer Leitfaden sowie als Maßstab für die Auslegung und Beurteilung des Sekundärrechts ein. Richtigerweise kann die DS-GVO nicht unabhängig von den Datenschutzgrundrechten bewertet werden,[617] was sich auch in der Rechtsprechung des EuGH widerspiegelt, die die Grundrechte betroffener Personen in einen möglichst schonenden Ausgleich bringt.[618] Auch *Britz* betont die erhebliche Bedeutung der grundrechtlichen Bewertung von Konflikten mehrerer Akteure. Treffen konfligierende Interessen aufeinander, bedürfe es eines Ausgleichs, der durch sekundärrechtliche Vorschriften mangels detaillierter Vorgaben nicht definitiv gewährleistet werden könne.[619] Nicht zuletzt knüpft die DS-GVO selbst in einigen Normen an die Bedeutung der Grundrechte an. So werden beispielsweise in Art. 6 Abs. 1 S. 1 lit. f DS-GVO die „Grundrechte [...] der betroffenen Person" in die Interessenabwägung einbezogen und eine Beschränkung der Betroffenenrechte muss gemäß Art. 23 Abs. 1 DS-GVO „den Wesensgehalt der Grundrechte [...] achte[n]".[620]

Um Licht in die „Ebenenverflechtung"[621] zwischen Primär- und Sekundärrecht zu bringen, wird diese Thematik im Folgenden mit einem Überblick über die verschiedenen europäischen Rechtsquellen des Datenschutzgrundrechts eingeleitet. Ausgangspunkt für die weitere Untersuchung ist die Einordnung der GRCh im Mehrebenensystem sowie um das Datenschutzgrundrecht im Verhältnis Privater untereinander. Im Anschluss an die Ausführungen, ob der nationalen Grundrechtsgewährleistung auf informationelle Selbstbestimmung ein eigener Anwendungsbereich verbleibt, widmet sich die Diskussion sodann den wesentlichen verfassungsrechtlich geschützten Rechten der Beteiligten. Maßgeblich ist hierfür auch die Rechtsprechung, die diese Grundrechte näher konkretisiert. Die zentrale Rolle nimmt dabei das „Datenschutzgrundrecht" sowohl auf Seiten des Auskunftsberechtigten als auch auf Seiten des Hinweisgebers ein. Nach einer kurzen Darstellung des insofern bestehenden uneinheitlichen dogmatischen Verständnisses gilt es, die inhaltlichen Vorgaben dieses Charta-Grundrechts sowie der übrigen relevanten Rechte einzuordnen. Die Analyse der aufgeworfenen Aspekte und die Überlegung, ob sich hieraus

---

617 Vgl. Erwägungsgründe 1 und 4 DS-GVO.
618 So auch Ehmann/Selmayr/*Ehmann/Selmayr,* Einf. DS-GVO Rn. 98.
619 *Britz,* EuGRZ 2009, 1, 9.
620 Kühling/Buchner/*Kühling/Raab,* Einf. DS-GVO Rn. 13, 32.
621 *Marsch,* Das europäische Datenschutzgrundrecht, S. 130.

Kapitel 3: Die Grenze des Auskunftsanspruchs bei Sachverhalten außerhalb des HinSchG

Kriterien oder Vorhersagen für eine Abwägung im Rahmen der DS-GVO treffen lassen, schließen das Kapitel ab.

I. Europäischer Grundrechtsschutz

Die Abwägung der widerstreitenden Interessen erfolgt im Rahmen des datenschutzrechtlichen Auskunftsanspruchs und hat ihre Grundlage mithin in der DS-GVO. Zur Beurteilung der für den Abwägungsvorbehalt maßgeblichen Grundrechtsquellen ist daher auf den durch die DS-GVO vermittelten Datenschutz abzustellen. Der primärrechtliche Datenschutz der Union beruht im Wesentlichen auf der GRCh und vor allem auf Art. 7 und Art. 8 GRCh. Vor ihrem Inkrafttreten wurde das Datenschutzrecht durch die Rechtsprechung des EGMR zu Art. 8 EMRK sowie durch einzelfallbezogene, zum Teil noch undogmatische[622] Entscheidungen des EuGH konkretisiert.[623] Gegenstände dieses Kapitels sollen zunächst das Verhältnis der Rechtsquellen des Datenschutzrechts zueinander und ihre Integration in das datenschutzrechtliche Mehrebenensystem seit Geltung der GRCh sein. Da es sich bei den Grundrechten der Union prinzipiell um Abwehrrechte im Verhältnis zwischen Privatem und Staat handelt, sind ihre Wirkung und Ausstrahlung in Privatrechtsverhältnisse zu begründen.

1. Primärrechtliche Bindung des Datenschutzrechts

a) Integration der verfassungsrechtlichen Garantien in das datenschutzrechtliche Mehrebenensystem

Um die Interessen der beteiligten Parteien an den Charta-Grundrechten bemessen zu können, bedarf es der Eröffnung des Anwendungsbereichs gemäß Art. 51 Abs. 1 S. 1 GRCh. Danach ist die GRCh für die Union immer und für Mitgliedsstaaten dann anzuwenden, wenn Unionsrechte durchge-

---

622 Kühling/Klar/Sackmann, Kap. 1 Rn. 46.
623 Siehe für einen ausführlichen Überblick zu den wichtigsten Entscheidungen des EuGH *Siemen*, Datenschutz als europäisches Grundrecht, S. 213 ff., 252 ff.; *Britz*, EuGRZ 2009, 1, 6.

B. Die verfassungsrechtlichen Grundlagen der konfligierenden Interessen

führt werden. Werden die Vorschriften der DS-GVO auf nationale Sachverhalte angewendet, ist der Geltungsbereich daher zweifellos eröffnet.[624]

Daneben stellt sich die Frage, ob zusätzlich Regelungsspielräume[625] verbleiben, in denen auch nationale Grundrechte von Relevanz sind. Nach der Rechtsprechung des EuGH gilt grundsätzlich ein Anwendungsvorrang für unionsrechtliche Vorschriften.[626] Um die Vertragsziele nicht zu gefährden, ist es erforderlich, dass der Anwendungsbereich des nationalen Grundgesetzes zugunsten des europäischen Rechts eingeschränkt wird.[627] Den nationalen Grundrechten kommt lediglich eine „Reservefunktion"[628] zu. Dieser unionsrechtliche Vorrang ist unproblematisch, sofern dem nationalen Gesetzgeber durch vollständig harmonisiertes Unionsrecht zwingendes Recht auferlegt wurde.[629] Verbleibt den Mitgliedsstaaten bei der Umsetzung von Unionsrecht jedoch ein Gestaltungsspielraum, handelt es sich um nicht vollständig determiniertes Recht, für das nationale Grundrechte als Maßstab heranzuziehen sind.[630]

Dies wirft die Frage nach dem Harmonisierungsgrad des Datenschutzrechts und die Auswirkungen der Öffnungsklauseln auf das Ergebnis auf. Die DS-GVO hat als Verordnung prinzipiell Vollharmonisierungscharakter; Öffnungsklauseln sehen jedoch eine optionale Regelungsmöglichkeit durch den nationalen Gesetzgeber vor.[631] In diesem Rahmen sind Abweichungen von der prinzipiellen Harmonisierungswirkung ausnahmsweise möglich. Die Ausfüllung dieser Regelungsoption durch die Mitgliedsstaaten bewirkt allerdings nicht gleichzeitig die ausnahmslose Geltung der Wertungen nationaler Grundrechte. Dass die Mitgliedsstaaten vielmehr auch dann zur Wahrung der Unionsgrundrechte verpflichtet sind, ergibt sich beispielsweise ausdrücklich aus der Öffnungsklausel des Art. 23 DS-GVO, wonach eine „Beschränkung den Wesensgehalt der Grundrechte achte[n]" muss oder aus Art. 88 Abs. 2 DS-GVO, demgemäß spezifischere Vorschriften Maßnahmen

---

624 *Däubler*, Gläserne Belegschaften, § 2 Rn 41a.
625 *Marsch*, Das europäische Datenschutzgrundrecht, S. 352.
626 Bspw. EuGH 17.12.1970, NJW 1971, 343 – Internationale Handelsgesellschaft; EuGH 26.02.2013, EuZW 2013, 305, 309 Rn. 59 ff. – Stefano Melloni/Ministerio Fiscal; vom BVerfG allgemein anerkannt, siehe nur BVerfG 15.12.2015, NJW 2016, 1149 Rn. 37 ff. m.w.N.
627 Calliess/Ruffert/*Ruffert*, Art. 1 AEUV Rn. 19; *Skouris*, EuR 2021, 3, 27.
628 BVerfG 06.11.2019, NJW 2020, 314, 317 Rn. 48 – Recht auf Vergessen II.
629 *Lehner*, JA 2022, 177, 182.
630 *Lehner*, JA 2022, 177, 182.
631 BeckOK Datenschutzrecht/*Schmidt-Wudy*, Art. 15 DS-GVO Rn. 11; instruktiv zu den Öffnungsklausel *Kühling/Martini* et al., S. 3 ff.

„zur Wahrung [...] der Grundrechte" Betroffener einschließen.[632] Auch ein funktionaler Spielraum, wie er in der Interessenabwägung des Art. 6 Abs. 1 lit. f DS-GVO vorgesehen ist,[633] hat trotz der weiten Auslegungs- und Konkretisierungsmöglichkeit der hier vorzunehmenden Abwägung nicht die Einbeziehung nationaler Regelungen zur Folge.[634] Ein Anwendungsbereich nationaler Grundrechte soll ausschließlich in einem sog. Regelungsspielraum, wie er beispielsweise in Art. 85 DS-GVO angelegt ist, verbleiben.[635] Für das Spannungsverhältnis zwischen Hinweisgeberschutz und Auskunftsinteresse ist ein solcher Regelungsspielraum hingegen nicht von Relevanz.

b) Drittwirkung der Charta-Grundrechte und Ausstrahlung in Privatrechtsverhältnisse

Sachverhalte im Anwendungsbereich des Datenschutzrechts betreffen in einer Vielzahl der vor Gericht verhandelten Fälle privatrechtliche Zusammenhänge. Die für die Untersuchung maßgeblichen Streitigkeiten beziehen sich auf das Arbeitsverhältnis und finden mithin ausschließlich im Privatrechtsverhältnis statt. Angesichts des Wortlauts des Art. 51 Abs. 1 S. 1 GRCh, wonach die Charta nur für Organe, Einrichtungen und sonstige Stellen der Union sowie Mitgliedsstaaten bei Durchführung von Unionsrecht gilt, ist eine Dritt- bzw. Horizontalwirkung in der Charta selbst nicht angelegt. Art. 51 Abs. 1 S. 1 GRCh verdeutlicht vielmehr, dass es sich bei den Grundrechten um Abwehrrechte gegenüber dem Staat handelt,[636] aus denen für Privatrechtsverhältnisse prinzipiell keine Rechte abgeleitet werden können.[637] Das Erfordernis einer grundrechtskonformen Auslegung

---

632 *Bäcker*, EuR 2015, 389, 394; *Marsch*, Das europäische Datenschutzgrundrecht, S. 352 f.
633 *Ziegenhorn/v. Heckel*, Datenverarbeitung durch Private nach der europäischen Datenschutzreform, NVwZ 2016, 1585, 1586 f.; *Marsch*, Das europäische Datenschutzgrundrecht, S. 354; so im Ergebnis auch BGH 22.02.2022, NJW-RR 2022, 764, 767.
634 Siehe *Marsch*, Das europäische Datenschutzgrundrecht, S. 354 mit Verweis auf *Britz*, EuGRZ 2015, 275, 279; *Bäcker*, EuR 2015, 389, 396.
635 BVerfG 06.11.2019, ZUM 2020, 58, 68 Rn. 74 – Recht auf Vergessen I; *Kühling*, Die Europäisierung des Datenschutzrechts, S. 18; *Marsch*, Das europäische Datenschutzgrundrecht, S. 365.
636 *Jarass*, ZEuP 2017, 310, 315; *Herresthal*, ZEuP 2014, 238, 255; *Streinz/Michl*, EuZW 2011, 384, 385.
637 Siehe ausführlich zur Abgrenzung unmittelbare und mittelbare Drittwirkung *Jarass*, ZEuP 2017, 310, 330 ff.

verpflichtet die nationalen Gerichte allerdings zur Berücksichtigung der Grundrechte auch für rein privatrechtliche Sachverhalte.[638] Hier indiziert der notwendige Ausgleich zwischen den konfligierenden Interessen den Einfluss der Charta-Grundrechte.[639] So können Charta-Grundrechte im Wege der Drittwirkung beispielsweise einbezogen werden, wenn das Sekundärrecht eine Abwägung widerstreitender Interessen voraussetzt.[640]

Speziell für das Datenschutzrecht lässt sich diese grundrechtskonforme Auslegung der Charta-Grundrechte im Privatrechtsverhältnis auch den Entscheidungen des EuGH entnehmen.[641] Art. 8 GRCh kann nur wirksam werden, wenn Privatpersonen sowohl vor Grundrechtsbeeinträchtigungen durch staatliches als auch durch privates Handeln geschützt sind. Bereits der Verantwortlichkeitsbegriff des Art. 4 Nr. 7 DS-GVO, wonach insbesondere natürliche und juristische Personen des Privatrechts für Datenverarbeitungsvorgänge verantwortlich sind, macht deutlich, dass der Verarbeitung personenbezogener Daten durch Private entscheidende Bedeutung zukommt. Der privaten Datenverarbeitung sind gegenwärtig – durch den technischen Fortschritt potenziert[642] – kaum Grenzen gesetzt. Aus ihr können ein mit einem staatlichen Eingriff vergleichbares Risiko und eine analoge Drucksituation entstehen, vor der Betroffene geschützt werden müssen.[643] Die grundrechtskonforme Auslegung des EuGH führt zu einem mit der mittelbaren Drittwirkung des nationalen, vom BVerfG begründeten Instituts vergleichbaren Rahmen.[644] *Marsch* spricht insoweit vom privaten Datenschutzrecht als „Einfallstor"[645] für die mittelbare Drittwirkung des Art. 8 GRCh.

---

638 Jarass, Art. 52 GRCh Rn. 43; MHdB ArbR/*Wybitul* § 96 Rn. 8; *Hofmann*, Assistenzsysteme in der Industrie 4.0, S. 258; Franzen/Gallner/Oetker/*Schubert*, Art. 6 EUV, Rn. 39; *Jarass*, ZEuP 2017, 310, 322.
639 Jarass, Art. 52 GRCh Rn. 43; *Jarass*, ZEuP 2017, 310, 325; *Marsch*, Das europäische Datenschutzgrundrecht, S. 268.
640 *Marsch*, Das europäische Datenschutzgrundrecht, S. 352.
641 Beispielsweise EuGH 24.11.20111, NZA 2011, 1409 Rn. 38, 40 – ASNEF und FECEMD; EuGH 13.05.2014, NVwZ 2014, 857 Rn. 74 – Google Spain.
642 Ähnlich bereits BVerfG 15.12.1983, BVerfGE 65, 1, 25.
643 Vgl. bspw. das in dem Rechtsstreit einer Privatperson mit dem Google-Konzern in Art. 7, Art. 8 GRCh verankerte „Recht auf Vergessenwerden", EuGH 13.05.2014, NVwZ 2014, 857 Rn. 74 – Google Spain; ähnlich *Michl*, DuD 2017, 349, 353.
644 BVerfG 06.11.2019, NJW 2020, 314 Rn. 97 – Recht auf Vergessen II.
645 *Marsch*, Das europäische Datenschutzgrundrecht, S. 268.

Kapitel 3: Die Grenze des Auskunftsanspruchs bei Sachverhalten außerhalb des HinSchG

c) Rechts- und Rechtserkenntnisquellen des Datenschutzrechts

Neben dem explizit in der Charta verankerten Datenschutzgrundrecht weisen auch andere Rechtsquellen einen Bezug zum Datenschutzrecht auf.[646] Im Weiteren wird daher die Wechselwirkung dieser Quellen hinsichtlich des Schutzniveaus des Datenschutzgrundrechts untersucht.

aa) Art. 8 EMRK und die Rechtsprechung des EGMR

(i) Anwendbarkeit der EMRK und der Rechtsprechung des EGMR auf das Datenschutzgrundrecht

Die EMRK beansprucht im europäischen Gemeinschaftsraum zwar keine unmittelbare Geltung,[647] allerdings ist sie gemäß Art. 6 Abs. 3 EUV als allgemeiner Grundsatz Teil des Unionsrechts; im Falle inhaltsgleicher Regelungen i.S.d. Art. 52 Abs. 3 S. 1 GRCh schlagen sich ihre Vorgaben mittelbar in der Auslegung der GRCh nieder.[648] Art. 52 Abs. 3 S. 1 GRCh statuiert „die gleiche Bedeutung und Tragweite" ausdrücklich nur für die Charta-Grundrechte, die den Rechten der EMRK „entsprechen". In den Erläuterungen zu Art. 52 GRCh werden diese korrespondierenden Normen benannt. Art. 8 GRCh ist in diesem Katalog nicht enthalten, da die Vorschrift selbst – anders als Art. 7 GRCh – nicht inhaltsgleich zu Art. 8 EMRK ist. Dieser vermittelt gerade keinen ausdrücklichen datenschutzrechtlichen Schutz, sondern bezieht – wie Art. 7 GRCh – lediglich die Privatheit in ihren Schutzbereich ein.[649] Diese fehlende Entsprechung steht einer Berücksichtigung der EMRK und damit auch der Rechtsprechung des EGMR im Ergebnis allerdings nicht entgegen. Die Erläuterungen zu Art. 52 GRCh

---

646 Siehe ausführlich zur Begrifflichkeit und zur Differenzierung zu den Begriffen Rechtsquellen und Inspirationsquellen, *Marsch*, Das europäische Datenschutzgrundrecht, S. 39 f.
647 Bislang hat der in Art. 6 Abs. 2 S. 1 EUV vorgesehene Beitritt der EU zur EMRK noch nicht stattgefunden; so lange hat die EMRK den Rang eines einfachen Bundesrechts, vgl. *Schlachter*, RdA 2021, 108, 109; *Roßnagel*, Das neue Datenschutzrecht, § 2 Rn. 42.
648 EuGH 26.02.2013, NJW 2013, 1415, 1418 Rn. 44 – Åkerberg Fransson; *Schlachter/Lehnart*, EuZA 2022, 431, 444; die konkreten Rechtsfolgen der Transferklausel sind jedoch umstritten, vgl. BeckOK Datenschutzrecht/*Schneider*, Syst. B. Rn. 23.
649 Calliess/Ruffert/*Kingreen*, Art. 8 GRCh Rn. 5; Streinz/*Streinz* Art. 8 GRCh R. 11.

sind weder abschließend,⁶⁵⁰ noch ist der Wortlaut des Art. 52 Abs. 3 S. 1 GRCh hinsichtlich des „Entsprechens" wörtlich zu verstehen.⁶⁵¹ Die durch Art. 8 EMRK geschützte Privatheit greift großzügig auch für die berufliche Tätigkeit betroffener Personen⁶⁵² und ist bereits aus diesem Grund bedeutsam für die Datenverarbeitung im Rahmen des Arbeitsverhältnisses und damit auch für die Auslegung des Art. 8 GRCh. Für dieses Ergebnis streitet ferner der Telos des Art. 52 Abs. 3 S. 1 GRCh, Kohärenz herzustellen.⁶⁵³ Nur diese ermöglicht einerseits die Gewährleistung von Rechtssicherheit durch Absicherung eines Mindestschutzes und bewahrt andererseits die „Entwicklungsoffenheit"⁶⁵⁴ der Charta-Grundrechte. Mit dem Zweck unvereinbar wäre es dagegen, den Mindestschutz durch die EMRK und die Rechtsprechung des EGMR mangels unmittelbarer Entsprechung grundsätzlich zu verneinen.⁶⁵⁵

(ii) Gewährleistung eines Mindestschutzstandards

Art. 8 EMRK und die einschlägige Rechtsprechung des EGMR sind folglich als bedeutsame Rechtserkenntnisquellen⁶⁵⁶ für das Recht auf Schutz personenbezogener Daten heranzuziehen. Das Grundrecht gewährleistet ein Recht auf Achtung des Privat- und Familienlebens, der Wohnung und der Korrespondenz. Aus diesem die Privatheit insgesamt schützenden Recht wird zugleich ein Schutz für persönliche Daten abgeleitet.⁶⁵⁷ Im Rahmen der Auslegung der Charta-Grundrechte geben die Vorschriften der EMRK einen Mindestschutzstandard vor, von dem zwar durch die Unionsgrund-

---

650 Calliess/Ruffert/*Kingreen*, Art. 52 GRCh Rn. 30.
651 *Schlachter/Lehnart* EuZA 2022, 431, 445, bejahen die Korrespondenz auch dann, wenn die jeweiligen Normen denselben tatsächlichen Rahmen schützen; Simitis/Hornung/Spiecker/*Schiedermair* Einl. Rn. 163; a.A. Calliess/Ruffert/*Kingreen*, Art. 8 GRCh Rn. 5.
652 Vgl. bspw. EGMR 17.10.2019, NZA 2019, 1697 Rn. 87 ff. m.w.N. – López Ribalda u.a./Spanien.
653 Schwarze/*Becker*, Art. 52 GRC Rn. 14.
654 Calliess/Ruffert/*Kingreen*, Art. 52 GRCh Rn. 30.
655 *Michl*, DuD 2017, 349, 353.
656 Calliess/Ruffert/*Kingreen*, Art. 52 Rn. 37; Franzen/Gallner/Oetker/*Schubert*, Art. 52 GRCh Rn. 10; Jarass, Art. 52 GRCh Rn. 64.
657 Simitis/Hornung/Spiecker gen. Döhmann/*Schiedermair*, Einl. Rn. 163.

Kapitel 3: Die Grenze des Auskunftsanspruchs bei Sachverhalten außerhalb des HinSchG

rechte nicht nach unten, jedoch nach oben abgewichen werden kann.[658] Dieses Schutzniveau wird ferner durch die Rechtsprechung des EGMR fortlaufend ergänzt und erweitert.[659]

Dass sich betroffene Personen im Rahmen eines Privatrechtsverhältnisses auf den Schutzgehalt des Art. 8 EMRK berufen können, ergibt sich aus der Verpflichtung des Staates, das Recht auf Achtung des Privat- und Familienlebens zu schützen.[660] Die positive Schutzpflicht folgt dabei denselben Grundsätzen, die sich auch aus der negativen Schutzpflicht ergeben, sodass es in jedem Fall einer Abwägung der kollidierenden Grundrechte der Parteien bedarf.[661] Hieraus folgt eine mit der mittelbaren Drittwirkung vergleichbare Ausstrahlung des Schutzgehalts des jeweiligen Grundrechts durch die Einschränkung eines kollidierenden Grundrechts.

bb) Kongruenter Grundrechtsschutz durch Art. 8 GRCh und 16 AEUV?

Das Recht auf Schutz personenbezogener Daten wird wortgleich in Art. 8 GRCH und Art. 16 AEUV garantiert. Das Verhältnis zwischen den Bestimmungen ist angesichts der inhaltlichen Dopplung des jeweiligen Abs. 1 umstritten. Grundsätzlich löst Art. 52 Abs. 2 GRCh das Aufeinandertreffen gleichlautender Rechte, die sowohl in der GRCh als auch in den Verträgen geregelt sind, zugunsten „der in den Verträgen festgelegten Bedingungen und Grenzen" auf. Danach müsste Art. 8 GRCh hinter den schrankenlos gewährleisteten Schutz nach Art. 16 AEUV zurücktreten, was insbesondere angesichts des explizit in Art. 8 Abs. 2 GRCh konkretisierten Gesetzesvorbehaltes kaum vertretbar scheint.[662] Aus diesem Grund bleibt Art. 52 Abs. 2

---

658 EuGH 15.03.2017, BeckRS 2017, 103814 Rn. 37 – Al Chodor; Jarass, Art. 52 GRCh Rn. 63; Franzen/Gallner/Oetker/*Schubert*, Art. 52 GRCh Rn. 11; Schwarze/*Becker*, Art. 52 GRC Rn. 15.

659 *Schlachter/Lehnart*, EuZA 2022, 431, 445; *Schlachter*, RdA 2012, 108, 109; eine dynamische Einbindung der EMRK und der Rechtsprechung des EGMR annehmend, Jarass, Art. 52 GRCh Rn. 56, 65.

660 EGMR 17.10.2019, NZA 2019, 1697 Rn. 110 – López Ribalda u.a/Spanien; EGMR 12.11.2013, Slg. 2013 Nr. 78, NJW 2014, 607 – Söderman/Schweden; EGMR 07.02.2102, Slg. 2012 Nr. 95, NJW 2012, 1053 – von Hannover/Deutschland Nr. 2.

661 EGMR 17.10.2019, NZA 2019, 1697 Rn. 111f. – López Ribalda u.a./Spanien.

662 *Britz*, EuGRZ 2009, S. 1, 2; Calliess/Ruffert/*Kingreen*, Art. 8 GRCh Rn. 4; im Ergebnis auch Pechstein/Nowak/Häde/*Wolff*, Art. 16 AEUV Rn. 11.

GRCh für das Grundrecht in Art. 8 GRCh unangewendet.[663] Dieser Auffassung folgt wohl auch der EuGH, wenn er in seinen Entscheidungen prinzipiell[664] auf Art. 7 und 8 GRCh Bezug nimmt, ohne Art. 16 AEUV zu thematisieren.[665]

2. Zwischenergebnis

Auf primärrechtlicher Ebene basiert das Datenschutzrecht im Wesentlichen auf der GRCh, deren Auslegung durch die EMRK und die Ergebnisse der Rechtsprechung des EGMR zu Art. 8 EMRK beeinflusst wird.

II. Nationaler Grundrechtsschutz

Anders als im europäischen Verfassungsrecht ist das Datenschutzrecht in Deutschland nicht ausdrücklich verfassungsrechtlich verbürgt. Der nationale Grundrechtsschutz im Anwendungsbereich des Datenschutzrechts geht im Wesentlichen auf die Rechtsprechung des BVerfG zurück. Dieses prägt den Begriff des Rechts auf informationelle Selbstbestimmung in seinem Grundsatzurteil aus 1983 als „Geburtsstunde des Datenschutzes"[666].

1. Das Recht auf informationelle Selbstbestimmung durch das Volkszählungs-Urteil[667]

Angesichts der prognostizierbaren fortschreitenden Entwicklung der automatischen Datenverarbeitung in den 80er Jahren sah das BVerfG einen besonderen Schutzbedarf für die Selbstbestimmungsfreiheit über die eige-

---

663 *Britz*, EuGRZ 2009, 1, 2; Calliess/Ruffert/*Kingreen*, Art. 16 AEUV Rn. 4; für eine teleologische Reduktion des Art. 52 Abs. 2 GRCh, *Spiecker gen. Döhmann/Eisenbarth*, JZ 2011, 169, 172.
664 Siehe *Marsch*, Das europäische Datenschutzgrundrecht, S. 64; so auch *Michl*, DuD 2017, 349.
665 EuGH 09.11.2010, GRUR-RS 2010, 91284 Rn. 47, 50 – Schecke; EuGH 08.04.2014, NJW 2014, 2169 Rn. 23 ff., 38 – Digital Rights Ireland; Holoubek/Lienbacher/*Riesz*, Art. 8 GRCh Rn. 11.
666 *Schröder*, Datenschutzrecht für die Praxis, Einl. S. 2.
667 BVerfG 15.12.1983, BVerfGE 65, 1.

nen Daten.⁶⁶⁸ Erstmalig wurde daher mit dem *Volkszählungs*-Urteil ein verfassungsrechtlich anerkanntes Recht auf informationelle Selbstbestimmung geschaffen, welches das Gericht aus dem allgemeinen Persönlichkeitsrecht gemäß Art. 2 Abs. 1 i.V.m. Art. 1 Abs. 1 GG ableitete. In Zukunft sollte jede Person selbst über die Preisgabe und Verwendung ihrer Daten bestimmen können und vor der unbegrenzten Erhebung, Speicherung und Weitergabe persönlicher Daten geschützt werden.⁶⁶⁹ Richtungsweisend war neben der Begründung eines Rechts auf individuelle Selbstbestimmung und der Erkenntnis, die Datenschutzgrundsätze der Zweckbindung, Erforderlichkeit, Transparenz, der informationellen Gewaltenteilung und der unabhängigen Kontrolle verfassungsrechtlich absichern zu müssen,⁶⁷⁰ in erster Linie die Feststellung, dass es „kein bangloses Datum"⁶⁷¹ gebe. Als maßgeblich für die Bejahung eines Eingriffs in das Recht auf informationelle Selbstbestimmung wurde allein die Nutzbarkeit der Daten gesehen. Anders als bisher für Eingriffe in das allgemeine Persönlichkeitsrecht wurde für datenschutzrechtliche Sachverhalte nicht mehr zwischen Eingriffen in die Intim-, Privat- und Individualsphäre unterschieden;⁶⁷² vielmehr sollten fortan alle Daten mit Personenbezug geschützt werden. Das BVerfG begründete diese progressive Rechtsprechungsänderung damit, dass gerade in den Verknüpfungs- und Verwendungsmöglichkeiten von modernen Informationstechnologien besonderes Gefahrpotenzial liege.⁶⁷³ Privatpersonen könnten häufig nicht einschätzen, wie einzelne, unbedeutend erscheinende Daten und Informationen durch eine entsprechende Verknüpfung wesentliche Einblicke in Lebensbereiche gewähren oder umfassende Persönlichkeitsprofile erstellt werden können.⁶⁷⁴ Weiterer bedeutender, aus der Selbstbestimmung resultierender Aspekt war die die Erkenntnis und Berücksichtigung eines Transparenzerfordernisses.⁶⁷⁵ Das Gericht trug folglich mittelbar dazu bei,

---

668 Taeger/Gabel/*Schmidt* Art. 1 GG Rn. 25; *Kühling/Sackmann*, JURA 2018, 364, 366.
669 BVerfG 15.12.1983, BVerfGE 65, 1, 43; nachfolgend BVerfG, 06.11.2019, GRUR 2020, 74 Rn. 84 – Recht auf Vergessen I.
670 *Roßnagel*, MMR 2003, 693, 694.
671 BVerfG 15.12.1983, BVerfGE 65, 1, 45.
672 So noch BVerfG 16.7.1969, BVerfGE 27, 1, 7, das zwischen statistischer Erhebung in der „Außenwelt" und im „unantastbaren Bereich privater Lebensgestaltung" unterschied.
673 BVerfG 15.12.1983, BVerfGE 65, 1, 45; v. Münch/Kunig/*Kunig/Kämmerer*, Art. 2 GG Rn. 77.
674 Dürig/Herzog/Scholz/*Di Fabio*, Art. 2 GG Rn. 174.
675 BVerfG 15.12.1983, BVerfGE 65, 1, 43; BVerfG, 06.11.2019, GRUR 2020, 74 Rn. 84 – Recht auf Vergessen I.

transparente Datenflüsse zu gewährleisten. Zur Durchsetzung der informationellen Selbstbestimmung mittels der Abwehrkomponente des allgemeinen Persönlichkeitsrechts[676] sah das Urteil verfahrensrechtliche Vorkehrungen wie beispielsweise Aufklärungs-, Auskunfts- und Löschpflichten vor.[677]

2. Bedeutungsverlust durch europäisiertes Datenschutzrecht

Trotz wertvoller Erkenntnisse durch die Rechtsprechung zum Recht auf informationelle Selbstbestimmung kommt dem nationalen Grundrechtsschutz im Anwendungsbereich des unionsrechtlichen Datenschutzrechts nur geringe praktische Bedeutung zu.[678] Die oben angesprochene „Europäisierung des Datenschutzrechts"[679] schließt einen Rückgriff auf nationale verfassungsrechtliche Bestimmungen im Wesentlichen aus.[680] Die Vorgaben des Grundgesetzes und der Rechtsprechung des BVerfG können daher im unionsrechtlich determinierten Bereich nicht als interpretatorische Stütze für den Ausgleich der konfligierenden Interessen herangezogen werden. Für den vorliegend relevanten Sachverhalt ist insofern keine Ausnahme gerechtfertigt. Maßgebliche Beurteilungsgrundlage für die Abwägung der Interessen des betroffenen Arbeitnehmers ist eine der DS-GVO immanente Abwägungsentscheidung.

III. Verfassungsrechtlich geschützte Interessen der beteiligten Parteien

Nachdem zu Beginn der Arbeit die tatsächlichen Interessen der involvierten Akteure bei Geltendmachung des datenschutzrechtlichen Auskunftsanspruchs im Kontext von Hinweisgebermeldungen dargestellt wurden,[681]

---

676 Dreier/*Dreier*, Art. 2 GG Rn. 96.
677 BVerfG 15.12.1983, BVerfGE 65, 1, 41 ff.
678 *Pötters/Traut*, RDV 2013, 132, 134; nach *Eichenhofer*, Der Staat Vol. 55 (2016), 41, 50 sei das Recht auf informationelle Selbstbestimmung schon nicht mehr zeitgemäß; ebenso *Wünschelbaum*, Kollektivautonomer Datenschutz, S. 111.
679 *Kühling*, Die Europäisierung des Datenschutzrechts, 9.
680 Das nationale Verfassungsrecht übt ausnahmsweise Einfluss auf datenschutzbezogene Sachverhalte aus, sofern das Unionsrecht keine Vollharmonisierung bewirkt und den nationalen Gesetzgebern ein Umsetzungsspielraum verbleibt, siehe Kap. 3 B. I. 1. a).
681 Entspricht Schritt (1) des vom EDPB vorgeschlagenem Abwägungsvorgehens, siehe Kap. 2 A. I. 2.

Kapitel 3: Die Grenze des Auskunftsanspruchs bei Sachverhalten außerhalb des HinSchG

sind diese im Folgenden hinsichtlich einer Abwägungsentscheidung verfassungsrechtlich zu deuten. Wie die Untersuchung in Kap. 3 A. gezeigt hat, kann ein Auskunftsersuchen nur erfüllt werden, wenn konfligierende Interessen anderer Personen das Auskunftsinteresse nicht überwiegen. Die grundsätzlich gleichrangigen Rechtsgüter[682] der Beteiligten müssen im Sinne praktischer Konkordanz ausgeglichen werden,[683] sodass die jeweiligen verfassungsrechtlichen Schutzgehalte zu berücksichtigen sind.

1. Interessen des Auskunftsberechtigten

Der Arbeitnehmer, gegen den in einer Hinweisgebermeldung Anschuldigungen erhoben wurden, verfolgt mit seinem Auskunftsrecht die Überprüfung der Rechtmäßigkeit der Datenverarbeitungsvorgänge, die in Verbindung mit der ihn betreffenden Meldung stehen. Dies ermöglicht ihm, gegen fehlerhafte Verarbeitungsvorgänge vorzugehen und den „Fehler an der Wurzel anzugehen"[684]. Insbesondere Falschmeldungen haftet im Arbeitsverhältnis ein besonderes Gefährdungspotenzial an. So kann der Arbeitnehmer aufgrund einer rechtswidrigen Datenverarbeitung erheblichen negativen Auswirkungen ausgesetzt sein, was im Rahmen einer Interessenabwägung zu seinen Gunsten zu berücksichtigen ist.

a) Abwägungsrelevante Charta-Grundrechte

Die angeführten Interessen des betroffenen Arbeitnehmers werden vom Gewährleistungsgehalt des Rechts auf Schutz personenbezogener Daten gemäß Art. 8 GRCh erfasst. In seinen früheren datenschutzrechtlichen Entscheidungen berief sich der EuGH auf Art. 8 GRCh und daneben den Schutz des Privatlebens nach Art. 7 GRCh. Im Folgenden sollen daher zunächst die Dogmatik des Datenschutzgrundrechts sowie das Verhältnis der beiden Charta-Grundrechte zueinander dargestellt werden. Anschließend wird der verfassungsrechtliche Gehalt des Datenschutzgrundrechts spezifiziert.

---

[682] Gola/Heckmann/Gola/*Pötters*, § 26 BDSG Rn. 32; *Wünschelbaum*, Kollektivautonomer Datenschutz, S. 113.
[683] Vergleichbar dazu Schritt (2) des vom EDPB vorgeschlagenem Abwägungsvorgehens, siehe Kap. 2 A. I. 2.
[684] Kühling/Buchner/*Bäcker*, Art. 14 DS-GVO Rn. 19; *Kuznik*, NVwZ 2023, 297, 299.

aa) Dogmatik des Datenschutzgrundrechts

Die Dogmatik des Datenschutzgrundrechts ist bislang nicht zweifelsfrei geklärt. Die überwiegend in der Literatur vertretene Ansicht basiert auf einem rein abwehrrechtlichen Verständnis des Datenschutzgrundrechts.[685] Danach ist jede Datenverarbeitung als Eingriff zu qualifizieren,[686] der gemäß Art. 52 GRCh gerechtfertigt werden muss. Art. 8 Abs. 2 S. 1 GRCh dient in diesem Zusammenhang als qualifizierter Schrankenvorbehalt.[687] Durch diese weite Interpretation des Datenschutzrechts wird zum Teil der Vergleich zum nationalen Recht auf informationelle Selbstbestimmung gezogen.[688] Auch dieses garantiert umfassenden Schutz vor Datenverarbeitung. Der EuGH bekennt sich in seinen Entscheidungen zwar nicht ausdrücklich zu einer solchen abwehrrechtlichen Auslegung, lässt diese jedoch in mehreren Entscheidungen anklingen.[689] So führt er aus, *„dass jede Verarbeitung personenbezogener Daten durch Dritte grundsätzlich einen Eingriff in diese Rechte darstellen kann"*[690].

bb) Verhältnis von Art. 7 GRCh zu Art. 8 GRCh

Mit der Frage nach der Dogmatik des Datenschutzgrundrechts stellt sich gleichzeitig die Frage nach dem Verhältnis zwischen Art. 7 und 8 GRCh. Mangels prononcierter Aussagen der Rechtsprechung des EuGH lässt sich auch dieses nicht abschließend bestimmen. So stützte der EuGH seine Entscheidung zu *Schecke* auf die Kombination zwischen den Grundrechtsgehalten aus Art. 7 und 8 GRCh, ohne im Schutzbereich oder auf Rechtfer-

---

685 Pechstein/Nowak/Häde/*Wolff*, Art. 8 GRCh Rn. 15; BeckOK InfoMedienR/*Gersdorf*, Art. 8 GRCh Rn. 12; differenzierend dagegen *Marsch*, Das europäische Datenschutzgrundrecht, S. 276.
686 Jarass, Art. 8 GRCh Rn. 9; Calliess/Ruffert/*Kingreen*, Art. 8 GRCh Rn. 13.
687 *Siemen*, Datenschutz als europäisches Grundrecht, 2006, S. 283 f.; BeckOK InfoMedienR/*Gersdorf*, Art. 8 GRCh Rn. 12; Kühling/Buchner/*Raab*, Einf. DS-GVO Rn. 29.
688 Pechstein/Nowak/Häde/*Wolff*, Art. 8 GRCh Rn. 3; krit. *Marsch*, Das europäische Datenschutzgrundrecht, S. 74 f.
689 Zuletzt EuGH 26.07.2017, BeckEuRS 2017, 5135 Rn. 124, 126 – Fluggastdatenabkommen; BeckOK Datenschutzrecht/*Schneider*, Syst. B Rn. 27; *Marsch*, Das europäische Datenschutzgrundrecht, S. 226.
690 EuGH 17.10.2013, NVwZ 2014, 435 Rn. 25 – Schwarz/Stadt Bochum; in diesem Sinne auch EuGH 08.04.2014, NJW 2014, 2169 Rn. 34 – Digital Rights Ireland; EuGH 26.07.2017, BeckEuRS 2017, 513522 Rn. 124, 126 – Fluggastdatenabkommen.

Kapitel 3: Die Grenze des Auskunftsanspruchs bei Sachverhalten außerhalb des HinSchG

tigungsebene zwischen beiden Normen zu differenzieren.[691] Zudem betont das Gericht, *„dass der Schutz personenbezogener Daten, zu dem Art. 8 Abs. 1 GRCh ausdrücklich verpflichtet, für das in ihrem Art. 7 verankerte Recht auf Achtung des Privatlebens von besonderer Bedeutung ist"*[692]. Auch Teile der Literatur grenzen Art. 7 und Art. 8 GRCh nicht trennscharf voneinander ab. So wird Art. 8 GRCh zwar mehrheitlich als lex specialis zu Art. 7 GRCh verstanden, mitunter jedoch zugleich eine Idealkonkurrenz zwischen beiden Normen befürwortet.[693]

Die fehlende Differenzierung des EuGH zwischen den beiden grundsätzlich eigenständigen Grundrechten steht in der Kritik.[694] Dem ist indes die in der Realität kaum durchführbare Zuordnung solcher Daten, die nur das Privatleben betreffen und solcher, die ihrem Wesen nach personenbezogen sind, entgegenzuhalten. Die Datenverarbeitung zeichnet sich dadurch aus, dass Verarbeitungswege nahezu unüberschaubar sind und an sich „neutrale" Daten durch entsprechende Verarbeitung im Ergebnis einen Bezug ins Privatleben herstellen können.[695] Abgesehen von der kaum praktikablen Abgrenzung spricht auch die Judikatur des EuGH gegen eine solche: Das Gericht differenziert in keiner seiner Entscheidungen streng zwischen den Bestimmungen.

---

691 EuGH 09.11.2010, GRUR-RS 2010, 91284 Rn. 52, 65 – Schecke; ähnlich auch EuGH 13.05.2014, NVwZ 2014, 857 Rn. 69, 81, 97 – Google Spain.
692 EuGH 08.04.2014, NJW 2014, 2169 Rn. 53 – Digital Rights Ireland.
693 Calliess/Ruffert/*Kingreen*, Art. 8 GRCh Rn. 2; BeckOK InfoMedienR/*Gersdorf*, Art. 8 GRCh Rn. 6; Kühling/Buchner/*Kühling/Raab*, Einf. DS-GVO Rn. 26; im Ergebnis auch *Michl*, DuD 2017, 349, 353; a.A. Pechstein/Nowak/Häde/*Wolff*, Art. 8 GRCh Rn. 3, der eine Idealkonkurrenz neben der Spezialität des Art. 8 GRCh ablehnt; Schwarze/*Knecht* Art. 8 GRCh Rn. 5; so wohl auch Jarass, Art. 8 GRCh Rn. 4, der Idealkonkurrenz jedenfalls bei personenbezogenen Daten ohne Bezug zum Privatleben ablehnt; ebenso *GA Villalon*, Schlussanträge zu Rs. C-293/12, C-594/12 Rn. 64 – Digital Rights Ireland.
694 Nach *GA Villalon*, Schlussanträge zu Rs. C-293/12, C-594/12 64 f. – Digital Rights Ireland, gebe es Daten, die „als solche personenbezogen" seien und Daten, „die sich im Wesentlichen auf das Privatleben [...] beziehen"; Abgrenzung der Schutzbereiche mit der Begründung divergierender Schutzzwecke *Bock/Engeler*, DVBl 2016, 593, 595; *Eichenhofer*, Der Staat Vol. 55, 2016, 41, 60 f.
695 *Michl*, DuD 2017, 349, 352.

B. Die verfassungsrechtlichen Grundlagen der konfligierenden Interessen

cc) Zwischenergebnis

Im Ergebnis spricht vieles dafür, wie der EuGH – wenngleich dogmatisch nicht einwandfrei – keine Differenzierung zwischen den Schutzbereichen vorzunehmen,[696] da beide Anwendungsbereiche mit Blick auf den Schutzzweck weit auszulegen sind und eine überzeugende Abgrenzung nicht möglich ist bzw. zulasten des zu schützenden Individuums wirken könnte. Ungeachtet dessen überzeugt die Beurteilung des EuGH für die Prüfung der in Frage stehenden Meldungen innerhalb eines Hinweisgebersystems und die sich daran anschließende Offenlegung aufgrund eines Auskunftsersuchens. Eine Differenzierung zwischen der Privat- und der Sozialsphäre ist für Datenverarbeitungsvorgänge im Beschäftigungskontext regelmäßig nicht möglich, da diese prinzipiell auch die Persönlichkeit der Arbeitnehmer berühren.[697] Zudem ist eine strikte Abgrenzung im Ergebnis nicht erforderlich, da das Datenschutzgrundrecht, das sich aus der Kombination von Art. 7 und 8 GRCh ergibt, es ermöglicht, bestimmte Aspekte beider Grundrechte anwendungsbezogen im Rahmen einer Interessenabwägung besonders zu berücksichtigen.[698]

b) Verfassungsrechtliche Gewährleistung des Rechts auf Schutz personenbezogener Daten

Bereits der Wortlaut des Art. 8 Abs. 1 GRCh – „Jede Person hat das Recht auf Schutz der sie betreffenden personenbezogenen Daten" – stellt personenbezogene Daten ausdrücklich unter verfassungsrechtlichen Schutz. Art. 8 GRCh gibt insofern die verfassungsrechtliche Struktur für die Datenverarbeitung vor.[699] Der Begriff des personenbezogenen Datums umfasst alle Informationen über eine bestimmte oder bestimmbare Person,[700] ohne dass es einer Differenzierung zwischen der Qualität,[701] Sensibilität oder der

---

696 Ebenfalls eine einheitliche Schutzverbürgung bejahend BVerfG 06.11.2019, NJW 2020, 314 Rn. 99 – Recht auf Vergessen II; BGH 27.07.2020, GRUR 2020, 1331, Rn. 27.
697 Die Untrennbarkeit der Privat- und Sozialsphäre aufgrund namensbezogener Suchabfragen annehmend BVerfG 06.11.2019, NJW 2020, 314 Rn. 128 – Recht auf Vergessen II.
698 *Michl*, DuD 2017, 349, 353.
699 MHdB ArbR/*Wybitul*, § 96 Rn. 6.
700 *Jarass*, Art. 8 GRCh Rn. 6; Kühling/Buchner/*Kühling/Raab*, Einf. DS-GVO Rn. 27.
701 *Jarass*, Art. 8 GRCh Rn. 7.

Vertraulichkeit der Daten bedarf[702]. Auch eine Abgrenzung nach verschiedenen Schutzsphären, wie sie in Deutschland für das allgemeine Persönlichkeitsrecht grundsätzlich vorgesehen ist, findet nicht statt.[703] Die Norm legt mit ihrem Tatbestand eine umfassende und unbeschränkte Interpretation des Begriffs der personenbezogenen Daten nahe, sodass die Eröffnung des Schutzbereichs maßgeblich durch den konkreten Verarbeitungskontext bestimmt wird.[704]

Ein wesentlicher Aspekt des Schutzbereichs von Art. 8 GRCh ist darüber hinaus die Gewährleistung von Transparenz. Diese hat in Art. 8 Abs. 2 S. 2 GRCh unter dem Gesichtspunkt des Auskunftsrechts ausdrücklich Eingang in die verfassungsrechtliche Normierung des Datenschutzgrundrechts gefunden.[705] Die Transparenz und insbesondere das Auskunftsrecht sind entscheidende Voraussetzungen und nicht nur zweckmäßige Hilfsmittel[706] für die Gewährleistung des Rechts auf Schutz personenbezogener Daten.[707] Auch das BVerfG erklärt, dass betroffenen Personen Verfahrensrechte zustehen, die sie zur Durchsetzung der informationellen Selbstbestimmung ermächtigen.[708] Deutlich machte das Gericht ein solches richtungsweisendes Transparenzerfordernis bereits im *Volkszählungs*-Urteil[709], indem es feststellte, dass *„wer nicht mit hinreichender Sicherheit überschauen kann, welche ihn betreffenden Informationen in bestimmten Bereichen seiner sozialen Umwelt bekannt sind, und wer das Wissen möglicher Kommunikationspartner nicht einigermaßen abschätzen vermag, […] in seiner Freiheit wesentlich gehemmt werden [kann], aus eigener Selbstbestimmung zu planen oder zu entscheiden."*[710] Nichts anderes kann in Bezug auf den Stellenwert des Transparenzgebots für den Schutzgehalt des Art. 8 GRCh gelten, der diesen Aspekt zudem explizit normiert. Das Grundrecht sorgt als Korrektiv insofern unmittelbar für eine Abmilderung der Informationsasymmetrie zulasten des Auskunftsberechtigten.

---

702 BeckOK Datenschutzrecht/*Schneider,* Syst. B. Rn. 27; Sydow/Marsch/*Sydow,* Einl. DS-GVO Rn. 27.
703 Sydow/Marsch/*Sydow,* Einl. DS-GVO Rn. 27.
704 *Nebel,* ZD 2015, 517, 519; Sydow/Marsch/*Sydow* Einl. DS-GVO Rn. 27.
705 Kipker/Reusch/Ritter/*Herbst,* Art. 5 DS-GVO Rn. 31.
706 Vgl. *Marsch,* Das europäische Datenschutzgrundrecht, S. 229 f.
707 Simitis/Hornung/Spiecker gen. Döhmann/*Roßnagel,* Art. 5 DS-GVO Rn. 50; Kipker/Reusch/Ritter/*Herbst,* Art. 5 DS-GVO Rn. 31.
708 BVerfG 15.12.1983, BVerfGE 65, 1, 41 ff.
709 BVerfG 15.12.1983, BVerfGE 65, 1.
710 BVerfG 15.12.1983, BVerfGE 65, 1, 43; BVerfG, 06.11.2019, GRUR 2020, 74 Rn. 84 – Recht auf Vergessen I.

B. Die verfassungsrechtlichen Grundlagen der konfligierenden Interessen

Der Schutzbereich des Art. 7 GRCh, der ergänzend herangezogen werden kann, dient wortwörtlich dem Schutz aller im Kontext der Privatsphäre stehenden Rechte.[711] Von diesem Schutz des Privatlebens können grundsätzlich auch berufliche Tätigkeiten umfasst sein.[712] Gleichwohl kommt den Sachverhalten im Zusammenhang mit Hinweisgebermeldungen maßgebliche Bedeutung vor allem in Bezug auf Art. 8 GRCh zu. Art. 7 GRCh kann allenfalls im Hinblick auf den Schutz der Ehre bzw. des guten Rufs betroffen sein,[713] wenn der Meldestelle falsche Informationen über einen angeblichen Verstoß des Beschuldigten mitgeteilt werden.

Eine Einschränkung erfahren die Grundrechte aus Art. 7 und 8 GRCh durch die allgemeine Grundrechtsschranke des Art. 52 Abs. 1 GRCh[714] und insbesondere durch den dort normierten Verhältnismäßigkeitsgrundsatz; die unmittelbar in Art. 8 Abs. 2 S. 1 GRCh vorgesehenen Beschränkungen können ergänzend herangezogen werden.[715] Der dort verankerte Grundsatz einer Datenverarbeitung nach Treu und Glauben ist insofern eine spezifische Ausprägung des Verhältnismäßigkeitsgrundsatzes in Art. 52 Abs. 1 GRCh.[716]

c) Der Fair-Trial-Grundsatz gemäß Art. 47 GRCh

Zugunsten des Auskunftsberechtigten ist im Hinblick auf den Transparenzaspekt des Auskunftsrechts zusätzlich die Rechtsschutzgarantie der Art. 47 GRCh, 6 EMRK zu berücksichtigen.[717] Geschützt ist gemäß Art. 47 Abs. 2 GRCh, 6 Abs. 1 EMRK das faire Verfahren, wonach dem Grundrechtsträger insbesondere ein Ansprüche auf rechtliches Gehör und Waf-

---

711 *Jarass,* Art. 7 GRCh Rn. 13.
712 EuGH 14.02.2008, EuZW 2008, 209 Rn. 48 – Varec; Jarass, Art. 7 GRCh Rn. 13; Böcken/Düwell/Diller/Hanau/*Klein,* Art. 7 GRCh Rn. 8.
713 Für Art. 8 EMRK: EGMR 15.11.2007, NJW-RR 2008, 1218 Rn. 35 – Pfeifer/Österreich; EGMR 06.11.2018, NZA 2019, 441 Rn. 36 – Vicent Del Campo/Spanien; Jarass, Art. 7 GRCh Rn. 16; Böcken/Düwell/Diller/Hanau/*Klein,* Art. 7 GRCh Rn. 7.
714 EuGH 09.11.2010, GRUR-RS 2010, 91284 Rn. 65 – Schecke; EuGH 08.04.2014, NJW 2014, 2169 Rn. 38 – Digital Rights Ireland; Jarass, Art. 8 GRCh Rn. 13; Callies/Ruffert/*Kingreen,* Art. 8 GRCh Rn. 15; *Kühling/Klar,* JURA 2011, 771, 774.
715 Callies/Ruffert/*Kingreen,* Art. 8 GRCh Rn. 15; Holoubek/Lienbacher/*Riesz,* Art. 8 GRCh Rn. 60.
716 Holoubek/Lienbacher/*Riesz,* Art. 8 GRCh Rn. 63.
717 Kühling/Buchner/*Bäcker,* Art. 15 DS-GVO Rn. 5, Art. 13 DS-GVO Rn. 8.

fengleichheit zustehen.[718] Für die Waffengleichheit wurde beispielsweise ein Akteneinsichtsrecht als erforderlich angesehen.[719] Der datenschutzrechtliche Anspruch auf Auskunft trägt ebenfalls dazu bei, gleiche Chancen zur Rechtsdurchsetzung im Privatrechtsverhältnis zu schaffen,[720] indem er Informationsungleichgewichte zugunsten des Auskunftsberechtigten beseitigt. Der sekundärrechtliche Auskunftsanspruch ist in seiner Umsetzung des Transparenzgebots folglich Ausfluss der primärrechtlichen Absicherung des Rechtsschutzes.[721] Nur durch die Schaffung transparenter Strukturen ist es möglich, unrechtmäßigen Datenverarbeitungsvorgängen und daraus resultierenden Benachteiligungen durch materielle und prozessuale Vorgaben zu begegnen.[722] Eine beschuldigte Person muss Informationen über eine belastende Meldung erhalten können.

d) Der Schutz durch die EMRK

Soweit Art. 8 EMRK ein Recht auf Achtung des Privat- und Familienlebens, der Wohnung und der Korrespondenz gewährleistet, wird hieraus auch der Schutz für persönliche Daten abgeleitet.[723] Art. 8 EMRK garantiert mithin ein Recht auf informationelle Selbstbestimmung, dessen Anwendungsbereich eröffnet ist, sofern private Daten verarbeitet oder verwertet werden.[724] Der EGMR folgerte aus dem Recht auf Entfaltung der Persönlichkeit und der sozialen Beziehungen, dass der Schutzbereich überdies auch für das Berufsleben[725] und die automatisierte Datenverarbeitung eröffnet ist.[726] Ein

---

718 EuGH 06.11.2012, EuZW 2013, 24 Rn. 71 – Europäische Gemeinschaft/Otis; Stern/Sachs/*Alber*, Art. 47 GRCh Rn. 111; Meyer/Hölscheidt/*Eser/Kubiciel*, Art. 47 GRCh Rn. 37; Frenz, Kap. 9 Rn. 1631; Jarass, Art. 47 GRCh Rn. 7; Holoubek/Lienbacher/*Kröll*, Art. 47 GRCh Rn. 90; Heselhaus/Nowak/*Nowak*, § 57 Rn. 11.
719 Meyer/Hölscheidt/*Eser/Kubiciel*, Art. 47 GRCh Rn. 37; Heselhaus/Nowak/*Nowak*, § 57 Rn. 38.
720 *Klaas*, CCZ 2018, 242, 244.
721 So auch Kühling/Buchner/*Bäcker*, Art. 15 DS-GVO Rn. 5; *Paal/Nikol*, CB 2022, 466, 467.
722 Ähnlich auch *Klaas*, CCZ 2019, 163, 170.
723 BeckOK InfoMedienR/*Gersdorf*, Art. 8 EMRK Rn. 29; Karpenstein/Mayer/*Pätzold*, Art. 8 EMRK Rn. 28; Simitis/Hornung/Spiecker/*Schiedermair*, Einl. Rn. 163.
724 Kühling/Buchner/*Kühling/Raab*, Einf. DS-GVO Rn. 19; Karpenstein/Mayer/*Pätzold*, Art. 8 EMRK Rn. 28.
725 EGMR 16.12.1992, NJW 1993, 718 Rn. 29 – Niemietz/Deutschland; Böcken/Düwell/Diller/Hanau/*Klein*, Art. 7 GRCh Rn. 8; *Schweizer*, DuD 2009, 462.
726 *Schlachter* EuZA 2020, 533, 534 f. m.w.N.

B. Die verfassungsrechtlichen Grundlagen der konfligierenden Interessen

spezielles, die Auskunft gewährleistendes Recht enthält Art. 8 EMRK nicht. Dessen ungeachtet bejahte der EGMR für verschiedene personenbezogene Daten wie Gesundheitsinformationen ein Zugangsrecht des Betroffenen.[727] Neben dem Recht auf Datenschutz ist auch der Schutz des guten Rufs ein Aspekt des von Art. 8 EMRK garantierten Rechts auf Achtung des Privatlebens.[728]

2. Interessen des Unternehmens

Das mehrpolige Grundrechtsverhältnis umfasst ferner die Grundrechte des Arbeitgebers. Auch diese sind in die verfassungsrechtliche Bewertung einzubeziehen. Dass die unternehmerischen Interessen insbesondere in datenschutzrechtlichen Entscheidungen der vergangenen Jahre teilweise vernachlässigt wurden,[729] kann nicht darüber hinwegtäuschen, dass es innerhalb mehrpoliger Rechtsverhältnisse der Berücksichtigung aller entgegenstehenden Belange bedarf. Nur die Einbeziehung sämtlicher einschlägiger Rechte ermöglicht eine interessengerechte Auflösung der Konfliktsituation. Der gegenüber dem Beschäftigungsgeber geltend gemachte Auskunftsanspruch und die daraus resultierende Pflicht, im Rahmen des Art. 15 Abs. 1 DS-GVO umfassend Auskunft zu geben, berührt das Unternehmen nicht zuletzt in seiner unternehmerischen Organisations- und der wirtschaftlichen Betätigungsfreiheit. Die in dieser Weise betroffenen Rechte sind gleichermaßen verfassungsrechtlich auszulegen, sodass der wertsetzende Gehalt auch im Rahmen der sekundärrechtlichen Konfliktsituation Eingang findet. Da die Abwägung der konfligierenden Interessen auf der Geltendmachung des datenschutzrechtlichen Auskunftsanspruchs beruht, stellt die GRCh sowohl für das Datenschutzrecht des Betroffenen als auch für die

---

727 EGMR 28.4.2009, BeckRS 2009, 143417 Rn. 45 ff. – K.H. u.a./Slovakia; mit Verweis auf die Rspr. des EGMR, BVerfG 20.12.2016, NJW 2017, 1014, 1015 f.; BeckOK InfoMedienR/*Gersdorf*, Art. 8 EMRK Rn. 64; HK-EMRK/*Nettesheim*, Art. 8 EMRK Rn. 17; Karpenstein/Mayer/*Pätzold*, Art. 8 EMRK Rn. 31.
728 EGMR 15.11.2007, NJW-RR 2008, 1218 Rn. 35 – Pfeifer/Österreich; BeckOK InfoMedienR/*Gersdorf*, Art. 8 EMRK Rn. 28; Karpenstein/Mayer/*Pätzold*, Art. 8 EMRK Rn. 35.
729 Pechstein/Nowak/Häde/*Kühling*, Art. 16 GRCh Rn. 17 mit Verweis auf EuGH 13.05.2014, NVwZ 2014, 857 – Google Spain und EuGH 06.10.2015, EuZW 2015, 881 – Schrems; keine Einbeziehung grundgesetzlicher Wertungen im Hinblick auf die Rechte des Auskunftsgegners beispielsweise durch den BGH in seiner Entscheidung vom 22.02.2022, NJW-RR 2022, 764 Rn. 35 f. vor.

Kapitel 3: Die Grenze des Auskunftsanspruchs bei Sachverhalten außerhalb des HinSchG

Rechte des Beschäftigungsgebers die entscheidende Quelle für eine verfassungsrechtliche Bewertung dar. Analog zu vorstehenden Ausführungen zum Datenschutzgrundrecht gewährleisten die EMRK und die Rechtsprechung des EGMR einen dynamischen Mindestschutz, der innerhalb der Auslegung der GRCh zu berücksichtigen ist.

a) Schutz der unternehmerischen Freiheit gemäß Art. 16 GRCh

Der Schutzbereich des Art. 16 GRCh ist extensiv zu verstehen und umfasst neben der unternehmerischen Betätigungs- und Dispositionsfreiheit allgemein sämtliche damit verbundenen Aspekte.[730] Relevant für vorliegende Interessenkonstellation ist insbesondere der vom EuGH betonte Geheimhaltungsschutz in Bezug auf potenziell sensible Daten[731] sowie der als allgemeiner Grundsatz anerkannte Schutz von Geschäftsgeheimnissen.[732] Betreffen die entsprechenden Informationen ausschließlich Geschäftsdaten, greift Art. 16 GRCh;[733] weisen die Geschäftsinformationen allerdings zusätzlich einen Personenbezug auf, besteht Idealkonkurrenz zu Art. 8 GRCh.[734]

Bedeutsam wird dieser Schutzgehalt in Bezug auf Ermittlungsunterlagen, die das Unternehmen infolge einer Verdachtsmeldung anlegt. Diese Unterlagen enthalten in der Regel Informationen, die beispielsweise das weitere ermittlungs- oder prozessrechtliche Vorgehen des Arbeitgebers bestimmen, was laufende Untersuchungen oder einzuleitende Maßnahmen gefährden kann. Zudem können auch Ermittlungsergebnisse geheimhaltungsbedürftig sein, besonders wenn der Arbeitgeber arbeitsrechtliche Konsequenzen oder mögliche strafrechtliche Folgen nicht vorwegnehmen oder gefährden möchte. Handelt es sich bei den Daten aus Ermittlungsakten insofern

---

730 Stern/Sachs/*Blanke*, Art. 16 GRCh Rn. 6 ff., 10; *Jarass*, Art. 16 GRCh Rn. 8 ff.; Callies/Ruffert/*Ruffert*, Art. 16 GRCh Rn. 1; *Wollenschläger*, EuZW 2015, 285, 287.
731 EuGH 14.02.2008, EuZW 2008, 209 Rn. 49 – Varec SA/Belgien; EuGH 19.05.1994, EuZW 1994, 631 Rn. 37 – SEP/Kommission; EuGH 24.06.1986, BeckRS 2004, 73286 Rn. 28 – AKZO Chemie/Kommission.
732 EuGH 24.06.1986, BeckRS 2004, 73286 Rn. 28 – AKZO Chemie/Kommission; EuGH 19.05.1994, EuZW 1994, 631 Rn. 37 – SEP/Kommission; EuGH 14.02.2008, EuZW 2008, 209 Rn. 49 – Varec SA/Belgien.
733 Meyer/Hölscheidt/*Bernsdorff*, Art. 8 GRCh Rn. 13; Frenz, Kap. 9 Rn. 1367; *Gundel*, ZHR 2016, 323, 354.
734 Meyer/Hölscheidt/*Bernsdorff*, Art. 8 GRCh Rn. 13; Jarass, Art. 8 GRCh Rn. 4; Holoubek/Lienbacher/*Riesz*, Art. 8 GRCh Rn. 32.

um Informationen, die sich bei Offenlegung unmittelbar auf die Berufsausübungsfreiheit auswirken könnten, sind sie vom Schutzbereich des Art. 16 GRCh umfasst.[735]

Des Weiteren könnten die Ermittlungsakten Rückschlüsse auf die Person des Hinweisgebers zulassen. Hierbei handelt es sich ebenfalls um sensible Daten, sodass das Unternehmen ein berechtigtes Interesse hat, die Informationen vertraulich zu behandeln. Angesichts der wirtschaftlichen, bußgeld- oder strafrechtlich relevanten sowie sozialen Folgen, die ein Unternehmen bei einer Offenlegung sensibler Daten treffen können, ist evident, dass die wirtschaftliche Betätigungsfreiheit tangiert ist.

Mit Blick auf den Umfang des Schutzbereichs ist zudem nicht von vornherein ausgeschlossen, dass das Hinweisgebersystem und ihre Bedeutung als Compliance-Maßnahme für das Unternehmen nicht ebenfalls vom Anwendungsbereich umfasst ist.[736] Das Hinweisgebersystem dient der Aufklärung von Straftaten und sonstigen Verstößen im Unternehmenskontext und ist wesentliches Element einer Compliance-Praxis. Die Ausgestaltung derselben unterfällt der individuellen Betätigungs- und Dispositionsfreiheit[737] und damit auch dem verfassungsrechtlichen Schutz des Art. 16 GRCh. Zudem möchte der Beschäftigungsgeber durch die Beauskunftung im Zusammenhang mit Hinweisgebermeldungen Störungen des Betriebsfriedens verhindern, die sich mittelbar durch Beeinträchtigungen des Betriebsablaufs auf seine wirtschaftliche Betätigungsfreiheit auswirken können.[738] Ob dieser Aspekt geeignet ist, konfligierende Interessen aufzuwiegen, ist eine Frage der einzelfallbezogenen Abwägung, steht einer Einbeziehung in den Schutzbereich allerdings nicht per se entgegen.

Wie das Datenschutzgrundrecht wird auch Art. 16 GRCh durch Art. 52 Abs. 1 GRCh konturiert.[739] Einschränkungen der unternehmerischen Betätigungsfreiheit sind zulässig, sofern sie dem Verhältnismäßigkeitsgrundsatz des Art. 52 Abs. 1 S. 2 GRCh gerecht werden. Im Wesentlichen bedarf es zur

---

735 EuGH 23.09.2004, EuZW 2004, 764 Rn. 49 – Axel Springer AG u.a.
736 Anders dagegen für die sachgerechte und effektive Aufgabenerfüllung einer Hausverwaltung, BGH 22.02.2022, NJW-RR 2022, 764, 769.
737 Holoubek/Lienbacher/*Bezemek*, Art. 16 GRCh Rn. 6; Stern/Sachs/*Blanke,* Art. 16 GRCh Rn. 10.
738 So für Art. 12 GG BAG 20.01.2009, NJW 2009, 1990, 1994; *Klaas,* CCZ 2019, 163, 165; *Schmidt,* Regelungsoptionen des deutschen Gesetzgebers zum Whistleblower-Schutz in Umsetzung der EU-RL 2019/1937, S. 45.
739 Callies/Ruffert/*Ruffert*, Art. 16 GRCh Rn. 6; Franzen/Gallner/Oetker/*Schubert*, Art. 16 GRCh Rn. 15; *Wollenschläger,* EuZW 2015, 285, 287.

Kapitel 3: Die Grenze des Auskunftsanspruchs bei Sachverhalten außerhalb des HinSchG

Beurteilung der Verhältnismäßigkeit im engeren Sinn ebenfalls einer Abwägung entgegenstehender Grundrechte im Sinne einer praktischen Konkordanz,[740] wobei die Bedeutung und Zielsetzung konfligierender Grundrechte hinzunehmende Eingriffe des Unternehmens entscheidend beeinflussen.[741]

b) Einbeziehung der EMRK

Die EMRK selbst sieht kein eigenes, die unternehmerische Freiheit schützendes Recht vor.[742] Ungeachtet dessen berücksichtigt die Judikatur des EGMR die unternehmerischen Interessen, ohne diese in eine konkrete Vorschrift einzubinden. In der Rechtssache *Heinisch* stellte der EGMR auf das Recht des Arbeitgebers auf seinen guten Ruf und seine geschäftlichen Interessen ab und bezog diese Interessen in die Abwägung gegen die Meinungsfreiheit des Whistleblowers ein.[743] Der gute Ruf und die Rechte des Unternehmens im Verhältnis zur Meinungsfreiheit wurden vom EGRM bereits in der Rechtssache *Steel und Morris/Vereinigtes Königreich* berücksichtigt.[744] Für den Gerichtshof erscheint mithin insbesondere der Schutz des guten Rufs ein wesentliches Element des Unternehmensinteresses im Kontext von Meinungsäußerungs- bzw. Whistleblower-Sachverhalten zu sein. Ungeachtet dessen, ob dieser Teilaspekt dem Grundrecht auf Achtung des Privatlebens gemäß Art. 8 EMRK unterfallen kann, ist der gute Ruf eines Unternehmens für das hier diskutierte Spannungsverhältnis mit dem Auskunftsrecht ohne Belang.

---

740 EuGH 22.01.2013, EuZW 2013, 347 Rn. 60 – Sky Österreich; Franzen/Gallner/Oetker/*Schubert*, Art. 16 GRCh Rn. 16.
741 Jarass, Art. 16 GRCH Rn. 26.
742 Franzen/Gallner/Oetker/*Schubert*, Art. 52 GRCh Rn. 11; Jarass, Art. 52 GRCH Rn. 62; *Preis/Seiwerth*, RdA 2019, 351, 356.
743 EGMR 21.07.2011, NZA 2011, 1269 Rn. 64 – Heinisch/Deutschland.
744 EGMR 15.02.2005, NJW 2006, 1255 Rn. 90 – Steel und Morris/Vereinigtes Königreich.

3. Interessen des Hinweisgebers

a) Das Recht auf Schutz personenbezogener Daten aus Sicht des Hinweisgebers

Durch die Geltendmachung eines Auskunftsanspruchs ist der Hinweisgeber ferner in seinem Recht auf Schutz personenbezogener Daten gemäß Art. 7 und 8 GRCh betroffen.[745] Werden den Hinweisgeber betreffende Daten im Rahmen des Auskunftsverlangens (unrechtmäßig) offengelegt, stellt dies eine Verarbeitung seiner Daten dar. Auch identitätsbezogene Daten des Hinweisgebers dürfen gemäß Art. 8 Abs. 2 S. 1 GRCh *„nur nach Treu und Glauben für festgelegte Zwecke und mit Einwilligung der betroffenen Person oder auf einer sonstigen gesetzlich geregelten legitimen Grundlage verarbeitet werden"*. Das Gefährdungspotenzial einer zu Unrecht erfolgten Offenlegung in Form von Repressalien oder sonstigen Benachteiligungen wird vom Schutzgehalt der Art. 7 und 8 GRCh abgedeckt. Zwar kommt der Auskunft über die Identität des Hinweisgebers zunächst keine allzu hohe Persönlichkeitsrelevanz zu; der Auskunftsberechtigte möchte im Rahmen des Art. 15 Abs. 1 Hs. 2 lit. g DS-GVO regelmäßig ausschließlich den Namen des Whistleblowers erhalten. Die Persönlichkeitsrelevanz ergibt sich jedoch in einer Zusammenschau mit den Umständen eines Auskunftsverlangens: So kann die Verknüpfung zwischen der Identität und der Rolle als Hinweisgeber gerade im Unternehmenskontext zu erheblichen Benachteiligungen führen, die bis in das Privatleben des Whistleblowers ausstrahlen können. Unter diesem Gesichtspunkt bedarf es des Schutzes des Hinweisgebers jedenfalls vor ungerechtfertigter Offenlegung ihn betreffender Informationen.

b) Die Relevanz des Rechts auf Meinungsfreiheit

Neben dem Recht auf Schutz personenbezogener Daten kann sich ein Whistleblower prinzipiell auf sein Recht zur Meinungsäußerungsfreiheit gemäß Art. 11 GRCh und 10 EMRK[746] berufen. Dem Schutzbereich des

---

[745] Ebenso *Paal/Nikol*, CB 2022, 466, 468.
[746] Die Rechtsprechung des EGMR zu Art. 10 EMRK ist bislang weitaus ausgeprägter als die Entscheidungen des EuGH zu Art. 11 GRCh; für die Meinungsfreiheit kann daher Bezug auf die Vorgaben zu Art. 10 EMRK genommen werden, BeckOK Info-MedienR/*Cornils,* Art. 11 GRCh Rn. 6, 32.

Grundrechts unterfallen dabei alle Meinungen und Informationen inklusive Werturteilen und Tatsachenbehauptungen.[747] Dass hiervon auch Meldungen eines Hinweisgebers im Arbeitsverhältnis umfasst sind, macht die Rechtsprechung des EGMR deutlich.[748] In der Rechtssache *Heinisch* war unstreitig, dass die Offenlegung von Missständen dem Schutzbereich des Art. 10 EMRK unterfällt.[749]

Der Wahrheitsgehalt einer Meldung ist für die Eröffnung des Schutzbereichs dabei unerheblich.[750] Dass bewusst unwahre Meldungen oder mutwillige Verunglimpfungen (*„wanton denigration"*)[751] vom Schutz des Art. 11 GRCh auszunehmen sind, wird von der Rechtsprechung bejaht.[752] Die Literatur lehnt diese Auffassung dagegen weitestgehend ab:[753] Einschränkungen für bestimmte Meinungsäußerungen bzw. Tatsachenbehauptungen ergäben sich nicht auf Schutzbereichsebene, sondern seien erst bei der Gewichtung des konkreten Grundrechtsschutzes zu berücksichtigen.[754] Nimmt man dementsprechend eine Schutzbereichseröffnung an, sind derlei Äußerungen gleichwohl kaum geschützt.

Anonyme Meldungen sind dem Anwendungsbereich des Art. 11 GRCh ebenfalls prinzipiell zuzuordnen, wobei der Mitteilung aufgrund ihrer Anonymität im Rahmen einer Abwägung im Verhältnis zu anderen Rechten ggf. geringeres Gewicht zukommt.[755]

Fraglich ist, ob durch die Offenlegung der personenbezogenen Daten des Hinweisgebers gemäß Art. 15 Abs. 1 DS-GVO überhaupt in dessen Recht aus Art. 11 GRCh, 10 EMRK eingegriffen wird oder ob durch Erfüllung des

---

747 Callies/Ruffert/*Callies*, Art. 11 GRCh. Rn. 5; Jarass, Art. 11 GRCh Rn. 10; Stern/Sachs/*von Coelln*, Art. 11 GRCh Rn. 11.
748 Vgl. nur EGMR 14.02.2023, NJW 2023, 1793 Rn. 108 – Halet/Luxemburg.
749 EGMR 21.07.2011, NZA 2011, 1269 Rn. 43 – Heinisch/Deutschland; EGMR 14.02.2023, NJW 2023, 1793 Rn. 108 – Halet/Luxemburg.
750 Callies/Ruffert/*Callies*, Art. 11 GRCh Rn. 10; Stern/Sachs/*von Coelln*, Art. 11 GRCh. Rn. 13; im Ergebnis wohl auch *Sporn*, ZUM 2000, 537, 540; anders im nationalen Recht gemäß Art. 5 Abs. 1 GG vgl. Sachs/*Bethge*, Art. 5 GG Rn. 28 mit Verweis auf die Rspr. des BVerfG.
751 EGMR 21.02.2012, ECLI:CE:ECHR:2012:0221JUD003213108, Rn. 48 – Tusalp/Türkei.
752 Vgl. den Überblick zur Rechtsprechung Callies/Ruffert/*Callies*, Art. 11 GRCh Rn. 5; im nationalen Recht die Schmähkritik ebenfalls vom Anwendungsbereich des Art. 5 Abs. 1 GG ausnehmend, BVerfGE 82, 43, 51; BVerfGE 82, 272, 285; BVerfGE 85, 1, 16; offen gelassen von Jarass, Art. 11 GRCh Rn. 11.
753 Vgl. Callies/Ruffert/*Callies*, Art. 11 GRCh Rn. 10.
754 Callies/Ruffert/*Callies*, Art. 11 GRCh Rn. 10; Grabenwarter/Pabel, EMRK § 23 Rn. 4.
755 Stern/Sachs/*von Coelln*, Art. 11 GRCh. Rn. 56.

Auskunftsverlangens ausschließlich sein Recht auf informationelle Selbstbestimmung betroffen ist. In das Recht auf Meinungsäußerungsfreiheit kann sowohl unmittelbar als auch mittelbar eingegriffen werden. Ein mittelbarer Eingriff lag beispielsweise in der Rechtssache *Heinisch/Deutschland* durch Kündigung des Hinweisgebers vor.[756] Aber auch andere Maßnahmen, die einen sog. „*chilling effect*", also die Hemmung zur Meinungsäußerung bewirken, begründen einen mittelbaren Eingriff.[757] Ein solche Wirkung ist der Offenlegung der Identität eines Hinweisgebers gegenüber dem Auskunftsberechtigten zuzuschreiben. Rechnet ein Hinweisgeber stets mit der Veröffentlichung seiner personenbezogenen Daten, kann dies sein Meinungsäußerungsverhalten erheblich beeinflussen.[758]

Im Verhältnis zu anderen Grundrechten kommt der Meinungsfreiheit grundsätzlich im Rahmen einer abstrakten Betrachtung entscheidende Bedeutung zu. Eine Gewichtung des Grundrechts im Einzelfall kann insbesondere durch die Umstände und den Inhalt der konkreten Meinungsäußerung beeinflusst werden. Ist eine Äußerung als Formalbeleidigung oder Schmähung zu werten, sinkt der Schutz des Art. 11 GRCh deutlich ab. Ungeachtet dessen, dass der Schutzbereich auch solche Behauptungen erfasst, muss der beeinträchtigende Charakter im Verhältnis zu von der Meinungsäußerung betroffenen Grundrechten in der Gewichtung Berücksichtigung finden. Auch die Meldung im Hinweisgebersystem kann bloß herabsetzenden Charakter haben, wenn der Whistleblower bewusst unwahre Tatsachenbehauptungen über einen angeblichen Verstoß eines Arbeitnehmers mitteilt. Die Informationen dienen vornehmlich der Schmähung des Betroffenen und lassen die Elemente einer schutzwürdigen Meinungsäußerung in den Hintergrund treten. Ein Gleichlauf ergibt sich hier mit strafrechtlichen Vorschriften. Hat der Hinweisgeber mit seiner Meldung einen Straftatbestand gemäß §§ 185 StGB ff. verwirklicht, ist seine Schutzwürdigkeit im Rahmen einer Grundrechtsabwägung regelmäßig als gering zu gewichten.

---

[756] EGMR 21.07.2011, NZA 2011, 1269 Rn. 43 – Heinisch/Deutschland.
[757] Pechstein/Nowak/Häde/*Thiele*, Art. 11 GRCh Rn. 19.
[758] Krit. für einen durch die Rechtsprechung bejahten Auskunftsanspruch zur Meinungskundgabe anonymer Internetnutzer, vgl. *Krohm/Müller-Peltzer*, ZD 2015, 409, 412; mit dem datenschutzrechtlichen Auskunftsanspruch gemäß Art. 15 Abs. 1 DS-GVO besteht demgegenüber ein gesetzlich normierter Anspruch, der im Arbeitsverhältnis, anders als die ungeklärte Rechtslage für anonyme Internetnutzer, Einfluss auf die Meinungsäußerungsfreiheit ausüben kann.

Kapitel 3: Die Grenze des Auskunftsanspruchs bei Sachverhalten außerhalb des HinSchG

Der EGMR hat für Hinweisgebermeldungen, die im Zusammenhang mit Kündigungsschutzprozessen vor ihm verhandelt wurden, mittlerweile konkrete Kriterien für seine Entscheidungspraxis entwickelt.[759] Das Gericht prüft die Verhältnismäßigkeit eines Eingriffs anhand dieser Kriterien, sodass im Einzelfall ein angemessener Ausgleich zwischen den beteiligten Akteuren erzielt werden kann. Nach dieser Rechtsprechung sind die Aspekte der Richtigkeit der gemeldeten Information sowie die Motivation des Hinweisgebers[760] von entscheidender Bedeutung. Der Prüfungspunkt der Motivation umfasst dabei insbesondere die Gutgläubigkeit eines Whistleblowers.[761] Nicht zuletzt lässt sich den Kriterien des EGMR unter bestimmten Voraussetzungen eine Nachforschungsverpflichtung des Hinweisgebers entnehmen.[762] Das in Art. 10 EMRK garantierte Recht auf Freiheit zur Meinungsäußerung verpflichtet zu einem sorgfältigen Umgang mit diesem Recht, sodass parallel zur gewährleisteten Freiheit eine Prüfpflicht des Hinweisgebers, die sich insbesondere im Arbeitsverhältnis aus der Loyalitätspflicht gegenüber dem Arbeitgeber ergibt, bejaht werden kann.[763] Auch die mögliche Beeinträchtigung des guten Rufs einer anderen Person macht die Einhaltung von „Pflichten und Verantwortung" im Anwendungsbereich der Meinungsfreiheit erforderlich.[764] Eine generelle Übertragung dieser Rechtsprechungskriterien scheidet für die Abwägungsentscheidung innerhalb des datenschutzrechtlichen Auskunftsanspruchs zwar aus, weil die verfassungsrechtliche Grundlage nicht dieselbe ist.[765] Allerdings kann den Leitlinien entnommen werden, dass die Meinungsfreiheit jedenfalls dann an Gewicht verliert, wenn es sich bei der Meldung um die bösgläubige Mitteilung einer unrichtigen Information handelt.

---

[759] Erstmals EGMR 12.02.2008, BeckRS 2011, 77277 Rn. 69 – Guja/Moldawien; aktuell EGMR 14.02.2023, NJW 2023, 1793 Rn. 113 – Halet/Luxemburg.
[760] EGMR 16.02.2021, NJW 2021 2343, 2345 Rn. 71 – Gawlik/Liechtenstein; EGMR 14.02.2023, NJW 2023, 1793 Rn. 113 f. – Halet/Luxemburg.
[761] EGMR 14.02.2023, NJW 2023, 1793 Rn. 128 – Halet/Luxemburg.
[762] EGMR 12.02.2008, BeckRS 2011, 77277 Rn. 75 – Guja/Moldawien; EGMR 14.02.2023, NJW 2023, 1793 Rn. 124 – Halet/Luxemburg.
[763] EGMR 16.02.2021, NJW 2021 2343, 2345 Rn. 68 – Gawlik/Liechtenstein.
[764] EGMR 20.05. 1999, NJW 2000, 1015, 1017 Rn. 65 – Bladet Tromsø u. Stensaas/Norwegen.
[765] Vgl. EGMR 14.02.2023, NJW 2023, 1793 Rn. 116 – Halet/Luxemburg.

IV. Die Implikation der verfassungsrechtlichen Grundlagen für eine Abwägungsentscheidung

Wird das Auskunftsverlangen gemäß Art. 15 Abs. 1 DS-GVO im Kontext einer Hinweisgebermeldung geltend gemacht, liegt dem Sachverhalt eine verfassungsrechtliche Gemengelage zugrunde. Den abwehrrechtlichen Schutzgehalten der einschlägigen Charta-Grundrechte tragen im Privatrechtsverhältnis die grundrechtskonforme Auslegung und insbesondere die Berücksichtigung verfassungsrechtlicher Wertungen innerhalb sekundärrechtlich gebotener Abwägungsentscheidungen Rechnung. Entscheidend ist dabei die Schaffung eines angemessenen Ausgleichs zwischen den einzelnen Grundrechten im Sinne praktischer Konkordanz.

Aus den vorgenannten verfassungsrechtlich geschützten Interessen der betroffenen Parteien kann größtenteils a priori kein Rangverhältnis abgeleitet werden, an dem sich ein sekundärrechtliches Abwägungsvorgehen messen lassen könnte. In mehreren Urteilen wurde zwar die besondere Bedeutung der Art. 7, 8 GRCh im Verhältnis zu anderen Interessen hervorgehoben. So wurde das Datenschutzgrundrecht beispielsweise gegenüber wirtschaftlichen Interessen in der *Google Spain*-Entscheidung betont.[766] Darin stellte das Gericht allerdings zugleich heraus, dass eine Entscheidung stets einzelfallabhängig zu treffen ist und durch die Art der verarbeiteten Information und den Grad der Sensibilität für das Privatleben beeinflusst wird. Im Verhältnis zwischen Auskunftsberechtigtem und Hinweisgeber stehen sich zudem im Wesentlichen Art. 7, 8 GRCh kongruent und gleichrangig gegenüber. Speziell auf Seiten des Auskunftsberechtigten ist allerdings das ausdrücklich in Art. 8 Abs. 2 S. 2 GRCh normierte Auskunftsrecht als Ausfluss des Transparenzgebots zu berücksichtigen. Durch die grundrechtliche Garantie des Auskunftsrechts wird der Stellenwert des Transparenzgebots für den Schutzgehalt des Art. 8 GRCh explizit hervorgehoben. Eine Datenverarbeitung kann den Anforderungen an die GRCh demgemäß nur entsprechen, wenn dieser bedeutende Grundsatz nicht unterlaufen wird.

Im Übrigen steht die Heterogenität der konfligierenden Grundrechte einer unmittelbaren Abwägungsentscheidung entgegen.[767] Ergibt eine abstrakte Analyse der potenziell betroffenen Grundrechte, dass ihre Schutzbereiche eröffnet sind, reicht dies nicht aus, um daraus Schlussfolgerungen

---

766 EuGH 13.05.2014, NVwZ 2014, 857 – Google Spain.
767 *Pötters*, Grundrechte und Beschäftigtendatenschutz, S. 75 ff.; Gola/Heckman/*Gola*/*Pötters*, § 26 BDSG Rn. 32.

für den datenschutzrechtlichen Abwägungsvorbehalt abzuleiten und eine angemessene Abwägung der betroffenen Interessen vorzunehmen. Es bedarf vielmehr einer konkreten Gewichtung der Grundrechtsgehalte, aus der sich ein Vorrang einzelner Interessen im Einzelfall ergeben kann. Möglich ist eine solche Gewichtung durch Bezugnahme auf einzelne Umstände, die den Vorrang eines Rechts begründen.[768] Beispielhaft kann hier die Entwicklung einer standardisierten Abwägungsentscheidung durch den EGMR für kündigungsrechtliche Streitigkeiten in Folge einer Hinweisgebermeldung genannt werden.[769] Auch das BVerfG trifft Abwägungsentscheidungen mit Blick auf die Eingriffsintensität einer Maßnahme anhand standardisierter Kriterien.[770] Eine Übertragung der Abwägungskriterien dieser Sachverhalte ist angesichts unterschiedlicher Ausgangssituationen nicht ohne Weiteres möglich; gleichwohl kann die Rechtsprechung als schematische Grundlage dienen, um eine ähnlich typisierte Abwägungsentscheidung zu entwickeln.

Weitere Beurteilungsgrundlage für die Gewichtung eines Eingriffs in das durch Art. 8 Abs. 2 S. 2 GRCh gesicherte Auskunftsrechts könnte ferner die Meinungsäußerungsfreiheit des Hinweisgebers sein. Art. 11 GRCh und 10 EMRK sind für den Hinweisgeberschutz wesentliche Bezugspunkte.[771] Insofern muss jedoch im Einzelfall dem Umstand Rechnung getragen werden, dass der Schutz des Hinweisgebers je nach konkretem Inhalt seiner Meinungsäußerung im Hinblick auf Art. 11 GRCh vermindert ist. Eine solche dem Schutzzweck des Art. 11 GRCh zuwiderlaufende Meldung hat gleichzeitig eine intensivere Beeinträchtigung des Rechts des Beschuldigten auf den Schutz seiner persönlichen Daten zur Folge. Denn eine diffamierende und herabwürdigende Mitteilung kann insbesondere im beruflichen Kontext erhebliche negative Auswirkungen auf das Ansehen einer Person haben. Die betroffene Person kann sich zudem auf das ausdrücklich im Verfassungsrecht determinierte Transparenzgebot in Form des Rechts auf Auskunft berufen: Dieses ermöglicht es, die Kontrolle über Informationen, die sie betreffen, zurückzugewinnen und ggf. weitere rechtliche Schritte einzuleiten. Der Schutzumfang in Bezug auf eine Meldung hat folglich

---

768 *Pötters*, Grundrechte und Beschäftigtendatenschutz, S. 75 ff.; Gola/Heckman/*Gola/Pötters*, § 26 BDSG Rn. 32.
769 Siehe die instruktive Auflistung bei *Häußinger*, EuZA 2021, 268, 370 ff.
770 BVerfG 24.02.1971, BVerfGE 30, 173; Gola/Heckman/*Gola/Pötters*, § 26 BDSG Rn. 32.
771 Vgl. ausdrücklich Erwägungsgrund 109 S. 1 u. 2 HinSch-RL.

B. Die verfassungsrechtlichen Grundlagen der konfligierenden Interessen

mittelbar Auswirkung auf die Gewichtung der datenschutzrechtlichen Interessen der Beteiligten.

Unterfällt eine Hinweisgebermeldung – wie von der Rechtsprechung für bewusste Verunglimpfungen angenommen – schon nicht dem Schutzbereich der Meinungsäußerungsfreiheit oder ist der Schutz einer Mitteilung wegen ihres ehrverletzenden Charakters auf Ebene der Verhältnismäßigkeit geringer, so sind umgekehrt die Interessen der beschuldigten Person höher zu gewichten. Unwahre und schuldhaft geäußerte Hinweisgebermeldungen[772] treten infolgedessen hinter das Recht auf Schutz personenbezogener Daten zurück.

V. Zwischenergebnis

Der DS-GVO kann für den Auskunftsanspruch gemäß Art. 15 Abs. 4 DS-GVO unmittelbar das Erfordernis einer Abwägungsentscheidung entnommen werden. Danach ist das Auskunftsinteresse mit den widerstreitenden Interessen anderer Personen, insbesondere des Hinweisgebers, in einen angemessenen Ausgleich zu bringen. Ergibt die Abwägung, dass das Auskunftsinteresse hinter den konfligierenden Interessen zurückbleibt, kann die Erteilung des Anspruchs im Umfang der widerstreitenden Rechte ausnahmsweise verweigert werden.

Der Umfang der Beauskunftung hängt damit im Wesentlichen von einer verfassungsrechtlichen Beurteilung der konkreten Individualinteressen ab. Entscheidungserhebliche Grundlage hierfür sind vor allem die Charta-Grundrechte, die in die Auslegung und Anwendung des Sekundärrechts einfließen. Den einzelnen Grundrechten lässt sich dabei kein Rangverhältnis entnehmen. Die Gewichtung im konkreten Einzelfall muss vielmehr durch Bezugnahme auf einzelne Umstände erfolgen, die den Vorrang eines Rechts begründen können. Ziel des folgenden Kapitels ist die Annäherung an eine solche Abwägungsentscheidung durch einzelne Kriterien und Umstände.

---

772 Diese Kriterien sind auch nach der standardisierten Abwägungsentscheidung des EGRM zu den Kündigungssachverhalte mit Whistleblowerbezug als wesentlich zu beurteilen, vgl. nur *Vitt*, BB 2022, 1780, 1781.

C. Kriterien für die Abwägungsentscheidung des Arbeitgebers im Einzelfall

Für die Bestimmung einzelner Abwägungskriterien sind neben genannten abstrakten Erwägungen auch die bislang hierzu ergangenen wesentlichen Entscheidungen der Rechtsprechung maßgeblich. So führte beispielsweise der BGH in seiner Entscheidung vom 22.02.2022 aus, dass im Rahmen einer Interessenabwägung zugunsten des Auskunftsberechtigten Bedeutung, Gewicht und Zweck des Auskunftsrechts über die Herkunft der Daten gemäß Art. 15 Abs. 1 Hs. 2 lit. g DS-GVO zu berücksichtigen sind.[773] Diese und darüber hinausgehende Wertungen finden im Folgenden Eingang in die Festsetzung abwägungsrelevanter Aspekte.

I. Wahrheitsgehalt einer Meldung

Ausschlaggebend ist, ob die mitgeteilte Information des Hinweisgebers sachlich richtig ist. Das LAG Baden-Württemberg bezieht diesen Aspekt lediglich im Zusammenhang mit dem Verschuldensvorwurf in seine Entscheidung ein.[774] Nach Auffassung des BGH stellt der Wahrheitsgehalt einer Meldung dagegen ein wesentliches, wenn auch nicht das entscheidende Kriterium im Rahmen einer Abwägungsentscheidung dar.[775] Das Gericht hält in seiner Entscheidung vom 22.02.2022 insofern Einzelfälle für denkbar, die trotz Unrichtigkeit der Meldung ausnahmsweise zur Verweigerung der Auskunft führen können.[776] Insbesondere bei Meldungen, die durch ihren Inhalt das Persönlichkeitsrecht der betroffenen Person beeinträchtigen, spielt die objektive Richtigkeit der Informationen jedoch eine wesentliche Rolle.[777] In diesen Fällen steht dem Betroffenen bereits ein zivilrechtlicher Unterlassungsanspruch nach § 1004 Abs. 1 S. 2 BGB analog i.V.m. § 823 Abs. 1 BGB, Art. 2 Abs. 1, 1 Abs. 1 GG zu, ohne dass es überdies eines Verschuldens des Hinweisgebers bedarf.[778] Die objektive Un-

---

773 BGH 22.02.2022, NJW-RR 2022, 764, 768; LAG Berlin-Brandenburg 30.03.2023, NZA-RR 2023, 454, 457.
774 Vgl. LAG Baden-Württemberg 20.12.2018, NZA-RR 2019, 242, 250; LAG Berlin-Brandenburg 30.03.2023, NZA-RR 2023, 454, 457.
775 So ausdrücklich BGH 22.02.2022, NJW-RR 2022, 764, 768.
776 BGH 22.02.2022, NJW-RR 2022, 764, 768, nennt beispielhaft öffentliche Stellen, die besonders sensible Aufgaben, wie die Kriminalitätsbekämpfung wahrnehmen.
777 BGH 22.02.2022, NJW-RR 2022, 764, 768.
778 Vgl. BGH 22.02.2022, NJW-RR 2022, 764, 768; so auch *Lühning*, ZD 2023, 136, 138.

richtigkeit einer Meldung lässt die Schutzbedürftigkeit des Hinweisgebers konsequenterweise absinken, da der betroffene Arbeitnehmer unwahre Tatsachenbehauptungen gegen sich nicht dulden muss.[779] Im Arbeitsverhältnis kann sich praktisch jeder geäußerte Verdacht zumindest in Bezug auf ein strafrechtlich relevantes Verhalten nachteilig auf das Persönlichkeitsrecht auswirken. Bei der Beurteilung einer Meldung muss die objektive Unwahrheit der Behauptung dementsprechend zulasten des Whistleblowers berücksichtigt werden. Soll die Auskunft trotz objektiver Unrichtigkeit der Meldung verweigert werden, bedarf es des Nachweises eines konkreten Schutzbedürfnisses des Hinweisgebers.[780]

Dass das HinschG das Vertraulichkeitsinteresse des (leicht fahrlässigen) Hinweisgebers gemäß §§ 8, 9 HinSchG auch dann schützt, wenn unrichtige Informationen mitgeteilt wurden, steht der hier vorgenommenen Wertung nicht entgegen. Im Rahmen der in Art. 15 Abs. 4 DS-GVO vorzunehmenden Interessenabwägung sind zugunsten des Auskunftsinteresses Bedeutung, Gewicht und Zweck des Auskunftsrechts zu berücksichtigen.[781] Mit Blick auf die erheblichen Verletzungen, die dem Beschuldigten im Hinblick auf sein Persönlichkeitsrecht und sein Ansehen auch durch eine nur leicht fahrlässig mitgeteilte Falschinformationen im Arbeitsverhältnis drohen, dient die Einbeziehung der objektiven Unwahrheit unmittelbar dem Schutzzweck des Art. 15 Abs. 1 DS-GVO. Zugleich wird dem Beschuldigten die zivilrechtliche Inanspruchnahme des Hinweisgebers sowie die Geltendmachung etwaiger weiterer Betroffenenrechte ermöglicht.[782] Anders als durch die gesetzgeberische Wertung in §§ 8, 9 HinSchG zum Ausdruck gebracht, darf die bloße Unwahrheit einer Meldung zu Lasten des Whistleblowers in die Abwägungsentscheidung einfließen. Ob die Unrichtigkeit der Information im Ergebnis zu einem überwiegenden Auskunftsinteresse führt, ist dann aber eine Frage des Einzelfalls, die von den Umständen der konkreten Meldung und insbesondere von einer besonderen Schutzbedürftigkeit des Hinweisgebers abhängt.

---

779 BGH 22.02.2022, NJW-RR 2022, 764, 768; im Ergebnis auch Gola/Heckmann/ *Franck,* Art. 15 DS-GVO Rn. 16.
780 BGH 22.02.2022, NJW-RR 2022, 764, 769; ein solches beispielsweise in einem tätlichen Angriff gegen den Hinweisgeber sehend *Gündel,* ZWE 2022, 250, 251; so auch *Paal/Nikol,* CB 2022, 466, 470.
781 BGH 22.02.2022, NJW-RR 2022, 764, 768; LAG Berlin-Brandenburg 30.03.2023, NZA-RR 2023, 454, 457.
782 BGH 22.02.2022, NJW-RR 2022, 764, 768.

II. Verschuldensvorwurf bei unberechtigten Anzeigen

Die Schutzwürdigkeit eines Hinweisgebers hängt maßgeblich davon ab, ob ihm ein Verschuldensvorwurf hinsichtlich seiner Meldung gemacht werden kann.

Hat der Whistleblower eine unrichtige Information vorsätzlich oder grob fahrlässig mitgeteilt, muss dieses Verschulden im Rahmen der Abwägung zu seinen Lasten berücksichtigt werden.[783] Eine solche Bewertung lässt sich sowohl der Entscheidung des LAG Baden-Württemberg als auch der Entscheidung des BGH entnehmen. Die Gerichte urteilten in beiden Fällen, dass das Geheimhaltungsinteresse des Hinweisgebers stets zurücktrete, wenn er unrichtige Meldungen wider besseres Wissen oder leichtfertig abgegeben habe.[784] Maßstab der Bösgläubigkeit ist folglich nicht nur das vorsätzliche Melden einer fehlerhaften Information, sondern auch das grob fahrlässige Verhalten eines Hinweisgebers, das im Wesentlichen der Leichtfertigkeit entspricht.[785] Für die Einbeziehung des Verschuldensvorwurfs als ein wesentliches Kriterium im Rahmen der datenschutzrechtlich gebotenen Abwägung spricht sich auch der EGMR – wenn auch mit Bezugnahme auf die Motivation des Whistleblowers – aus.[786]

Zudem indiziert der Gleichlauf mit strafrechtlichen Ansprüchen die Bedeutung des Verschuldens für die Abwägungsentscheidung. Meldet der Whistleblower – zumindest bedingt – vorsätzlich falsche Informationen, die den guten Ruf des Beschuldigten beeinträchtigen, macht sich der Hinweisgeber zugleich gemäß § 186 StGB strafbar. Die Strafbarkeit eines Verhaltens schließt konsequenterweise die Schutzwürdigkeit des Hinweisgebers aus.[787] Die strafrechtliche Inanspruchnahme kann folglich ein überwiegendes Auskunftsinteresse begründen.[788]

---

[783] Ebenso *Mohn*, NZA 2022, 1159, 1165; *Paal/Nikol*, CB 2022, 466, 468.
[784] BGH 22.02.2022, NJW-RR 2022, 764, 768; LAG Baden-Württemberg 20.12.2018, NZA-RR 2019, 242, 250.
[785] BGH 21.01.2006, NJW 2006, 1297, 1299; MüKo StGB/*Ceffinato*, § 264 StGB RN. 121.
[786] EGMR 14.02.2023, NJW 2023, 1793 Rn. 128 – Halet/Luxemburg.
[787] Ähnlich auch *Lühning*, ZD 2023, 136, 138.
[788] *Bayreuther* in FS Schmidt, S. 687, 691.

I. Nachforschungspflichten des Hinweisgebers

Eng mit dem Kriterium des Verschuldensvorwurfs verknüpft sind die Anforderungen, die in Bezug auf die Meldung an den Hinweisgeber zu stellen sind. Die Rechtsprechung des EGMR zu Art. 10 EMRK zeigt, dass sich unwahre Meldungen dann nicht nachteilig auf einen Whistleblower auswirken, wenn er bei der Prüfung seiner Mitteilung „sorgfältig Schritte"[789] eingeleitet hat.[790] Die Erfüllung einer solchen Prüfobliegenheit steht insofern der Annahme eines bösgläubigen Verhaltens regelmäßig entgegen.[791]

Als Korrelat zu der verliehenen Freiheit impliziert Art. 10 EMRK „Pflichten und Verantwortung" des Hinweisgebers, die sich in der Notwendigkeit niederschlagen, Nachforschungen durchzuführen.[792] Die Bejahung einer solchen Nachforschungspflicht lässt jedoch nicht zwangsläufig den Schluss zu, dass der Hinweisgeber stets die Verantwortung für die Richtigkeit einer Meldung trägt. Als ausreichend anzusehen ist der verantwortungsvolle Umgang des Whistleblowers mit den einer Meldung zugrunde liegenden Informationen.[793]

Bislang nicht entschieden ist allerdings, ob eine Nachforschungsverpflichtung auch für nationale Sachverhalte gilt.[794] Im Unterschied zu den Entscheidungen des EGMR sind insbesondere Sachverhalte umstritten, in denen sich eine Hinweisgebermeldung gegen andere Arbeitnehmer und nicht gegen den Arbeitgeber richtet.

Die bisherige nationale Rechtsprechung im Kontext von Hinweisgebermeldungen schützt die Informationsweitergabe durch Hinweisgeber, sofern diese nicht wissentlich oder leichtfertig unwahr handeln.[795] Der Gutgläubigkeitsmaßstab bemisst sich demzufolge unabhängig von einer etwaigen Nachforschungspflicht.[796]

---

789 EGMR 14.02.2023, NJW 2023, 1793 Rn. 126 – Halet/Luxemburg.
790 EGMR 16.02.2021, NZA 2021, 851 Rn. 76 – Gawlik/Liechtenstein; EGMR 14.02.2023, NJW 2023, 1793 Rn. 126 – Halet/Luxemburg.
791 So wohl EGMR 14.02.2023, NJW 2023, 1793 Rn. 126 – Halet/Luxemburg.
792 EGMR 12.02.2008, BeckRS 2011, 77277 Rn. 75 – Guja/Moldawien; EGMR 14.02.2023, NJW 2023, 1793 Rn. 124 – Halet/Luxemburg.
793 EGMR 14.02.2023, NJW 2023, 1793 Rn. 127 – Halet/Luxemburg.
794 Siehe bereits Kap. 2 B. II. 4.
795 BVerfG 02.07.2001, NJW 2001, 3474, 3476; BGH 22.02.2022, NJW-RR 764, 768; BAG 27.09.2012, NJOZ 2013, 1064, 1068; LAG Baden-Württemberg, 20.12.2018 NZA-RR 2019, 242, 250; LAG Rheinland-Pfalz, 11.05.2022, BeckRS 2022, 21202 Rn. 24; *Gerdemann*, NJW 2021, 2324, 2326.
796 *Gerdemann*, NJW 2021, 2324, 2326.

Kapitel 3: Die Grenze des Auskunftsanspruchs bei Sachverhalten außerhalb des HinSchG

Regelmäßig wird eine Meldung zudem lediglich interne Ermittlungen anstoßen. Während der Arbeitgeber aufgrund seiner Fürsorge- und Legalitätspflicht prinzipiell zur Durchführung von Ermittlungsmaßnahmen verpflichtet ist und er zu diesem Zweck „*Internal Investigations*" einleitet,[797] können eigene Ermittlungen von Beschäftigten nicht erwartet werden.

Indes handelt es sich um keine unzumutbare Anforderung an den Hinweisgeber, wenn dieser zur Einhaltung gewisser Sorgfaltspflichten angehalten wird. Je mehr Verdachtsmomente für einen Verstoß sprechen und je leichter weitere Informationen zur Bewertung eines Fehlverhaltens für den Whistleblower verfügbar sind, desto eher darf eine Nachforschung erwartet werden.[798] Entsprechend einer solchen „abgestuften Prüfpflicht"[799] wird der Hinweisgeber nicht in die Rolle einer Ermittlungsperson gedrängt, der er ohnehin bereits mangels entsprechender Kompetenz[800] nicht gerecht werden könnte. Die Ermittlungstätigkeit per se ist vielmehr weiterhin Aufgabe des Arbeitgebers. Es darf jedoch unterstellt werden, dass der Whistleblower die ihm zugänglichen Informationen seiner Meldung gewissenhaft zugrunde gelegt hat.[801] Während Erwägungsgrund 91 S. 1 HinSch-RL vorsieht, dass Vereinbarungen über etwaige Pflichten des Hinweisgebers nicht dazu führen sollen, dass Meldungen versagt werden können, gilt dies für Sachverhalte außerhalb der HinSch-RL bzw. des HinSchG nicht. Für solche Fälle wäre vielmehr denkbar, eine Meldung vom verantwortungsvollen Umgang mit Informationen und dem Ergreifen etwaiger Nachforschungen durch den Hinweisgeber abhängig zu machen. Der grundsätzliche Schutz des Whistleblowers und die Ermittlungspflichten des Arbeitgebers dürfen unterdessen auch außerhalb des HinSchG nicht unterlaufen werden.

2. Motivation des Hinweisgebers

Mit dem Verschuldensvorwurf in engem Zusammenhang steht die Motivation des Hinweisgebers. So prüft beispielsweise der EGMR die Gutgläubigkeit eines Hinweisgebers anhand der zugrunde liegenden Motivation für

---

[797] BAG 07.12.2006, NJW 2007, 2204, 2206; so auch *Gerdemann*, NJW 2021, 2324, 2326.
[798] Ähnlich auch *Lühning*, ZD 2023, 136, 139.
[799] *Lühning*, ZD 2023, 136, 139; ähnlich auch *Vitt*, BB 2022, 1844, 1846.
[800] Siehe zum staatlichen Ermittlungsmonopol *Gerdemann*, NJW 2021, 2324, 2327.
[801] *Vitt*, BB 2022, 1844, 1846; *Lühning*, ZD 2023, 136, 139.

C. Kriterien für die Abwägungsentscheidung des Arbeitgebers im Einzelfall

die Meldung.[802] Gegen die Gutgläubigkeit spricht nach dem EGMR etwa der persönliche Groll eines hinweisgebenden Arbeitnehmers.[803] Während die Motive einer Meldung nach dem HinSchG irrelevant sind,[804] ist die Berücksichtigung außerhalb des Anwendungsbereichs des HinSchG nicht per se ausgeschlossen.

Zwar spricht aus Sicht des Arbeitgebers gegen die Einbeziehung der Motivation in eine Interessenabwägung, dass eine solche als innere Tatsache nur schwer nachweisbar ist. Selbst wenn der Arbeitgeber für die Abgabe einer Meldung die Offenlegung der Motive zwingend voraussetzt oder zumindest nachträglich vom Hinweisgeber Auskunft darüber verlangt, ergibt sich hieraus keine vereinfachte Aufklärbarkeit. Der bösgläubige Hinweisgeber teilt zudem seine unredliche Motivation nicht mit.

Zieht man die Motive einer Meldung im Rahmen einer Abwägungsentscheidung jedoch nicht als zwingendes Kriterium heran, aus dem sich eine pauschale Abwägungsentscheidung ableiten lässt, sondern berücksichtigt ausschließlich nachweisbare Motive etwa als Indiz für unredliches Verhalten, kann diesem Einwand begegnet werden. Handelt der Hinweisgeber aus persönlichem Groll oder Rache, kann dies ein bösgläubiges Verhalten indizieren und so die Abwägungsentscheidung zugunsten des Auskunftsinteresses beeinflussen. Im Übrigen verbietet sich der Schluss aus prozessrechtlichen Beweisschwierigkeiten auf die Vernachlässigung eines Kriteriums in der materiell-rechtlichen Abwägungsentscheidung.

3. Zwischenergebnis

Manifestiert das HinSchG in §§ 8, 9 HinSchG den gesetzgeberischen Willen zum Schutz des redlichen Hinweisgebers, ist eine entsprechende gesetzlich antizipierte Wertung außerhalb des HinSchG nicht gegeben. Die Redlichkeit des Hinweisgebers entsprechend den Vorgaben der Rechtsprechung ist gleichwohl auch in diesen Sachverhalten maßgebliches Kriterium. Das Gewicht des Auskunftsinteresses überwiegt das Vertraulichkeitsinteresses

---

802 EGMR 12.02.2008, BeckRS 2011, 77277 Rn. 77 – Guja/Moldawien; EGMR 16.02.2021, NZA 2021, 851 Rn. 71 – Gawlik/Liechtenstein; EGMR 14.02.2023, NJW 2023, 1793 Rn. 128 – Halet/Luxemburg; statt vieler in der Lit., *Czech,* NLMR 2023, 69, 71.
803 EGMR 14.02.2023, NJW 2023, 1793 Rn. 128 – Halet/Luxemburg.
804 BT-Dr. 20/3442, S. 32 mit Verweis auf Erwägungsgrund 32 HinSch-RL.

Kapitel 3: Die Grenze des Auskunftsanspruchs bei Sachverhalten außerhalb des HinSchG

eines vorsätzlich oder leichtfertig handelnden Hinweisgebers. Nur durch die Offenlegung der Identität kann folglich dem Zweck der Rechtmäßigkeitskontrolle entsprochen werden.[805]

III. Schutzbedürftigkeit des hinweisgebenden Arbeitnehmers

Ein weiterer Faktor, der Auswirkungen auf den Schutz des Whistleblowers haben kann, ist seine Arbeitnehmereigenschaft. Die Beschränkung des Schutzes auf im beruflichen Kontext erlangte Informationen[806] besteht nur im Anwendungsbereich des HinSchG. Die Besonderheiten des Arbeitsverhältnisses müssen daher im Rahmen der Interessenabwägung berücksichtigt werden. So löst das das Arbeitsverhältnis kennzeichnende Über- und Unterordnungsverhältnis eine besondere Schutzbedürftigkeit von Arbeitnehmern gegenüber ihrem Arbeitgeber aus. Dieses speziell dem Arbeitsverhältnis innewohnende Konfliktpotenzial greift bei externen hinweisgebenden Personen nicht, sodass diese grundsätzlich weniger schutzbedürftig sind als Angehörige des Unternehmens.[807] In diesem Sinne setzt sich der unternehmensinterne Whistleblower aufgrund seiner Abhängigkeitsstellung durch die Abgabe einer Meldung einer größeren Gefahr aus als eine externe Person.

IV. Geltendmachung des Auskunftsanspruchs während laufender Ermittlungen

Besonders problematisch erweist sich die Entscheidung über den Auskunftsanspruch für Arbeitgeber, wenn infolge der Hinweisgebermeldung interne Ermittlungen gegen den Auskunftsberechtigten eingeleitet wurden und noch nicht abgeschlossen sind. Dies wird häufig die Regel sein, da sich die Wahrheit von Mitteilungen durch Hinweisgeber oft erst im Zuge einer anschließenden unternehmensinternen Untersuchung bewerten lässt. Der Arbeitgeber möchte in einer solchen Konstellation weder die Ermittlungen noch das Vertraulichkeitsinteresse des Hinweisgebers gefährden. Ausgangspunkt für die Frage der Beauskunftung ist in solchen Fällen ebenfalls die Interessenabwägung i.S.d. Art. 15 Abs. 4 DS-GVO, wobei die Gefährdung

---

805 BGH 22.02.2022, NJW-RR 2022, 764, 768.
806 BeckOK HinSchG/*Colneric/Gerdemann*, § 1 Rn. 218.
807 So auch Erwägungsgrund 32 DS-GVO.

C. Kriterien für die Abwägungsentscheidung des Arbeitgebers im Einzelfall

interner Ermittlungen als Abwägungskriterium dienen kann, um den Anspruch gemäß Art. 15 Abs. 1 DS-GVO – zumindest zeitweise – zu verweigern.

1. Interesse des Arbeitgebers

Anders als das LAG Baden-Württemberg[808] erkennt der BGH die Aufklärung von Fehlverhalten nicht als möglichen Grund zur Verweigerung des Auskunftsanspruchs an.[809] Nach seiner Ansicht kann das Interesse an einer effektiven Aufgabenerfüllung das grundrechtlich verbürgte Auskunftsinteresse nicht überwiegen.[810] Dieser Aspekt verdeutlicht die Grenzen der Übertragbarkeit der Entscheidung des BGH auf Arbeitsverhältnisse.

Im Gegensatz zu von rein zivilrechtlichen Sachverhalten betroffenen Parteien kann sich ein Arbeitgeber auf seine verfassungsrechtlich geschützte unternehmerische Freiheit gemäß Art. 16 GRCh berufen.[811] Ein pauschales Zurückstehen der arbeitgeberseitigen Interessen im Verhältnis zum Auskunftsinteresse kann folglich nicht angenommen werden. Vielmehr muss dies in der Abwägung der konkurrierenden Interessen begründet werden.

Das primärrechtlich abgesicherte Recht des Arbeitgebers umfasst zum einen das Interesse an der Aufrechterhaltung des Betriebsfriedens, das durch den Schutz der wirtschaftlichen Betätigungsfreiheit gewährleistet wird:[812] Aufgrund seiner Stellung muss der Arbeitgeber im Rahmen seiner Rücksichtnahme- und Fürsorgepflicht die Persönlichkeitsrechte seiner Arbeitnehmer verpflichtend beachten. Zum anderen umfasst der Schutzgehalt der unternehmerischen Freiheit gemäß Art. 16 GRCh das Recht auf Geheimhaltung von Betriebs- und Geschäftsgeheimnissen sowie von Geschäftsunterlagen und also von potenziell sensiblen Daten.[813]

Die Unterlagen, die im Rahmen interner Ermittlungen angefertigt werden, sind sowohl hinsichtlich einer möglichen Gefährdung der Ermittlungen als auch in Bezug auf die Identität des Whistleblowers als sensibel einzustufen.

---

808 LAG Baden-Württemberg 20.12.2018, NZA-RR 2019, 242, 250.
809 BGH 22.02.2022, NJW-RR 2022, 764, 769.
810 BGH 22.02.2022, NJW-RR 2022, 764, 769.
811 Siehe hierzu Kap. 2 B. III.
812 Vgl. Kap. 2 B. III. 2. a).
813 EuGH 23.09.2004, EuZW 2004, 764 Rn. 49 – Axel Springer AG u.a.; *Schmidt*, Regelungsoptionen des deutschen Gesetzgebers zum Whistleblower-Schutz in Umsetzung der EU-RL 2019/1937, S. 48.

Kapitel 3: Die Grenze des Auskunftsanspruchs bei Sachverhalten außerhalb des HinSchG

2. Interesse des Hinweisgebers

Auf Seiten des Hinweisgebers ist dessen berechtigtes Interesse auf Vertraulichkeit und Identitätsschutz einzubeziehen, das primärrechtlich in Art. 7, 8 GRCh geregelt ist. Ist dem Arbeitgeber eine zeitweise Verweigerung des Auskunftsverlangens verwehrt, obwohl die Ermittlungen noch nicht abgeschlossen sind, könnte eine frühzeitige Erfüllung des Auskunftsanspruchs zur Beeinträchtigung der Hinweisgeberinteressen führen; die Offenlegung der Identität des Whistleblowers kann nicht rückgängig gemacht werden.

3. Auswirkung laufender interner Untersuchungen

Zum Schutz der Ermittlungen und der Interessen des Hinweisgebers könnte dementsprechend dem Arbeitgeber eine vorübergehende Auskunftsverweigerung zugestanden werden.[814] Eine solche Ausnahme von der Erfüllung des Auskunftsverlangens ist in der DS-GVO ausschließlich für den Informationsanspruch in Art. 14 Abs. 5 lit. b Hs. 2 Alt. 2 DS-GVO vorgesehen. Danach kann die Mitteilung von Informationen unterbleiben, sofern diese die Verwirklichung der Ziele der Datenverarbeitung unmöglich machen oder ernsthaft beeinträchtigen. Die Vorschrift schafft die Möglichkeit, die Auskunftserteilung bis zum Zeitpunkt der vollständigen Ausermittlung hinauszuzögern, um die Vereitelung der Aufklärung schwerer Straftaten zu verhindern.[815] Dies gilt insbesondere für die Mitteilung von Informationen über interne Ermittlungen, die eine weitergehende Untersuchung beeinflussen und nachteilig stören könnten.[816] Die temporäre Auskunftsverweigerungsmöglichkeit nach Art. 14 Abs. 5 lit. b DS-GVO endet mit Fortfall der Beeinträchtigungsgefahr.[817]

---

814 So bereits Artikel-29-Datenschutzgruppe 1/2006, WP 117, S. 15; *Fuhlrott/Oltmanns,* NZA 2019, 1105, 1110; *Fuhlrott,* GWR 2019, 157, 158; *Peisker,* Der datenschutzrechtliche Auskunftsanspruch, 2022, S. 446; *Brink/Joos,* ZD 2019, 483, 487.
815 *Mohn,* NZA 2022, 1159, 1160.
816 DSK, Orientierungshilfe zu Whistleblowing-Hotlines, 14.08.2018, S. 10; *Altenbach/Dierkes,* CCZ 2020, 126, 128; *Fritz/Nolden,* CCZ 2010, 170, 177; BeckOK Datenschutzrecht/*Schmidt-Wudy,* Art. 14 DS-GVO Rn. 99.1.
817 *Fassbach/Hülsberg,* GWR 2020, 255, 256; *Nickel,* CB 2022, 20, 23; Kühling/Buchner/*Bäcker,* Art. 14 DS-GVO Rn. 59; a.A. BeckOK Datenschutzrecht/*Schmidt-Wudy,* Art. 14 DS-GVO Rn. 100.

C. Kriterien für die Abwägungsentscheidung des Arbeitgebers im Einzelfall

Gegen die zeitweise Verweigerung der Auskunft im Rahmen laufender Ermittlungen spricht, dass eine solche für Art. 15 DS-GVO vom Gesetzgeber bewusst nicht vorgesehen ist.[818] Eine analoge Anwendung des Art. 14 Abs. 5 lit. b DS-GVO ist mangels planwidriger Regelungslücke prinzipiell abzulehnen.[819]

Dessen ungeachtet zieht das LAG Baden-Württemberg in seiner Entscheidung vom 20.12.2018[820] die Gefährdung interner Ermittlungen wohl als Kriterium zugunsten des Verantwortlichen heran. In der Entscheidung begründet das Gericht die Zulässigkeit der Einsichtnahme damit, dass es sich um einen abgeschlossenen Vorgang handele und eine Gefährdung des Ermittlungserfolgs damit ausgeschlossen sei. In der Literatur wird ebenfalls die Ansicht vertreten, dass es der verantwortlichen Stelle möglich sein muss, die Auskunft zeitweise zu verweigern.[821] Danach sei es unerheblich, dass Art. 15 DS-GVO einen solchen Verweigerungsgrund nicht ausdrücklich vorsehe, da eine effektive interne Ermittlung ein berechtigtes Interesse darstelle, das im Rahmen der Abwägungsentscheidung des Art. 15 Abs. 4 DS-GVO[822] zu berücksichtigen sei und eine zeitweise Auskunftsverweigerung rechtfertige. Diese Ansicht steht im Einklang mit den Erkenntnissen, die in diesem Kapitel bezüglich der verfassungsrechtlichen Bedeutung der Arbeitgeberinteressen dargelegt wurden.

Wird dem Arbeitgeber der Verdacht einer schwerwiegenden Straftat bekannt, entspricht die Durchführung interner Ermittlungen seiner Sorgfaltspflicht zur Abwendung von Schaden vom Unternehmen und seinen Arbeitnehmern. Die reibungslose Durchführung von Untersuchungsmaßnahmen ist folglich unabdingbar und findet ihre Grundlage in der primärrechtlich geschützten unternehmerischen Freiheit.

In der Konsequenz ändert sich am prinzipiellen Vorgehen nichts. Es bleibt bei einer Abwägung der widerstreitenden Interessen. Im Gegensatz zu der bisher oft vernachlässigten Berücksichtigung der Interessen des Arbeitgebers können diese nach hier vertretener Ansicht als Abwägungskriterium einbezogen werden.

---

818 *Schreiber/Brinke*, RDi 2023, 232, 235.
819 Simitis/Hornung/Spiecker gen. Döhmann/*Dix,* DS-GVO Art. 15 Rn. 36; *Kuznik,* NVwZ 2023, 297, 303; *Schreiber/Brinke*, RDi 2023, 232, 235.
820 , LAG Baden-Württemberg 20.12.2018, NZA-RR 2019, 242, 250; so auch *Fuhlrott,* GWR 2019, 157, 158.
821 *Peisker*, Der datenschutzrechtliche Auskunftsanspruch, S. 446 f.; so für die Beschränkung des § 83 Abs. 1 BetrVG *Fritz/Nolden,* CCZ 2010, 170, 177.
822 *Peisker*, Der datenschutzrechtliche Auskunftsanspruch, S. 446 f.

Wird mit Blick auf laufende Ermittlungen ein Recht zur vorübergehenden Auskunftsverweigerung geltend gemacht, dürfen die Interessen des Beschuldigten nicht unberücksichtigt bleiben. Diesen wird einerseits durch die zeitliche Beschränkung der Beauskunftung Rechnung getragen und andererseits durch die Berücksichtigung strafprozessualer Wertungen. Spezielle, den Beschuldigten im Strafverfahren schützende Vorschriften, wie beispielsweise §§ 137, 147 StPO, greifen im Privatrechtsverhältnis grundsätzlich nicht.[823] Um der Gefahr unverhältnismäßiger Beeinträchtigung von Betroffenenrechten zu begegnen, die insbesondere dadurch begründet ist, dass der Betroffene den Ermittlungsmaßnahmen im Unternehmen oftmals mehr oder minder hilflos ausgesetzt ist, können strafprozessuale Wertungen auf einen arbeitsrechtlichen Sachverhalt übertragen werden. Interessengerecht erscheint es daher, dem Arbeitgeber die temporäre Verweigerung nur zu gestatten, wenn Tatsachen vorliegen, die – in Anlehnung an § 147 Abs. 1 und 2 StPO – eine konkrete Gefährdung von Ermittlungen begründen. Die pauschale Behauptung einer solchen genügt insofern nicht. Die Übertragung der Wertungen aus der StPO auf diesen Sachverhalt ist unter Berücksichtigung der entgegenstehenden Rechte Dritter angemessen, insbesondere angesichts der potenziellen schwerwiegenden Nachteile, die ihn im Rahmen von internen Ermittlungen treffen könnten.

V. Vorwurf eines Verstoßes mit geringem Unrechtsgehalt

Begründen Ordnungswidrigkeiten oder sonstige Verstöße mit geringem Unrechtsgehalt im Vergleich zur Verletzung eines Straftatbestands einen geringeren Vorwurf gegenüber dem Beschuldigten,[824] könnte dieser Umstand ebenfalls als Kriterium in einer Interessenabwägung berücksichtigt werden. Das HinSchG differenziert zwar nicht zwischen verschiedenen Arten von Verstößen. Der Anwendungsbereich ist gemäß § 2 Abs. 1 Nr. 1 und 2 HinSchG sowohl für straf- als auch für bußgeldbewehrte Verstöße eröffnet, wobei letztere – zumindest mittelbar[825] – dem Schutz von Leben, Leib oder Gesundheit oder dem Schutz der Rechte von Beschäftigten oder ihrer Vertretungsorgane dienen müssen, vgl. § 2 Abs. 1 Nr. 2 HinSchG. Der Gesetzgeber hat folglich bereits bei der Definition des Anwendungsbereichs

---

823 *Klaas*, CCZ 2018, 242.
824 *Lühning*, ZD 2023, 136, 140.
825 BT-Drs. 20/5992, S. 41; so auch *Bayreuther*, NZA-Beil. 2020, 20, 21.

die Erheblichkeit eines Verstoßes zur Beurteilung der Schutzbedürftigkeit berücksichtigt.[826] Außerhalb des Anwendungsbereichs des HinSchG sind insofern primär Meldungen über Verstöße mit geringem Unrechtsgehalt erfasst. In solchen Fällen treffen den Beschuldigten häufiger weniger starke Konsequenzen und auch die Ermittlungsmaßnahmen des Arbeitgebers fallen regemäßig weniger intensiv aus, was zugunsten des Hinweisgebers berücksichtigt werden kann. Demgegenüber darf nicht übersehen werden, dass Meldungen über angebliche Verstöße häufig noch unkonkret sind und der Arbeitgeber umfassend ermittelt, um etwa ein Überschreiten der Strafbarkeitsschwelle auszuschließen. Ferner kann auch die Meldung eines bloßen Compliance-Verstoßes unterhalb der Strafbarkeitsschwelle zu beruflichen Nachteilen des Beschuldigten führen. Solange der Sachverhalt keiner endgültigen Klärung zugeführt ist, steht dem Hinweisgeber jedenfalls ein vorläufiges Vertraulichkeitsinteresse zu.

Dass dem Vorwurf kein erheblicher Unrechtsgehalt innewohnt, indiziert isoliert betrachtet insofern noch kein Überwiegen eines Interesses.[827]

Dieses Kriterium kann mithin nur dann Einfluss auf eine Abwägungsentscheidung nehmen, sofern die Ermittlungen gegen den Hinweisgeber abgeschlossen sind und sich die Unwahrheit der Meldung herausgestellt hat. Ferner kann die Intensität des Verdachts allenfalls ein erhöhtes Maß an Sorgfalt im Hinblick auf die Nachforschungspflicht des Hinweisgebers begründen.[828]

VI. Interesse an der Funktionsfähigkeit des Hinweisgebersystems

Der Beschäftigungsgeber möchte durch Einrichtung eines Hinweisgebersystems seinem Compliance-Auftrag gerecht werden. Das Hinweisgebersystem muss demnach effektiv zur Aufklärung von Fehlverhalten beitragen. Durch die Einschränkung des Auskunftsanspruchs wird das Risiko der Aufdeckung der Identität für Hinweisgeber gemindert und dadurch ggf. ein Anreiz zur Meldung geschaffen, der mittelbar die Funktionsfähigkeit des Hinweisgebersystems erhöht.

Die Förderung der Funktionsfähigkeit eines Meldesystems allein kann die Interessenabwägung jedoch nicht beeinflussen. Weder das LAG Baden-

---

826 BeckOK HinSchG/*Colneric/Gerdemann*, § 2 Rn. 17.
827 Ebenso *Lühning*, ZD 2023, 136, 140.
828 Siehe Kap. 3 C. II. 1.; ähnlich auch *Lühning*, ZD 2023, 136, 139.

Kapitel 3: Die Grenze des Auskunftsanspruchs bei Sachverhalten außerhalb des HinSchG

Württemberg noch der BGH sahen in dem Interesse an einer „sachgerechten und effektiven Aufgabenerfüllung"[829] ein Kriterium, das die Verweigerung der Auskunft begründen kann.[830]

Dem sozialen Frieden, der durch Verweigerung der Auskunft gewahrt werden könnte, kommt ein gegenüber dem mietvertraglichen Rechtsverhältnis, das der Entscheidung des BGH zugrunde lag, im Rahmen eines Arbeitsverhältnisses im Hinblick auf die Unternehmensinteressen prinzipiell größere Bedeutung zu. Denn die Beeinträchtigung des sozialen Friedens zwischen den Parteien hat nur im Beschäftigungsverhältnis unmittelbare Auswirkungen auf die betrieblichen Interessen eines Unternehmens. Ein Unternehmen ist, bezogen auf die Funktionsfähigkeit des Hinweisgebersystems, unter dem Blickwinkel verfassungsrechtlicher Wertungen durch die Erteilung einer Auskunft in seiner Betätigungsfreiheit betroffen. Zugleich kann der Schutz potenziell sensibler Daten tangiert sein, der grundsätzlich ebenfalls von Art. 16 GRCh umfasst ist. Zwar sind sensible Unterlagen, die zugleich personenbezogene Daten beinhalten, auch von Art. 8 GRCh geschützt; in Bezug auf Ermittlungsunterlagen oder sonstige geheimhaltungsbedürftige Daten, die die Identität des Whistleblowers betreffen, ist dagegen dessen Recht auf Schutz personenbezogener Daten gemäß Art. 8 GRCh vorrangig. Das Kriterium der Funktionsfähigkeit ist folglich kein in der juristischen Person des Unternehmens begründeter Auskunftsverweigerungsgrund. Das Unternehmen ist allenfalls in seinem Betriebsfrieden betroffen, das einen begrenzten Aspekt der unternehmerischen Freiheit gemäß Art. 16 GRCh darstellt. Die Gewichtung der Interessen im Verhältnis zwischen dem Beschäftigungsgeber und dem Auskunftsberechtigten ergibt insofern eine überwiegende Berücksichtigung des Auskunftsinteresses gemäß Art. 8 Abs. 2 S. 2 GRCh. Das Transparenzinteresse ist wesentliche Grundlage für die Gewährleistung der informationellen Selbstbestimmung, hinter die der Betriebsfrieden zurücktreten muss.

Die Interessen des Unternehmens an einem funktionsfähigen Hinweisgebersystem berechtigen folglich nicht zur Verweigerung eines Auskunftsverlangens. Wie die Untersuchung unter Punkt IV. gezeigt hat, können unternehmensbezogene Interessen allenfalls eine zeitweise Einschränkung begründen.

---

[829] So für das Interesse einer Hausverwaltung, BGH 22.02.2022, NJW-RR 2022, 764, 769.
[830] LAG Baden-Württemberg, 17.03.2012, NZA-RR 2021, 410, 413; BGH 22.02.2022, NJW-RR 2022, 764, 769.

VII. Zusammenfassung

Unter Berücksichtigung der verfassungsrechtlichen Wertungen aus Kap. 3 B. lassen folgende Kriterien eine typisierte Abwägungsentscheidung im Einzelfall zu:

(1) Ausschlaggebend kann der Wahrheitsgehalt der Meldung sein. Handelt es sich bei dem mitgeteilten Verdacht um eine Falschinformation, ist dies als wesentliches Kriterium zulasten des Hinweisgebers in eine Abwägungsentscheidung einzubeziehen. Dem zu Unrecht Beschuldigten muss es im Falle einer erheblichen Beeinträchtigung seines Persönlichkeitsrechts möglich sein, gegen den Hinweisgeber beispielsweise einen zivilrechtlichen Unterlassungsanspruch nach §§ 1004 Abs. 1 S. 2 BGB analog i.V.m. 823 Abs. 1 BGB, Art. 2 Abs. 1, Art. 1 Abs. 1 GG geltend zu machen.

(2) Mit dem Wahrheitsgehalt der Mitteilung eng verknüpft ist der Verschuldensvorwurf, der dem Hinweisgeber gemacht werden kann. Hat dieser eine Information vorsätzlich oder grob fahrlässig mitgeteilt, treten seine hinter den Auskunftsinteressen zurück. Zur Beurteilung des Verschuldens kann die der Meldung zugrunde liegende Motivation bedeutsam sein.

(3) Von dem Whistleblower kann ein sorgfältiger Umgang mit den verfügbaren Informationen und eine – im Umfang beschränkte – Nachforschung erwartet werden. Der Sorgfaltsmaßstab ist dabei von der Zumutbarkeit, Nachforschungsmaßnahmen zu ergreifen, und von der Intensität des geäußerten Verdachts abhängig.[831]

(4) Die Interessen des Arbeitgebers an einem funktionsfähigen Hinweisgebersystem können für sich keine Verweigerung des Auskunftsverlangens begründen. Besteht durch die Erfüllung des Auskunftsanspruchs allerdings ein konkretes Risiko für die Gefährdung interner Ermittlungen, kann dies im Ausnahmefall die zeitweise Verweigerung der Beauskunftung rechtfertigen.

(5) Wesentliche Unterschiede zur Entscheidung über den Auskunftsanspruch im Anwendungsbereich des HinSchG ergeben sich insofern aus der – nicht durch eine gesetzliche Wertung vorweggenommene – Interessenabwägung, sodass die Unwahrheit einer Meldung ggf. die Offenlegung der Identität begründen kann. Zudem kann die Motivation des Whistleblowers als Beurteilungsgrundlage für dessen Bösgläubigkeit herangezogen werden. Im Übrigen entsprechen die Abwägungskriterien im Wesentlichen den in §§ 8, 9 HinSchG normierten Vorgaben.

---

831 *Vitt*, BB 2022, 1844 1846.

Kapitel 3: Die Grenze des Auskunftsanspruchs bei Sachverhalten außerhalb des HinSchG

D. Darlegungs- und Beweislastverteilung im Prozess

Wie bereits ausgeführt, ist der Arbeitgeber für die Umstände darlegungs- und beweisbelastet, die ihn ausnahmsweise zur Verweigerung der Auskunft berechtigten.[832] Er muss die konkreten Tatsachen benennen, die sein überwiegendes Interesse an der Geheimhaltung begründen. Hierfür bedarf es einer konkreten Benennung aller Tatsachen, die ein Zurücktreten des Auskunftsinteresses zugunsten des Identitätsschutzes rechtfertigen.[833]

---

832 Siehe Kap. 2 B. II. 1. a); BGH 22.02.2022, NJW-RR 2022, 764, 768; LAG Berlin-Brandenburg 30.03.2023, ZD 2023, 765, 766 f.; LAG Baden-Württemberg 17.3.2021, NZA-RR 2021, 410, 412 Rn. 32; LAG Baden-Württemberg 20.12.2018, NZA-RR 2019, 242, 251; *Lembke*, NJW 2020, 1841, 1845; *Schulte/Welge*, NZA 2019, 1110, 1113; Kühling/Buchner/*Bäcker*, Art. 15 DS-GVO Rn. 42 f.; Taeger/Gabel/*Louven*, § 29 BDSG Rn. 7; Sydow/Marsch/*Bienemann*, Art. 15 DS-GVO Rn. 64; Simitis/Hornung/Spiecker gen. Döhmann/*Dix*, Art. 15 DS-GVO Rn. 35.

833 BGH 22.02.2022, NJW-RR 2022, 764, 768; LAG Berlin-Brandenburg 30.03.2023, ZD 2023, 765, 766 f.

Kapitel 4: Schutz vor unredlichen anonymen Hinweisgebermitteilungen

Kapitel 4 widmet sich den besonderen verfassungs- und datenschutzrechtlichen Problematiken bei der Abgabe anonymer Meldungen. Erhält ein Verantwortlicher über einen Meldekanal Informationen, die einen Verdacht in Bezug auf ein Fehlverhalten begründen, ohne dass der Hinweisgeber namentlich oder auf andere Weise erkennbar in Erscheinung tritt, handelt es sich um eine anonyme Meldung.[834] Aufgrund der Anonymität des Hinweisgebers ist die Auskunft über die Herkunft der Daten gemäß Art. 15 Abs. 1 Hs. 2 lit. g DS-GVO grundsätzlich ausgeschlossen, sodass von vornherein ein Schutzdefizit zulasten des Auskunftsberechtigten besteht. Auch eine Verteidigung des zu Unrecht Beschuldigten gegen den falschen Verdacht wird dadurch nahezu ausgeschlossen.[835] Vor diesem Hintergrund nimmt die anonyme Mitteilung eine Sonderstellung ein, deren Spezifika und Auswirkungen auf die Interessenabwägung im Folgenden dargestellt werden. Nach Darstellung der praktischen Relevanz anonymer Meldekanäle und der Implikationen anonym mitgeteilter Informationen für den Auskunftsanspruch gemäß Art. 15 Abs. 1 DS-GVO soll das HinSchG im Hinblick auf verfassungs- und datenschutzrechtliche Aspekte untersucht werden, wobei zwischen der Errichtung anonymer Meldekanäle und der Abgabe anonymer Meldungen differenziert wird. Schließlich sollen ein praktischer Umgang und die Auflösung des Konfliktpotenzials anonymer Meldungen entwickelt werden.

---

[834] *Mohn*, NZA 2022, 1159, 1160; nach Erwägungsgrund 26 S. 5 DS-GVO liegen anonyme Informationen vor, sofern sich diese Daten *„nicht auf eine identifizierte oder identifizierbare natürliche Person beziehen, oder personenbezogene Daten [gegeben sind], die in einer Weise anonymisiert worden sind, dass die betroffene Person nicht oder nicht mehr identifiziert werden kann"*; siehe ausführlich zum Begriff der Anonymität *Musiol*, Hinweisgeberschutz und Datenschutz, S. 113.
[835] *Casper*, in Liber Amicorum für Winter, 77, 81.

Kapitel 4: Schutz vor unredlichen anonymen Hinweisgebermitteilungen

A. Relevanz und Implikationen anonymer Meldungen in der Praxis

I. Relevanz der anonymen Meldung in der Compliance-Praxis

Eine Studie der Fachhochschule Graubünden in Zusammenarbeit mit der EQS Group legt die Bedeutung anonymer Meldekanäle offen. Danach verfügen ca. 73 % der befragten deutschen Unternehmen über einen anonymen Meldekanal.[836] Gerade für besonders sensible Sachverhalte wie sexualisierte Belästigungen und Gewalt im Beschäftigungsverhältnis scheinen anonyme Meldungen die einzige Möglichkeit, dem Bedürfnis nach dem Schutz der Identität hinweisgebender Personen gerecht zu werden. Insofern senkt die Anonymität die Hemmschwelle von Beschäftigten in Bezug auf die Erstattung von Meldungen im Hinweisgebersystem.[837] Dies gilt umso mehr, seitdem das HinSchG das Nebeneinander von internen und externen Meldungen gestattet.[838] Die Möglichkeit, anonyme Meldungen abzugeben, kann Anreize schaffen, von einer externen Meldung abzusehen oder dem Unternehmen Hinweise verschaffen, die es ohne die Möglichkeit der Anonymität nicht bekommen hätte. So führt die Gesetzesbegründung zum HinSchG aus, dass die Attraktivität des internen Meldekanals durch anonyme Systeme erhöht werden könne.[839]

In Abgrenzung zur anonymen Meldung ist bei einer vertraulichen Meldung dem Verantwortlichen der Meldestelle die Identität des Hinweisgebers bekannt und wird gemäß § 8 Abs. 1 Nr. 1 HinSchG vertraulich behandelt. Da anonyme Meldungen die Hemmschwelle für Hinweisgebende selbst gegenüber vertraulichen Meldungen noch einmal deutlich verringern, wird oftmals- trotz fehlender gesetzlicher Verpflichtung[840] – auch die Möglichkeit anonymer Meldungserstattung gegeben. Für die (zusätzliche) Errichtung anonymer Meldekanäle wird vorgebracht, dass nur so die Effektivität des Whistleblowings garantiert werden kann.[841]

Trotz positiver Aspekte anonymer Meldungen ist der Beschäftigungsgeber auch zusätzlich herausgefordert: Hinweisgebersysteme dienen dazu,

---

836 FH Graubünden, Whistleblowing Report 2021, S. 51.
837 Statt vieler *Clodius/Warda*, CB 2021, 137, 140; *Lüneborg*, DB 2022, 375, 380 f.
838 Nach § 7 HinSchG ergibt sich ein Wahlrecht zwischen internen und externen Meldestellen.
839 BT-Drs. 20/3442, S. 81.
840 Dazu sogleich.
841 *Fassbach/Hülsberg/Spamer*, CB 2022, 151, 152; dagegen ein vertrauliches System befürworten *Casper* in Liber Amicorum für Winter, 77, 91.

Fehlverhalten aufzudecken und durch eigene Ermittlungsmaßnahmen aufzuklären. Anonyme Meldungen erschweren es, die mitgeteilten Informationen zu überprüfen und ggf. weitere Nachfragen zu stellen, respektive verhindern dies gänzlich.[842] Als weiteres Argument gegen anonyme Meldungen wird häufig ein erhöhtes Missbrauchspotenzial angeführt.[843] Obschon nach der Studie der FH Graubünden missbräuchliche Meldungen – unabhängig davon, ob anonyme Meldungen zugelassen sind oder nicht – selten sind, sind in Deutschland 10,7 % der angezeigten Hinweise als missbräuchlich einzustufen.[844] Dies birgt für betroffene Personen ein erhebliches Risiko, da sich das Stigmatisierungspotenzial vervielfältigt, wenn im Schutz der Anonymität unzureichend begründete Meldungen und falsche Anschuldigungen getätigt werden. Die Informationsasymmetrie, die ohnehin durch Meldungen in Hinweisgebersystemen zulasten des Betroffenen entsteht, wird durch die Anonymität verstärkt und erhöht die Beeinträchtigung.[845] Die Aufdeckung unrichtiger Informationen ist dabei, wie soeben geschildert, häufig erschwert oder gar nicht möglich. Ergreift der Arbeitgeber in Folge einer anonymen Mitteilung Maßnahmen gegen den betroffenen Arbeitnehmer, können sogar ernsthafte berufliche Nachteile drohen. Derweil genießt der Hinweisgeber umfassenden Schutz vor potenziellen Benachteiligungen, die mit seiner Meldung in Verbindung stehen.[846] Dies kann angesichts sensibler Sachverhalte adäquat sein. Gleichzeitig muss das den anonymen Meldungen innewohnende Gefahren- und Konfliktpotenzial angemessen berücksichtigt werden.

In der Regel können die genannten Probleme durch spezialisierte, moderne Meldekanäle, die eine anonyme Kommunikation zulassen,[847] zwar umgangen werden. Gleichwohl verfügt in Deutschland bislang bei Weitem nicht die Majorität der Unternehmen über derartige Meldekanäle.[848] Vor allem für klein- und mittelständische Unternehmen scheitert die Etablierung eines solchen Systems oftmals aus Kostengründen.

---

842 Art.-29-Datenschutzgruppe, WP 117, S. 11 f.; *Casper* in Liber Amicorum für Winter, 77, 91.
843 Art.-29-Datenschutzgruppe, WP 117, S. 12; *Forst,* RDS 2013, 122, 124; krit. *Thüsing/Fütterer/Jänsch,* RDV 2018, 133, 136; siehe ausführlich zur Kritik gegen anonyme Meldesysteme *Brungs,* Whistleblowing, S. 371 ff.
844 FH Graubünden, Whistleblowing Report 2021, S. 11, 61 f.
845 *Grisse,* AfP 2019, 189, 194.
846 *Mohn,* NZA 2022, 1159, 1161.
847 *Baur/Holle,* AG 2017, 379, 384; *Mohn,* NZA 2022, 1159, 1161.
848 Laut der Studie der FH Graubünden finden sich spezialisierte Kanäle nur bei knapp jedem fünften Unternehmen, vgl. Whistleblowing Report 2021, S. 45.

II. Inhalt des Auskunftsanspruchs bei anonymer Hinweisgebermeldung

Sofern das Unternehmen angesichts einer anonym mitgeteilten Information keine Kenntnis über die konkrete Herkunft der Daten hat, kann dem Betroffenen keine Auskunft über diese Metainformation gemäß Art. 15 Abs. 1 Hs. 2 lit. g DS-GVO erteilt werden. Wird eine Auskunft begehrt, kann der Beschuldigte lediglich über die konkret verarbeiteten personenbezogenen Daten gemäß Art. 15 Abs. 1 Hs. 2 DS-GVO unterrichtet werden. Dies wird im Wesentlichen den Inhalt der Hinweisgebermeldung umfassen, also insbesondere das konkrete Fehlverhalten, das dem Beschuldigten vorgeworfen wird. Handelt es sich um eine unrichtige anonyme Meldung, kann mit dem Auskunftsverlangen die in erster Linie relevante Information über die Identität des Whistleblowers nicht gewonnen werden, sodass Folgeansprüche aufgrund etwaiger Persönlichkeitsrechtsverletzung ausgeschlossen sind.

B. Zulässigkeit anonymer Meldungen

Ungeachtet dessen, dass anonyme Meldungen einen nicht unbeträchtlichen Anteil der in Unternehmen abgegebenen Meldungen ausmachen, stellt sich die Frage, ob gegen sie verfassungs- oder datenschutzrechtliche Bedenken bestehen. Im Folgenden werden zunächst die Errichtung anonymer Meldekanäle (I.) und die Entgegennahme anonymer Meldungen im Einzelfall (II.) differenziert. Der Beurteilung sind die Vorgaben des HinSchG zugrunde gelegt.

I. Verfassungs- und datenschutzrechtliche Bedenken gegenüber anonymen Meldekanälen

Der Umgang mit anonymen Meldungen war einer der wesentlichen Problemschwerpunkte bei der Ausgestaltung des HinSchG.[849] In der nun gültigen Fassung des HinSchG wird eine Pflicht zur Einrichtung anonymer Meldestellen in § 16 Abs. 1 S. 5 HinSchG ausdrücklich abgelehnt. Trotz die-

---

849 In der ursprünglichen, vom Rechtsausschuss geänderten Fassung, sah § 16 Abs. 1 S. 4 HinSchG eine Pflicht zur Bearbeitung anonymer Meldungen und in S. 5 die Pflicht zur Einführung solcher Meldekanäle vor, vgl. BT-Drs. 20/4909, 55.

ser – richtigen⁸⁵⁰ – Entscheidung gegen eine Pflicht „sollen" Unternehmen anonym mitgeteilte Informationen gemäß § 16 Abs. 1 S. 4 HinSchG bearbeiten.

1. Vereinbarkeit mit verfassungsrechtlichen Vorgaben

Die verfassungsrechtliche Zulässigkeit anonymer Meldekanäle beurteilt sich danach, ob hierdurch entgegenstehende Rechte im Sinne einer praktischen Konkordanz in einen angemessenen Ausgleich gebracht werden können.

Wie für offene kann sich der redliche Hinweisgeber auch für anonyme Meldungen auf sein Recht auf informationelle Selbstbestimmung gemäß Art. 1 Abs. 1 i.V.m. Art. 2 Abs. 1 GG bzw. sein Recht auf Schutz personenbezogener Daten gemäß Art. 8 EMRK, Art. 7 Abs. 1 und 8 Abs. 1 GRCh berufen.[851] Dem stehen auf Seiten des betroffenen Arbeitnehmers dessen Recht auf informationelle Selbstbestimmung und das Recht auf Schutz personenbezogener Daten entgegen.[852] Während zugunsten des Hinweisgebers insbesondere bei brisanten Informationen der erhöhte Schutzbedarf vor Nachteilen zu berücksichtigen ist, muss das Risiko erheblicher Benachteiligung durch anonyme Meldekanäle auch auf Seiten des betroffenen Arbeitnehmers in die Abwägung einfließen. Eine solche Benachteiligungsgefahr führt gerade bei Falschmeldungen, die durch die Anonymität vermehrt auftreten können, zu einer unangemessenen Belastung des Betroffenen. Hinzu kommt, dass beschuldigte Arbeitnehmer eines Unternehmens, das anonyme Meldekanäle betreibt, keine Möglichkeit haben, rechtlich gegen eine anonyme Mitteilung vorzugehen oder sich adäquat zu verteidigen. Ein etwaiges Auskunftsverlangen kann allenfalls eine Mitteilung über den Inhalt der Hinweisgebermeldung bewirken; hinsichtlich der Identität des Whistleblowers ist die Erfüllung des Anspruchs jedoch bereits faktisch unmöglich, sodass Folgeansprüche gegen den Hinweisgeber ausscheiden. Dies mag in Fällen berechtigter Meldungen zumutbar sein. An Grenzen gerät die Zumutbarkeit allerdings in Fällen der missbräuchlichen Falschmeldung. Während die Interessen des bösgläubigen Hinweisgebers im Rahmen einer

---

850 Siehe ausführlich *Schmidt*, Regelungsoptionen des deutschen Gesetzgebers zum Whistleblower-Schutz in Umsetzung der EU-Richtlinie 2019/1937, S. 214 ff., 224.
851 Da es sich bei dem HinSchG um eine nationale Vorschrift handelt, sind entgegen den Ausführungen zur DS-GVO auch Grundrechte des GG einschlägig.
852 Siehe Kap. 3 B. III.

Kapitel 4: Schutz vor unredlichen anonymen Hinweisgebermitteilungen

Interessenabwägung prinzipiell hinter den Interessen des Betroffenen zurücktreten müssen, sodass Auskunft über die Identität des Whistleblowers erteilt werden kann, sorgt die Anonymität für einen unverhältnismäßigen Vorteil zulasten des Betroffenen. Die Anonymität des Meldekanals schützt in der Konsequenz nicht nur berechtigte, sondern auch unberechtigte Anzeigen, ohne den Beschuldigten angemessen zu entlasten.

Mit Blick auf den Schutzgehalt des Art. 8 Abs. 2 S. 2 GRCh, wonach der Betroffene in der Lage sein muss, abzuschätzen, welches ihn betreffenden Daten bekannt sind und aus welcher Quelle diese Daten stammen, wird das Recht des betroffenen Arbeitnehmers durch anonyme Meldekanäle unangemessen beschränkt.[853] Dem Beschuldigten wird die Möglichkeit genommen, gegen bösgläubige und verleumderische Falschmeldungen vorzugehen, da die Geltendmachung zivil- und strafrechtlicher Ansprüche die Kenntnis der Identität des Whistleblowers voraussetzt.[854].

2. Vereinbarkeit mit datenschutzrechtlichen Vorgaben

Werden durch anonyme Meldungen personenbezogene Daten i.S.d. Art. 4 Nr. 1 DS-GVO gemäß Art. 4 Nr. 2 DS-GVO verarbeitet, müssen neben den verfassungsrechtlichen Vorgaben auch die Bestimmungen der DS-GVO eingehalten werden. Ungeachtet dessen, dass aufgrund der Anonymität der Mitteilung keine Informationen des Whistleblowers verarbeitet werden, beinhaltet die Hinweisgebermeldung personenbezogene Daten über den beschuldigten Arbeitnehmer. Insoweit ergeben sich keine Unterschiede zu offenen Meldungen.[855]

Die datenschutzrechtliche Vereinbarkeit der Regelungen mit anonymen Meldekanälen ist gegeben, wenn die wesentlichen Datenverarbeitungsgrundsätze nach der DS-GVO gewahrt sind. Art. 15 DS-GVO dient der Konkretisierung des ausdrücklich in Art. 5 Abs. 1 lit. 1 Alt. 3 DS-GVO normierten Transparenzgebots,[856] sodass diesem Grundsatz besondere Bedeutung zukommt. Die Gewährleistung von Datenschutz i.S.d. Art. 1 Abs. 2 DS-GVO kann nur dann erzielt werden, wenn der Betroffene die Möglich-

---

853 Siehe bereits die Ausführung unter V. 2. a); ähnlich *Casper* in Liber Amicorum für Winter, 77, 92.
854 Ebenso *Casper* in Liber Amicorum für Winter, 77, 92.
855 Siehe Kap. 1 A. I.
856 Kühling/Buchner/*Herbst*, Art. 5 DS-GVO Rn. 19.

keit erhält, die Verarbeitung ihn betreffender Daten näher zu beleuchten und ggf. zu hinterfragen. Der Grundsatz der Transparenz soll demgemäß sicherstellen, dass dem Betroffenen keine Informationen vorenthalten werden und er umfassend über die konkreten Datenverarbeitungsvorgänge informiert wird.[857] Diese Vorgaben werden in Erwägungsgrund 39 S. 4 DS-GVO noch einmal ausdrücklich betont und sind als Teilaspekt des Auskunftsrecht grundrechtlich in Art. 8 Abs. 2 S. 2 GRCh verankert.[858] Wird einem Betroffenen die umfassende Information entsprechend des Transparenzgebots verwehrt, liegt eine mit den Vorgaben der DS-GVO unvereinbare Datenverarbeitung vor.

In der Konsequenz können diese datenschutzrechtlichen Transparenzvorgaben gegen die Einführung anonymer Meldekanäle eingewendet werden. Zwar steht die Anonymität einer Meldung der Erteilung einer diesbezüglichen Auskunft nicht generell entgegen; der Verantwortliche kann unbenommen eines anonymen Hinweisgebers grundsätzlich Auskunft über den Inhalt einer Meldung erteilen. Wesentliches Element des Rechts aus Art. 15 Abs. 1 DS-GVO ist jedoch die Auskunft über Metainformationen vor allem über die Herkunft der Daten gemäß Art. 15 Abs. 1 Hs. 2 lit. g DS-GVO. Hier zeigt sich wiederum der umfängliche Schutz des anonymen Hinweisgebers. Obschon das Auskunftsrecht gemäß Art. 15 Abs. 1 DS-GVO nicht uneingeschränkt gilt,[859] verbietet sich eine Begrenzung a priori. Für die Versagung einer Beauskunftung bedarf es einer Interessenabwägung, die die konfligierenden Interessen in einen angemessenen Ausgleich bringt.[860] Zugunsten des Auskunftsinteresses sind im Rahmen des Abwägungsvorbehalts insbesondere bösgläubige Meldungen zu berücksichtigen. Durch die Errichtung eines anonymen Meldekanals wird die Auskunft über die Herkunft von Daten, unabhängig von einer Abwägungsentscheidung, stets unterbleiben, sodass ein bösgläubiger Hinweisgeber rein tatsächlich begünstigt wird.

---

857 Kühling/Buchner/*Herbst*, Art. 5 DS-GVO Rn. 18.
858 Kühling/Buchner/*Herbst*, Art. 5 DS-GVO Rn. 18; Paal/Pauly/*Frenzel*, Art. 5 DS-GVO Rn. 21.
859 Vgl. Erwägungsgrund 63 S. 5 DS-GVO.
860 Hierzu umfassend Kap. 2.

Kapitel 4: Schutz vor unredlichen anonymen Hinweisgebermitteilungen

3. Zwischenergebnis

Die Ausführungen machen deutlich, dass die Errichtung anonymer Meldekanäle verfassungs- und datenschutzrechtlichen Bedenken ausgesetzt ist. Bei der Schaffung von Meldekanälen muss gewährleistet werden, dass die Grundsätze der DS-GVO und dabei vor allem das Transparenzgebot ausreichend berücksichtigt werden.

II. Entgegennahme anonymer Meldungen im Einzelfall

Auch wenn ein Unternehmen aufgrund der genannten Vorbehalte keinen anonymen Meldekanal eingerichtet hat, ist nicht ausgeschlossen, dass Informationen anonym weitergegeben werden. So verweist der BGH in seiner Entscheidung vom 22.02.2022 sogar ausdrücklich auf die Möglichkeit, eine Meldung anonym abzugeben.[861] In der Realität lässt sich dieses Vorgehen kaum verhindern, da der Hinweisgeber beispielsweise auf Pseudonyme zurückgreifen kann.

Der Gesetzgeber verdeutlicht mittels der Soll-Vorschrift in § 16 Abs. 1 S. 4 HinSchG, dass Informationen, die anonym mitgeteilt werden, nicht unberücksichtigt bleiben sollten. Eine Bearbeitung anonymer Meldungen durch das Unternehmen entspricht den gesetzlichen Vorgaben, die dieses Verhalten insofern als zulässig implizieren.[862]

Diese Regelung steht im Zusammenhang mit dem vielfach als allgemeine Verpflichtung zur Entgegennahme anonymer Hinweise verstandenen § 130 OWiG,[863] wonach der Inhaber eines Betriebs oder Unternehmens dazu verpflichtet ist, geeignete Aufsichtsmaßnahmen zu ergreifen, um Verstöße gegen Pflichten zu verhindern, die den Inhaber betreffen und mit Strafe oder Bußgeld bewehrt sind.[864] Ein Interesse an der Einhaltung des § 130 OWiG

---

861 BGH 22.02.2022, NJW-RR 2022, 764, 769.
862 *Musiol*, Hinweisgeberschutz und Datenschutz, S. 69.
863 *Degenhart*, Stellungnahme vom 25.03.2023, S. 6; ebenso *Lüneborg*, DB 2022, 375. 381; *Fassbach/Hülsberg/Spamer*, CB 2022, 151, 152; *Dilling*, CCZ 2022, 145, 149 m.w.N.; a.A. *Casper* in Liber Amicorum für Winter, 77, 85.
864 Bei der inhaltlichen Beurteilung der Vorgaben aus § 130 OWiG und § 93 Abs. 2 AktG muss jedoch differenziert werden: Eine generelle Pflicht zur Errichtung eines Meldekanals, der die Entgegennahme von anonymen Meldungen ermöglicht, kann zweifellos nicht aus der Legalitätspflicht abgeleitet werden, vgl. *Dzida/Seibt*, NZA 2023, 657, 662; *Thüsing*, DB 2022, 1066, 1068. Was das HinSchG bereits nicht zwingend anordnet, kann nicht über die Hintertür der Legalitätspflicht postuliert

ergibt sich insbesondere aus der Legalitätspflicht eines Unternehmens gemäß § 93 Abs. 2 AktG und § 43 Abs. 1 GmbHG.[865] Danach ist die Unternehmensleitung nicht nur zur Einhaltung der gültigen Rechtsvorschriften, sondern auch zur Wahrung von Sorgfaltspflichten angehalten. Dieser Pflicht kommt der Vorstand nach, wenn er beispielsweise Compliance-Maßnahmen ergreift und durch entsprechende Organisation Rechtsverstöße durch das Unternehmen verhindert. Andernfalls begeht er eine Pflichtverletzung, die eine Haftung gemäß § 93 Abs. 1 S. 1 AktG bzw. § 43 Abs. 2 GmbHG begründet.[866] Durch die Abgabe einer (stichhaltigen) anonymen Meldung wird ggf. ein relevantes Gefährdungspotenzial[867] begründet, das die Rechtspflicht zur Bearbeitung der Mitteilung indiziert;[868] ein Ermessen hinsichtlich der Aufklärung besteht für das Unternehmen dann nicht.[869] Bewirkt die Legalitätspflicht eines Unternehmens im Einzelfall die Entgegennahme und Weiterverfolgung der mitgeteilten Informationen, kann das HinSchG keine hiervon abweichende Regelung für Fälle innerhalb ihres gesetzlichen Anwendungsbereichs schaffen. Bei der inhaltlichen Beurteilung der Vorgaben aus § 130 OWiG und § 93 Abs. 2 AktG muss jedoch differenziert werden: Eine generelle Pflicht zur Errichtung eines Meldekanals, der die Entgegennahme von anonymen Meldungen ermöglicht, kann zweifellos nicht aus der Legalitätspflicht abgeleitet werden.[870]

Die Soll-Vorschrift in § 16 Abs. 1 S. 4 HinSchG entspricht folglich einer konsequenten Umsetzung der bereits vor dem HinSchG geltenden Rechtslage, sodass der bloßen Entgegennahme keine verfassungs- oder datenschutzrechtliche Bedenken entgegenstehen könnten. Das durch die Mitteilung begründete Gefährdungspotenzial rechtfertigt die Überprüfung des angeblichen Fehlverhaltens im Einzelfall. Neben der Legalitätspflicht trifft das Unternehmen eine Fürsorgepflicht gegenüber seinen Mitarbeitern, wo-

---

werden, vgl. mit Hinweis auf die Einheit der Rechtsordnung, *Dzida/Seibt*, NZA 2023, 657, 662.
865 BeckOK HinSchG/*Dilling*, § 15 Rn. 3; *Wybitul*, ZD 2011, 118, 119; *Lühning*, ZD 2023, 136, 137.
866 BeckOK HinSchG/*Dilling*, § 15 Rn. 7.
867 Vgl. Siemens/Neubürger-Entscheidung des LG München I v. 10.12.2013, NZG 2014, 345, wonach die Erforderlichkeit einer Compliance-Maßnahme in direkter Abhängigkeit zum konkreten Gefährdungspotenzial steht, Wybitul, ZD 2011, 118, 119.
868 BeckOK HinSchG/*Dilling*, § 15 Rn. 4 m.w.N.
869 *Ott/Lüneborg*, CCZ 2019, 71, 72.
870 *Dzida/Seibt*, NZA 2023, 657, 662; *Thüsing*, DB 2022, 1066, 1068; siehe hierzu auch die in diesem Kap. unter Punkt I. dargestellten verfassungs- und datenschutzrechtlichen Bedenken.

Kapitel 4: Schutz vor unredlichen anonymen Hinweisgebermitteilungen

nach sowohl Gefahren für das Unternehmen als auch für Arbeitnehmer abgestellt werden müssen. Ist eine anonyme Meldung hinreichend plausibel, überwiegt die Unternehmensfreiheit, eine solche im Sinne der Legalitäts- und Fürsorgepflicht zu bearbeiten.

Das Unternehmen beschränkt durch die Entgegennahme einer anonymen Meldung im Einzelfall auch nicht das Auskunftsrecht gemäß Art. 15 Abs. 1 DS-GVO a priori.[871] Die durch die Ausnahmesituation einer anonym abgegebenen Meldung möglich werdende Beeinträchtigung des Betroffenenrechts muss durch entsprechende Maßnahmen bei der Aufklärung im Einzelfall berücksichtigt werden.

III. Ergebnis

Aufgrund verfassungs- und datenschutzrechtlicher Bedenken sollten Unternehmen von der Errichtung anonymer Kanäle absehen. Gehen im Einzelfall indes derartige Meldungen ein, ist die Entgegennahme und Bearbeitung in Abhängigkeit der Legalitätsverpflichtung des Unternehmens erforderlich. In einem solchen Fall muss der Schutz des Beschuldigten durch entsprechende Folgemaßnahmen gewährleistet werden.

Im Übrigen wird dem Schutzbedarf des Hinweisgebers durch die vertrauliche Behandlung seiner Identität gemäß § 8 Abs. 1 HinSchG ausreichend Rechnung getragen, sodass anonyme Meldekanäle für den Schutz von Hinweisgebern schon nicht erforderlich sind. Soweit der Hinweisgeber berechtigterweise – zumindest gutgläubig – von seiner Meinungsfreiheit Gebrauch macht, ist er grundrechtlich geschützt. Gleichzeitig kann der Beschuldigte gegen unrechtmäßige bösgläubige Meldungen vorgehen, wodurch ein angemessener Ausgleich der entgegenstehenden Grundrechte erreicht wird.

C. Der Umgang mit anonymen Meldungen in der Praxis

Die vorstehenden Ausführungen zeigen das Konfliktpotenzial anonym abgegebener Meldungen auf. Obschon das HinSchG nicht zur Einrichtung anonymer Hinweisgeberkanäle verpflichtet, sind Meldungen namentlich

---

871 *Schmidt*, Regelungsoptionen des deutschen Gesetzgebers zum Whistleblower-Schutz in Umsetzung der EU-Richtlinie 2019/1937, S. 273.

Unbekannter in der Unternehmenspraxis keine Seltenheit. Unabhängig von den rechtlichen Fragen in Bezug auf die Einführung eines solchen Meldekanals muss daher der praktische Umgang mit anonym eingehenden Meldungen im Verhältnis zum datenschutzrechtlichen Auskunftsanspruch untersucht werden.

Die Anonymität der Erstattung von Mitteilungen schützt den Hinweisgeber in der Regel umfassend. Sinkt die Hemmschwelle, den Arbeitgeber über den Verdacht eines Fehlverhaltens zu informieren, wirkt sich dies vorteilhaft auf die Compliance-Verantwortlichkeit des Unternehmens aus. Den positiven Aspekten stehen allerdings ein eingeschränkter Kommunikationsprozess und eine Informationsasymmetrie gegenüber. Ein reibungsloser Kommunikationsablauf ist für die Sicherstellung einer transparenten und rechtmäßigen Datenverarbeitung i.S.d. Art. 5 Abs. 1 lit. a DS-GVO allerdings essenziell. Der Schutz des Hinweisgebers ist zwar im Hinblick auf besonders sensible Sachverhalte gerechtfertigt. Der mit einer anonymen Meldung einhergehenden erhöhten Missbrauchsgefahr sind Betroffene allerdings schutzlos ausgesetzt. Das erhebliche Risiko, das falschen Meldungen innewohnt und sowohl die berufliche als auch die soziale Existenz beeinträchtigen kann, darf folglich bei der Bewertung anonymer Meldungen nicht unberücksichtigt bleiben.[872]

I. Auswirkungen auf Folgemaßnahmen

Die Einleitung von Folgemaßnahmen setzt eine ausreichend plausibilisierte Mitteilung voraus.[873] Eine Meldung ist in Anlehnung an die Vorgaben des § 152 StPO plausibel, wenn tatsächliche Anhaltspunkte für einen – für das HinSchG relevanten – Verstoß sprechen.[874] Erst wenn dem Unternehmen stichhaltige Informationen vorliegen, dürfen Maßnahmen zur weiteren Aufklärung oder Sanktionierung ergriffen werden, die ggf. tiefer in das Persönlichkeitsrecht des Betroffenen eingreifen. Dagegen genügen „schlüssige Verdachtsmomente"[875] für das Vorliegen eines Fehlverhaltens nicht, um Folgemaßnahmen einzuleiten.[876] Derartige Maßnahmen können erhebliche

---

[872] *Colneric/Gerdemann*, S. 137.
[873] Ähnlich Gola, Hdb Beschäftigtendatenschutz Rn. 788.
[874] *Knaup/Vogel*, CB 2023, 211, 212.
[875] So aber Krieger/Schneider/*Wilsing/Goslar*, Hdb. Managerhaftung, § 17 Rn. 17.13.
[876] *Knaup/Vogel*, CB 2023, 211, 212.

negative Konsequenzen für beschuldigte Arbeitnehmer und das Beschäftigungsverhältnis haben[877] und sollen daher nach hier vertretener Ansicht erst bei hinreichend konkreten Anhaltspunkten in Betracht gezogen werden. Der potenziellen Gefährdung des Beschuldigten durch unbegründete Hinweisgebermeldungen, die durch eingeschränkte Kommunikationsprozesse und die Informationsasymmetrie im Kontext anonymer Meldungen verstärkt wird, muss durch eine an § 152 StPO angelehnte ‚Plausibilitätsschwelle' begegnet werden. Erst wenn dem Unternehmen stichhaltige Informationen vorliegen, dürfen Maßnahmen zur weiteren Aufklärung oder Sanktionierung ergriffen werden, die ggf. tiefer in das Persönlichkeitsrecht des Betroffenen eingreifen. Ist eine Plausibilisierung mit den vorhandenen Daten aus der Meldung nicht möglich, müssen Folgemaßnahmen im Zweifel unterbleiben.[878] In Abhängigkeit vom Detaillierungsgrad des Hinweises, der Schwere des Vorwurfs und den potenziell drohenden Folgen sollten daher abgestufte Maßnahmen entsprechend ihrer Eingriffsqualität erwogen werden.[879]

Zudem können strafprozessuale Wertungen wie die Unschuldsvermutung und die Selbstbelastungsfreiheit dazu verhelfen, die einseitig zulasten des Betroffenen begründete Informationsasymmetrie abzumildern. Eine generelle Übertragung strafprozessualer Grundsätze ist für das Privatrechtsverhältnis zwar abzulehnen.[880] Anders als im Strafprozess werden Folge- und Ermittlungsmaßnahmen im Arbeitsverhältnis nicht von staatlichen Ermittlungsorgane durchgeführt, sodass sich der Beschuldigte keiner übermächtigen staatlichen Gewalt gegenübersieht. Der erhöhten Missbrauchsgefahr anonymer Meldungen und der Informationsasymmetrie muss allerdings Rechnung getragen werden. Zudem befindet sich der beschuldigte Arbeitnehmer aufgrund des bestehenden Über- und Unterordnungsverhältnisses im Arbeitsverhältnis sowie aufgrund der Expertise von Rechtsanwälten, die oftmals für die Durchsetzung von Folgemaßnahmen eingesetzt werden, in einer benachteiligten Position gegenüber dem Arbeitgeber. Dieser darf auch im Rahmen seiner Fürsorge- und Rücksichtnahmepflicht gemäß §§ 611a, 241 Abs. 2 BGB nicht den Schutz des beschuldigten Arbeit-

---

877 *Knaup/Vogel*, CB 2023, 211, 212.
878 *Colneric/Gerdemann*, S. 137; ähnlich *Ott/Lüneborg*, CCZ 2019, 71, 80.
879 *Fuhrmann*, NZG 2016, 881, 885.
880 *Rudkowski*, NZA 2011, 612; *Thüsing*, Beschäftigtendatenschutz und Compliance, § 2 Rn. 5.

nehmers aus den Augen verlieren[881] und ihn nicht vorschnell verurteilen. Um diesem Ungleichgewicht zu begegnen, müssen daher einzelne Wertungen strafprozessualer Garantien übertragen werden.[882] Im Übrigen führen die Unschuldsvermutung und die Selbstbelastungsfreiheit zu keiner unverhältnismäßigen Begünstigung des Beschuldigten.[883] Vielmehr wird allein hierdurch ein angemessenes Gleichgewicht zu der erheblichen Beeinträchtigung durch anonym abgegebene Meldungen erzielt.

II. Auswirkung auf die Interessenabwägung

Teilweise wird vorgeschlagen, die Anonymität einer Meldung im Rahmen einer Interessenabwägung zu berücksichtigen.[884]
Für den allgemeinen Auskunftsanspruch i.S.d. Art. 15 Abs. 1 S. 1 Hs. 2 DS-GVO sind konfligierende Interessen des anonymen Hinweisgebers schon nicht ersichtlich. Hier könnten allenfalls Interessen des Arbeitgebers an einer störungsfreien Aufklärung des Verdachts vorübergehend die Verweigerung der Auskunft rechtfertigen.[885] Bei dieser Abwägung könnte zugunsten des Beschuldigten einfließen, dass eine anonyme Meldung möglicherweise weniger glaubwürdig ist.[886] Ein antizipiertes Abwägungsergebnis lässt sich einer anonymen Meldung allerdings nicht entnehmen, da eine solche nicht zwangsläufig mit einer verminderten Glaubwürdigkeit einhergeht und im Einzelfall plausible Informationen enthalten kann.
Auch für die Interessenabwägung im Zusammenhang mit der Verweigerung eines Auskunftsverlangens nach Art. 15 Abs. 1 Hs. 2 lit. g DS-GVO spielt die Anonymität eine nur untergeordnete Rolle. Ist die Identität aufgrund der Anonymität nicht bekannt, ist eine Auskunft hierüber schon nicht möglich. Sollten konkrete Umstände der Meldung Rückschlüsse auf die Herkunft der Daten zulassen, sind in einem solchen Fall die in Kapitel 3 A. angeführten Abwägungskriterien und das in diesem Rahmen zu beachtende Abwägungsprozedere anzuwenden.[887] Stellt sich heraus, dass

---

881 MüKoBGB/*Spinner*, § 611 BGB Rn. 900; *Lühning*, ZD 2023, 136, 137.
882 Für rechtsstaatliche Grundsätze auch im Privatrechtsverkher *Thüsing*, Beschäftigtendatenschutz und Compliance, § 6 Rn. 65.
883 Für die Selbstbelastungsfreiheit im Kündigungsrecht *Rudkowski*, NZA 2011, 612, 613.
884 MAH ArbR/*Dendorfer-Ditges*, § 35 Rn. 158; *Mahnhold*, NZA 2008, 737, 339 f.
885 Dazu Kap. 3.
886 *Schmolke*, NZG 2020, 5, 11.
887 Siehe Kap. 3 A. II.

Kapitel 4: Schutz vor unredlichen anonymen Hinweisgebermitteilungen

der Hinweisgeber eine unrichtige Meldung bösgläubig getätigt hat, kann die Tatsache, dass dies zunächst anonym geschehen ist, als zusätzliches Gewicht zulasten des Hinweisgebers berücksichtigt werden. Derjenige, der sich bösgläubig hinter dem Deckmantel der Anonymität verbirgt, muss dies bei Aufdeckung seiner Identität gegen sich gelten lassen. Regelmäßig überwiegt das Auskunfts- das Vertraulichkeitsinteresse des Hinweisgebers allerdings bereits dann, wenn es sich um eine unrichtige Meldung handelt und dem Whistleblower ein Verschuldensvorwurf gemacht werden kann.[888] Des Rückgriffs auf das Kriterium der Anonymität bedarf es folglich regelmäßig nicht. Teilt der Hinweisgeber dagegen gutgläubig Informationen mit, darf die Anonymität als solche nicht nachteilig wirken. Der Hinweisgeber wählt auch hier prinzipiell den umfassenden Schutz des anonymen Meldewegs, tut dies aber nicht bösgläubig, sondern in Bezug auf seine Meldung im guten Glauben. Der gutgläubige Whistleblower genießt in einem solchen Fall Vertraulichkeitsschutz gemäß § 8 Abs. 1 HinSchG,[889] sodass die Wertung des HinSchG einer nachteiligen Berücksichtigung der Anonymität entgegensteht.

D. Zusammenfassung

Anonym getätigte Meldungen tragen auf der einen Seite zu einem funktionalen Hinweisgebersystem bei und ermöglichen einen umfassenden Schutz hinweisgebender Personen. Auf der anderen Seite greifen sie erheblich in die Rechte, insbesondere in das datenschutzrechtlich gewährleistete Transparenzinteresse, der beschuldigten Personen ein. Das HinSchG spiegelt diese Ambivalenz wider, indem es die Einrichtung anonymer Meldekanäle dem unternehmerischen Ermessen überlässt. Gehen anonyme Meldungen beim Beschäftigungsgeber ein, muss die potenzielle Missbrauchsgefahr, die diesen Meldungen immanent ist, bei der Umsetzung eventuell erforderlicher Folgemaßnahmen berücksichtigt werden. Wird die Identität des Hinweisgebers im Laufe von Ermittlungen aufgedeckt und stellt sich heraus, dass eine unrichtige Mitteilung bösgläubig abgegeben wurde, kann der Umstand, dass die Meldung anonym getätigt wurde, zusätzlich zulasten des Whistleblowers gewichtet werden.

---

888 Siehe Kap. 3.
889 BT-Drs. 20/5992, S. 35.

Kapitel 5: Resümee und Zusammenfassung der Ergebnisse

Der datenschutzrechtliche Auskunftsanspruch gemäß Art. 15 Abs. 1 DS-GVO stellt die Arbeitsvertragsparteien angesichts neuer gesetzlicher Bestimmungen des HinSchG und kaum vorhandener praktischer Handlungsvorgaben auch künftig vor komplexe Herausforderungen. Der Anspruch auf Auskunft des Betroffenen i.S.d. Art. 15 Abs. 1 DS-GVO unterliegt vor allem dann Einschränkungen, wenn Rechte anderer Personen das Auskunftsrecht überwiegen. Aus Sicht des Auskunftsgegners setzt die Verweigerung der Auskunft daher die differenzierte Abwägung der potenziell widerstreitenden Interessen voraus. Das HinSchG und die dem Vertraulichkeitsgebot des § 8 Abs. 1 HinSchG inhärenten gesetzlichen Wertungen nehmen durch den umfassenden Schutz von Hinweisgebern beträchtlichen Einfluss auf die Interessenabwägung gemäß Art. 15 Abs. 4 DS-GVO.

A. Abschließende Gesamtschau

Die wesentlichen Ergebnisse der vorstehenden Diskussion lassen sich in folgenden zehn Leitsätzen zusammenfassen:

1. Gehen in einem Hinweisgebersystem Meldungen über ein angebliches Fehlverhalten eines Arbeitnehmers ein, werden personenbezogene Daten gemäß Art. 4 Nr. 1 DS-GVO verarbeitet. Neben der datenschutzgerechten Gestaltung der durch die Meldung ausgelösten Datenströme, muss auch die Vereinbarkeit datenschutzrechtlicher Betroffenenrechte mit dem Hinweisgeberschutz gewährleistet sein. In diesem Zusammenhang besteht ein erhebliches Konfliktpotenzial zwischen dem Auskunftsanspruch des Betroffenen gemäß Art. 15 Abs. 1 DS-GVO und dem Vertraulichkeitsinteresse des Hinweisgebers.

2. Der von einer Datenverarbeitung betroffene Arbeitnehmer kann im Arbeitsverhältnis einen umfassenden Auskunftsanspruch gemäß Art. 15 Abs. 1 DS-GVO gegenüber dem Verantwortlichen i.S.d. Art. 4 Nr. 7 DS-GVO geltend machen. Dieses Recht umfasst sowohl die Auskunft über das „Ob" einer Datenverarbeitung (Art. 15 Abs. 1 Hs. 1 DS-GVO) als auch eine vollständige Auskunft über die personenbezogenen Da-

Kapitel 5: Resümee und Zusammenfassung der Ergebnisse

ten, die konkret verarbeitet wurden (Art. 15 Abs. 1 Hs. 2 DS-GVO), inklusive der in dem Katalog des Art. 15 Abs. 1 Hs. 2 lit. a-h DS-GVO zusätzlich aufgeführten Metainformationen. Eine Begrenzung des Auskunftsrechts auf Tatbestandsebene scheidet aus. Im Kontext von Hinweisgebermeldungen ist das Auskunftsrecht über die Herkunft von Daten gemäß Art. 15 Abs. 1 Hs. 2 lit. g DS-GVO von besonderem Interesse. Der Anspruch ermöglicht prinzipiell die Offenlegung der Identität des Hinweisgebers gegenüber dem betroffenen Arbeitnehmer. Art. 15 Abs. 1 DS-GVO wird im Arbeitsverhältnis nicht durch das betriebsverfassungsrechtliche Einsichtsrecht gemäß § 83 Abs. 1 BetrVG verdrängt.

3. Datenschutzrechtlich Verantwortlicher i.S.d. Art. 4 Nr. 7 DS-GVO und folglich korrekter Antragsgegner für das Auskunftsverlangen gemäß Art. 15 Abs. 1 DS-GVO ist prinzipiell der Arbeitgeber. Eine andere Beurteilung kann sich ergeben, wenn das Unternehmen die Meldestelle an eine rechtsanwaltliche Ombudsperson externalisiert. Die rechtsanwaltliche Unabhängigkeit gemäß §§ 1, 43a BRAO begründet dann eine alleinige Entscheidungsbefugnis der Ombudsperson. Der Auskunftsanspruch ist in solchen Fällen an diese zu richten.

4. Der Hinweisgeberschutz ist durch das am 02.07.2023 in Kraft getretene HinSchG gesetzlich normiert. Der gutgläubige Hinweisgeber genießt im Anwendungsbereich des HinSchG durch § 8 Abs. 1 HinSchG weitreichenden Vertraulichkeitsschutz. Dagegen scheidet ein Berufen auf das Vertraulichkeitsgebot gemäß § 9 Abs. 1 HinSchG aus, wenn der Whistleblower vorsätzlich oder grob fahrlässig einen unrichtigen Verdacht mitteilt. Obschon der gesetzgeberische Wille die Aufhebung der Interessensabwägung bei Vorliegen der Voraussetzungen des § 8 Abs. 1 HinSchG zu Gunsten des Hinweisgebers vorsieht, ist eine Abwägung der widerstreitenden Interessen – nach hier vertretener Ansicht – stets erforderlich. Im Übrigen darf dem betroffenen Arbeitnehmer eine Auskunft nicht pauschal verweigert werden. Der zu Unrecht Beschuldigte muss die Möglichkeit erhalten, gegen beeinträchtigende Meldungen vorzugehen und Folgeansprüche gegen den unredlichen Whistleblower geltend zu machen, was zumindest die Erfüllung seines Auskunftsverlangens in Bezug auf den Inhalt einer Hinweisgebermeldung voraussetzt. Eine generelle Verweigerung der Auskunft ist mit Blick auf den

Transparenzgrundsatz der DS-GVO, der sich in Art. 15 Abs. 1 DS-GVO konkretisiert, unvereinbar.

5. Für die prozessuale Geltendmachung des Auskunftsverlangens bedarf es im Anwendungsbereich des HinSchG der Anwendung der sekundären Darlegungslast. Dadurch wird eine wertungsmäßen Verteilung der allgemeinen Darlegungs- und Beweislastgrundsätze, die sich aus dem materiell-rechtlichen Regel-Ausnahmeverhältnis in §§ 8, 9 HinSchG ergeben, erzielt. Um den Anforderungen an die Darlegungslast zu genügen, muss der Arbeitgeber die Tatsachen vortragen, aus denen sich ergibt, welches Fehlverhalten dem Beschuldigten in der Hinweisgebermeldung zur Last gelegt wird und welche Umstände für die Redlichkeit des Hinweisgebers sprechen. Hierfür kann der Arbeitgeber die Ergebnisse seiner Ermittlungen darlegen, die er im Anschluss an eine plausible Meldung einleiten muss.

6. Das Auskunftsrecht gemäß Art. 15 Abs. 1 DS-GVO gewährleistet indes keinen uneingeschränkten Anspruch. Sofern dem Betroffenenrecht Interessen anderer Personen entgegenstehen, bedarf es einer Verhältnismäßigkeitsprüfung, die die konfligierenden Rechte und Interessen aller Beteiligten im Sinne praktischer Konkordanz in einen angemessenen Ausgleich bringt. Ein solches Abwägungserfordernis lässt sich Art. 15 Abs. 4 DS-GVO entnehmen. Auch der Schutz des Vertraulichkeitsinteresses gemäß §§ 8, 9 HinSchG ist datenschutzrechtlich im Abwägungserfordernis des Art. 15 Abs. 4 DS-GVO verankert. Vorbehaltlich einer Entscheidung des EuGH über die Unionsrechtskonformität der nationalen Vorschrift ist auch eine Berufung auf die Interessenabwägung gemäß § 29 Abs. 1 S. 2 BDSG nicht grundsätzlich ausgeschlossen. Welche Einschränkungsgrundlage für die Begründung des Abwägungserfordernisses konkret herangezogen wird, ist für das Abwägungsergebnis im Übrigen ohne Bedeutung.

7. Eine einseitig begünstigende vertragliche oder kollektivvertragliche Abrede ist angesichts einer zwingenenden Verhältnismäßigkeitsprüfung generell ausgeschlossen.

8. Eine Abwägung der konfligierenden Interessen im Einzelfall macht eine Berücksichtigung der verfassungsrechtlichen Grundlagen erforderlich. Maßgeblich sind in diesem Rahmen vor allem die Grundrech-

Kapitel 5: Resümee und Zusammenfassung der Ergebnisse

te der Charta. Das Interesse des Auskunftsberechtigten ist ausdrücklich in Art. 8 Abs. 2 S. 2 GRCh determiniert. Das Recht auf Schutz personenbezogener Daten wird im Übrigen durch Art. 7 Abs. 1, Art. 8 Abs. 1 GRCh gewährleistet und streitet sowohl für den Auskunftsberechtigten als auch den Hinweisgeber. Der verfassungsrechtlichen Gemengelage, die ferner auch die Interessen des Beschäftigungsgebers erfasst, kann per se kein Abwägungsergebnis entnommen werden. Erforderlich ist eine Gewichtung der jeweiligen Rechte und Interessen im Einzelfall, die durch Bezugnahme auf konkrete Umstände den Vorrang eines Rechts begründen kann.

9. Wird ein Auskunftsanspruch im Kontext einer Hinweisgebermeldung geltend gemacht, kann auf folgende Kriterien zurückgegriffen werden, um eine Abwägungsentscheidung vorhersehbar zu machen:
   a) Zunächst kann für die Bewertung und Gewichtung der konfligierenden Interessen der Wahrheitsgehalt einer Meldung als maßgeblicher Faktor herangezogen werden. Die Unrichtigkeit eines Verdachts allein führt in der Regel noch nicht dazu, dass das Vertraulichkeitsinteresse im Verhältnis zum Auskunftsinteresse absinkt. Hat die Unrichtigkeit einer Meldung allerdings eine erhebliche Beeinträchtigung des Persönlichkeitsrechts des Beschuldigten zur Folge, kann dies die Gewichtung der Interessen zu Gunsten des Auskunftsberechtigten beeinflussen.
   b) Hervorragende Bedeutung kommt ferner dem Kriterium des Verschuldensvorwurfs zu. Hat der Hinweisgeber bösgläubig, d.h. vorsätzlich oder grob fahrlässig, einen unrichtigen Verdacht mitgeteilt, tritt sein Vertraulichkeitsinteresse regelmäßig hinter das Auskunftsinteresse des betroffenen Arbeitnehmers zurück.
   c) Von dem Hinweisgeber darf ein sorgfältiger Umgang mit den verfügbaren Informationen und eine – im Umfang beschränkte – Nachforschung erwartet werden. Der Sorgfaltsmaßstab ist dabei von der Zumutbarkeit, Nachforschungsmaßnahmen zu ergreifen, und von der Intensität des geäußerten Verdachts abhängig.
   d) Sprechen konkrete Tatsachen für die Gefährdung von Ermittlungsergebnissen, ist der Arbeitgeber während laufender interner Ermittlungen zur temporären Verweigerung einer Auskunft berechtigt.

10. Geht eine anonyme Meldung im Unternehmen ein, muss diese in Abhängigkeit der Legalitätsverpflichtung des Unternehmens entgegen-

genommen und bearbeitet werden. Der Schutz des Beschuldigten muss durch entsprechende Folgemaßnahmen gewährleistet werden.

B. Lösung des Beispielsachverhalts

Der zu Beginn geschilderte Beispielssachverhalt kann nach den Erwägungen dieser Arbeit folgendermaßen gelöst werden:
(1) Ist für einen Sachverhalt der persönliche und sachliche Anwendungsbereich des HinSchG eröffnet[890], könnte das Vertraulichkeitsgebot der Erteilung einer Auskunft entgegenstehen. Der Beschuldigte B hat durch Befragung des Arbeitgebers V jedenfalls grob Kenntnis über die ihn betreffende Hinweisgebermeldung. Abhängig vom Kenntnisstand über den Inhalt der Meldung kann B weitergehende Auskunft hierüber verlangen, wobei sich sein Auskunftsinteresse insbesondere auf die Mitteilung der Identität der Whistleblowerin M gemäß Art. 15 Abs. 1 S. 1 Hs. 2 lit. g DS-GVO beziehen wird.

Die bereits eingeleitete Befragung des B lässt darauf schließen, dass die Meldung plausibel und stichhaltig war. Der Arbeitgeber V kann folglich die Erfüllung des Auskunftsverlangens berechtigterweise zumindest bis zum Abschluss der Ermittlungen verweigern. Die Aussage des V deutet darauf hin, dass er sich einer Erteilung der Auskunft allerdings generell verweigert und dies lediglich mit einem pauschalen Verweis auf § 8 HinSchG begründet. Dass der Arbeitgeber aufgrund des Vertraulichkeitsgebots ggf. selbst keine Kenntnis von der Identität der M hat, steht der Auskunftserteilung nicht entgegen. Vielmehr müsste der Arbeitgeber das Auskunftsbegehren des B an die Meldestellen weiterleiten.

Für den Fall, dass V auch weiterhin die Auskunft verweigert, verbleibt dem B die prozessuale Geltendmachung. Hier muss Antragsgegner V darlegen, welcher Sachverhalt sich konkret zugetragen haben soll. Danach ist es erforderlich, dass V die Umstände der Meldung und etwaige Ermittlungsergebnisse vorträgt. Auch wenn das Motiv der M nicht aufgedeckt werden kann, kann dem Umstand, dass die M die angeblich belästigten Beschäftigten nicht näher benennt und ggf. andere Nachforschungsversäumnisse bestehen, Indizwirkung für die Unredlichkeit der M entnommen werden. Im Ergebnis stünde dem B daher ein Anspruch gemäß Art. 15 Abs. 1 DS-GVO zu.

---

890 Die Belästigung könnte die Strafbarkeitsschwelle des § 184 i StGB erreicht haben.

Kapitel 5: Resümee und Zusammenfassung der Ergebnisse

(2) Unterfällt der Beispielssachverhalt nicht dem Anwendungsbereich des HinSchG, können die soeben genannten Ausführungen zumindest teilweise übertragen werden. Die maßgeblichen Abwägungskriterien sind zwar nicht gesetzlich festgelegt, allerdings vor allem durch die Rechtsprechung vorgegeben. Verweigert Arbeitgeber V permanent die Erteilung der Auskunft, muss er im Falle der gerichtlichen Geltendmachung die Umstände, die für die Schutzbedürftigkeit der Whistleblowerin sprechen, darlegen und beweisen. Stellt sich im Prozess die Meldung als unwahr heraus, kann dies bereits die Schutzbedürftigkeit der M entfallen lassen, da die Verletzung des allgemeinen Persönlichkeitsrechts im Rahmen der Abwägungsentscheidung die Gewichtung der Interessen ggf. zugunsten des B bedingt. Aber auch den sonstigen Umständen der Meldung kann Indizwirkung zukommen, sodass die Auskunft jedenfalls in der Zusammenschau der Kriterien zu erteilen ist. Im Übrigen ergeht bei Unaufklärbarkeit des Sachverhalts eine non-liquet-Entscheidung zu Lasten des Arbeitgebers. Einer Auskunftserteilung steht ferner nicht die privatrechtliche Vertraulichkeitszusicherung entgegen: Eine Einschränkung des datenschutzrechtlichen Auskunftsanspruchs durch vertragliche Abrede ist ausgeschlossen.

Literatur- und Quellenverzeichnis

Altenbach, Thomas/Dierkes, Kevin: EU-Whistlebowing-Richtlinie und DS-GVO, CCZ 2020, 126–132.

Ambrock, Jens: Mitarbeiterexzess im Datenschutzrecht – Verantwortlichkeit und Haftung für Verstöße gegen die DS-GVO durch Beschäftigte, ZD 2020, 492–497.

Arens, Tobias: Wer trägt die Kosten der Auftragsverarbeitung? ZIP 2020, 1644–1650.

Art.-29-Datenschutzgruppe: Leitlinien für Transparenz gemäß der Verordnung 2016/679, WP 260, überarbeitet und angenommen am 11. April 2018: https://www.datenschutzstelle.li/application/files/8615/3674/8612/wp260rev01_de.pdf (Stand: 17.09.2023).

Art.-29-Datenschutzgruppe: Stellungnahme 1/2010 zu den Begriffen „für die Verarbeitung Verantwortlicher" und „Auftragsverarbeiter", WP 169, angenommen am 10. Februar 2010: https://ec.europa.eu/justice/article-29/documentation/opinion-recommendation/files/2010/wp169_de.pdf (Stand: 17.09.2023).

Art.-29-Datenschutzgruppe: Stellungnahme 4/2007 zum Begriff „personenbezogener Daten", WP 136, angenommen am 20. Juni 2007: https://www.lda.bayern.de/media/wp136_de.pdf (Stand: 17.09.2023).

Art.-29-Datenschutzgruppe: Stellungnahme 1/2006 zur Anwendung der EU-Datenschutzvorschriften auf interne Verfahren zur Meldung mutmaßlicher Missstände in den Bereichen Rechnungslegung, interne Rechnungslegungskontrollen, Fragen der Wirtschaftsprüfung, Bekämpfung von Korruption, Banken- und Finanzkriminalität, WP 117, angenommen am 01. Februar 2006: https://datenschutz.hessen.de/sites/datenschutz.hessen.de/files/2022-11/wp117_de.pdf (Stand: 17.09.2023).

Aszmons, Mattis/Herse, Adina: EU-Whistleblower-Richtlinie: Der richtige Umgang mit den neuen Vorgaben und deren Umsetzung, DB 2019, 1849–1854.

Auernhammer, Herbert (Begr.): DSGVO BDSG Kommentar, hrsg. v. Eßer, Martin/Kramer, Philipp/v. Lewinski, Kai, 8. Aufl., Köln 2023 (zitiert: Auernhammer/*Bearbeiter*).

Auer-Reinsdorff, Astrid/Conrad, Isabell (Hrsg.): Handbuch IT- und Datenschutzrecht, 3. Aufl., München 2019.

Azinović, Miriam/Wenk, Sarah: Das Hinweisgeberschutzgesetz: Handlungsbedarf für Arbeitgeber und effiziente Lösungen für die Praxis, ArbRAktuell 2023, 400–403.

Bäcker, Matthias: Das Grundgesetz als Implementationsgarant der Unionsgrundrechte, EuR 2015, 389–415.

Baranowski, Carolin/Pant, Benjamin: Die janusköpfigen Verschwiegenheitsrechte und -pflichten des Rechtsanwalts in der Funktion der Ombudsperson, CCZ 2018, 250–256.

Bayerisches Landesamt für Datenschutzaufsicht: Abgrenzung Auftragsverarbeitung (Auslegungshilfe), https://www.lda.bayern.de/media/veroeffentlichungen/FAQ_Abgrenzung_Auftragsverarbeitung.pdf (Stand: 12.12.2023).

Baur, Alexander/Holle, Philipp Maximilian: Hinweisgebersysteme aus gesellschaftsrechtlicher Perspektive – Einrichtung und Ausgestaltung von Whistleblowing in der Aktiengesellschaft, AG 2017, 379–384.

Bayreuther, Frank: Der Auskunftsanspruch von Arbeitnehmern im Umfeld interner Anzeigen und Ermittlungen, in: Klapp, Micha/Linck, Rüdiger/Preis, Ulrich (u.a.) (Hrsg.), Die Sicherung der kollektiven Ordnung, Festschrift für Ingrid Schmidt, München 2021, S. 687–696.

Bayreuther, Frank: Whistleblowing und das neue Hinweisgeberschutzgesetz, NZA-Beil 2022, 20–29.

Bayreuther, Frank: Das neue Hinweisgeberschutzgesetz, DB 2023, 1537–1546.

Bayreuther, Frank: Hinweisgeberschutz und Betriebsverfassung, NZA 2023, 666–669.

Bernhard, Jochen: Rechte und Pflichten externer Ombudspersonen, CCZ 2014, 152–158.

Bock, Kirsten/Engeler, Malte: Die verfassungsrechtliche Wesensgehaltsgarantie als absolute Schranke im Datenschutzrecht, DVBl 2016, 593–599.

Böcken, Winfried/Düwell, Josef/Diller, Martin/Hanau, Hans (Hrsg.): Gesamtes Arbeitsrecht, 2. Aufl., Baden-Baden 2023 (zitiert: BDDH/*Bearbeiter*).

Brahms, Isabelle/Möhle, Jan-Peter: Die Stellung des Betriebsrats unter der DS-GVO – Erwächst aus einer neuen datenschutzrechtlichen Stellung neue Verantwortung? ZD 2018, 570–573.

Brink, Stefan/Joos, Daniel: Reichweite und Grenzen des Auskunftsanspruchs und Rechts auf Kopie. Tatbestandlicher Umfang und Einschränkung des Art. 15 DSGVO, ZD 2019, 483–488.

Britz, Gabriele: Europäisierung des grundrechtlichen Datenschutzes? EuGRZ 2009, 1–11.

Brobeil, Anne: Die Auswirkungen der Richtline (EU) 2019/1937 auf Arbeitnehmer-Hinweisgeber, Baden-Baden 2022 (zugleich Diss. München 2021).

Brockhaus, Matthias: Praktische und berufsrechtliche Grenzen bei der anwaltlichen Tätigkeit als Ombudsperson, CB 2023, 8–14.

Brors, Tobias/Werlitz, Leon Valentin/Maschek, Sascha: Auskunftsansprüche gegen den Arbeitgeber – Welche Lösungen gibt es für diese neue Herausforderung? DSB 2021, 147.

Brost, Lucas/Hassel, Dominik: Die Beweiskraft anonymer Informanten im Presserecht, NJW 2021, 1351–1356.

Brungs, Mario: Whistleblowing – Eine Untersuchung arbeitsrechtlicher Aspekte und des Reformbedarfs nach der Entscheidung des Europäischen Gerichtshofs für Menschenrechte, Frankfurt a.M. 2016, (zugleich Diss. Köln 2015).

Bruns, Patrick: Das neue Hinweisgeberschutzgesetz, NJW 2023, 1609–1617.

Buchholtz, Gabriele: Grundrechte und Datenschutz im Dialog zwischen Karlsruhe und Luxemburg, DÖV 2017, 837.

Bürger, Kathrin/van Dahlen, Anne-Kathrin: Der gut- und bösgläubige Hinweisgeber/Beschwer- deführer – Anforderungen an die Befugnis zur Einleitung von Verfahren nach § 33 HinSchG-E und § 8 LkSG, DB 2023, 829–833.

Calliess, Christian/Ruffert, Matthias (Hrsg.): EUV AUEV, 6. Aufl., München 2022 (zitiert: Calliess/Ruffert/*Bearbeiter*).

Casper, Matthias, Whistleblowing zwischen Denunziantentum und integralem Baustein von Compliance-Systemen, in: Hoffmann-Becking, Michael/Hüffer, Uwe/Reichert, Jochem (Hrsg.), Liber Amicorum für Martin Winter, Köln 2011, S. 77–98.

Clodius, Sven/Warda, Oliver: Einrichtung und Betrieb von Hinweisgebersystemen – ein Praxisleitfaden, CB 2021, 137–143.

Conrad, C. Sebastian: Die Verantwortlichkeit in der Realität – Ist das DS-GVO-Modell noch zeitgemäß? DuD 2019, 563–568.

Colneric, Ninon/Gerdemann, Simon (Hrsg.): Beck'scher Online-Kommentar Hinweisgeberschutzgesetz, 1. Edition München 15.10.2023 (zitiert: BeckOK HinSchG/*Bearbeiter*)

Colneric, Ninon/Gerdemann, Simon: Die Umsetzung der Whistleblower-Richtlinie in deutsches Recht, Rechtsfragen und rechtspolitische Überlegungen, HSI Schriftenreihe, Band 34, 2020.

Croonenbrock, Sophia/Hansen, Marco: Die Europäische Whistleblower-Richtlinie: Eine (nahende) Compliance-Herausforderung für die Unternehmenspraxis, ArbRAktuell 2022, 139–142.

Czech, Philip: Präzisierung der für den Schutz von Whistleblowern ausschlaggebenden Kriterien, NLMR 2023, 69–77.

Däubler, Wolfgang: Gläserne Belegschaften, Bremen, 9. Aufl., Frankfurt a.M. 2021.

Däubler, Wolfgang/Wedde, Peter/Weichert, Thilo/Sommer, Imke (Hrsg.): EU-DSGVO und BDSG, Kompaktkommentar, 2. Aufl., Frankfurt a.M. 2020 (zitiert: D/W/W/S/ *Bearbeiter*).

Dahns, Christian: Die anwaltliche Verschwiegenheitspflicht, NJW-Spezial 2022, 574–575.

Dangl, Katharina/Wess, Norbert: Datenschutzrechtliche Aspekte im Rahmen des „Dokumenten-Screenings" bei Internal Investigations, ZWF 2019, 136–141.

Degenhart, Maximilian/Dziuba, Anne: Die EU-Whistleblower-Richtlinie und ihre arbeitsrechtlichen Auswirkungen, BB 2021, 570–574.

Degenhart, Maximilian: Stellungnahme vom 25.03.2023 zur Öffentlichen Anhörung des Rechtsausschusses des Deutschen Bundestages zur BT-Drs. 20/5992 („HinSchG") sowie zur BT-Drs. 20/5991 am 27.03.2023, https://www.bundestag.de/resource/blob/940148/19cd00b913761c1664af7519-052fb711/-Stellungnahme-Degenhardt-data.pdf (Stand: 17.09.2023).

Dilling, Johannes: Der Referentenentwurf zum Hinweisgeberschutzgesetz – Steine statt Brot für Whistleblower und betroffene Personen, CCZ 2021, 60–67.

Dilling, Johannes: Cat's Gold-Plating – Der neue Referentenentwurf zum Hinweisgeberschutzgesetz, CCZ 2022, 145–151.

Dörr, Karl-Werner: Auskunftsansprüche der Betroffenen aus Art. 15 DS-GVO – Die Reichweite und seine Folgen in der zivilrechtlichen Praxis, MDR 2022, 605–611.

Dreier, Horst (Hrsg.): Grundgesetz-Kommentar, Band 1, 3. Aufl., Tübingen 2013.

Literatur- und Quellenverzeichnis

Dürig, Günter/Herzog, Roman/Scholz, Rupert u.a. (Hrsg.): Grundgesetz, Kommentar, Band I, 102. EL Stand August 2023, München 2023 (zitiert: Dürig/Herzog/Scholz/ *Bearbeiter*).

Düwell, Franz Josef (Hrsg.): BetrVG Handkommentar, 6. Aufl., Baden-Baden 2022.

Düwell, Franz Josef/Brink, Stefan: Die EU-Datenschutz-Grundverordnung und der Beschäftigtendatenschutz, NZA 2016, 665–668.

Dzida, Boris/Granetzny, Thomas: Die neue EU-Whistleblowing-Richtlinie und ihre Auswirkungen auf Unternehmen, NZA 2020, 1201–1207.

Dzida, Boris/Seibt, Christoph H.: Neues Hinweisgeberschutzgesetz: Analyse und Antworten auf Praxisfragen, NZA 2023, 657–666.

Eichenhofer, Johannes: Privatheit im Internet als Vertrauensschutz – Eine Neukonstruktion der Europäischen Grundrechte auf Privatleben und Datenschutz, Der Staat 55 (2016), S. 41–67.

Egger, Matthes: Hinweisgebersysteme und Informantenschutz, CCZ 2018, 126–132.

Ehmann, Eugen/Selmayr, Martin (Hrsg.): Datenschutz-Grundverordnung, 2. Aufl., München 2018.

Engeler, Malte/Quiel, Philipp: Recht auf Kopie und Auskunftsanspruch im Datenschutzrecht, NJW 2019, 2201–2206.

Engelhardt, Jens: Anspruch auf Benennung des Hinweisgebers im Rahmen der Erfüllung des Auskunftsanspruchs nach Art. 15 DS-GVO, Anmerkung zu BGH 22.02.22 – VI ZR 14/21, RDi 2022, 298.

Epping, Volker/Hillgruber, Christian (Hrsg.): Beck'scher Online-Kommentar Grundgesetz, 55. Edition, München 15.05.2023 (zitiert: BeckOK GG/*Bearbeiter*).

Erb, Volker/Schäfer, Jürgen (Hrsg.): Münchener Kommentar zum StGB, 5. Band, 4. Aufl., München 2022 (zitiert: MüKo StGB/*Bearbeiter*)

Fahrig, Stephan: Die Zulässigkeit von Whistleblowing aus arbeits- und datenschutzrechtlicher Sicht, NZA 2010, 1223.

Fassbach, Burkhard/Hülsberg, Frank: Beschäftigtendatenschutz im Hinweisgeberverfahren: Interessenkonflikt zwischen Hinweisgeberschutz und Auskunftsrecht des Beschuldigten, GWR 2020, 255.

Feger, Anika: EU-Hinweisgeberrichtlinie und HinSchG-E: Möglichkeiten und Nutzen der Einbindung von Ombudspersonen, CB 2022, 187–190.

Fehr, Stefanie: Whistleblowing und Datenschutz – ein unlösbares Spannungsfeld? Praktischer Diskurs der EU-Whistleblower-RL und der DS-GVO im Kontext des Hinweisgebermanagements, ZD 2022, 256–257.

FH-Graubünden/EQS Group: Whistleblowing Report 2021: https://www.integrityline.com/de-ch/knowhow/white-paper/whistleblowing-report/ (Stand: 11.11.2023).

Fischer, Nina: Hinweisgebersysteme im Lichte der EU-Richtlinie 2019/1937 unter besonderer Betrachtung der Vertraulichkeitszusicherung, Berlin 2023 (zugleich Diss. Würzburg 2022).

Forst, Gerrit: Whistleblowing und Datenschutz – Brauchen wir eine spezielle Regelung? RDV 2013, 122–131.

Franzen, Martin: Das Verhältnis des Auskunftsanspruchs nach DS-GVO zu personalaktenrechtlichen Einsichtsrechten nach dem BetrVG, NZA 2020, 1593–1597.

Franzen, Martin: Datenschutzrechtlicher Auskunftsanspruch und Hinweisgeberschutz, Besprechungsaufsatz zum BAG Urt. v. 16.12.2021 – 2 AZR 235/21, ZfA 2023, 100–110.

Franzen, Martin/Gallner, Inken/Oetker, Hartmut (Hrsg.): Kommentar zum europäischen Arbeitsrecht, 4. Aufl., München 2022 (zitiert: Franzen/Gallner/Oetker/*Bearbeiter*).

Fritz, Hans-Joachim/Nolden, Dagmar: Unterrichtungspflichten und Einsichtsrechte des Arbeitnehmers im Rahmen von unternehmensinternen Untersuchungen, CCZ 2010, 170–177.

Fuhlrott, Michael: Beantwortung arbeitnehmerseitiger Auskunftsbegehren nach DSGVO – Neue Aufgabe für Personalleiter? AuA 2019, 336–338.

Fuhlrott, Michael/Garden, Florian: Vergleichsweise Erledigung des datenschutzrechtlichen Auskunftsanspruchs, NZA 2021, 530–536.

Fuhlrott, Michael/Oltmanns, Sönke: Arbeitnehmerüberwachung und interne Ermittlungen im Lichte der Datenschutz-Grundverordnung, NZA 2019, 1105–1110.

Fuhlrott, Michael: Umfang und Grenzen des arbeitnehmerseitigen Auskunftsanspruchs gemäß Art. 15 DSGVO, GWR 2019, 157–159.

Fuhlrott, Michael: Arbeitnehmerdatenschutz – Aktuelle Entwicklungen, ArbRAktuell 2020, 103–106.

Fuhrmann, Lambertus: Internal Investigations: Was dürfen und müssen die Organe beim Verdacht von Compliance Verstößen tun? NZG 2016, 881–889.

Gach, Bernt/Rützel, Stefan: Verschwiegenheitspflicht und Behördenanzeigen von Arbeitnehmern, BB 1997, 1959–1963.

Garden, Florian/Hiéramente, Mayeu: Die neue Whistleblowing-Richtlinie der EU – Handlungsbedarf für Unternehmen und Gesetzgeber, BB 2019, 963–969.

Gerdemann, Simon: Nachforschungsobliegenheiten für Whistleblower, NJW 2021, 2324–2327.

Gerdemann, Simon: Stellungnahme zu den Gesetzentwürfen BT-Drucksache 20/5992 und BT-Drucksache 20/5991: https://www.bundestag.de/resource/blob/938470/7bc4e8f71d4828d48742655caf1e4c7-d/Stellungnahme-Gerdeman-data.pdf (Stand: 20.12.2023).

Gerdemann, Simon/Spindler, Gerald: Die Europäische Whistleblower-Richtlinie und ihre Folgen für das deutsche Gesellschaftsrecht, ZIP 2020, 1896–1907.

Gersdorf, Hubertus/Paal, Boris (Hrsg.): Beck'scher Online-Kommentar Informations- und Medienrecht, 42. Edition München 01.11.2023 (zitiert: BeckOK InfoMedienR/*Bearbeite*r).

Gierschmann, Sybille: Gemeinsame Verantwortlichkeit in der Praxis, ZD 2020, 69–73.

Götz, Johannes: Betriebsratsaufgaben im Hinweisgebermeldesystem, NZA 2023, 1433–1437.

Gola, Peter/Heckmann, Dirk (Hrsg.): Datenschutz-Grundverordnung, Bundesdatenschutzgesetz Kommentar, 3. Aufl., München 2022.

Literatur- und Quellenverzeichnis

Gola, Peter: Handbuch Beschäftigtendatenschutz – Aktuelle Rechtsfragen und Umsetzungshilfen, 9. Aufl., Frechen 2022.

Gola, Peter: Zu einigen Aspekten der aktuellen Diskussion um das Recht auf Erteilung von Auskünften, Abschriften, Kopien und Ausdrucken von Personal(akten)daten – Das beamten- und arbeitsrechtliche Personalaktenrecht im Verhältnis zur DSGVO, RDV 2020, 169–176.

Gomille, Christian: Informationsproblem und Wahrheitspflicht – Ein Aufklärungsmodell für den Zivilprozess, Tübingen 2016 (zugleich Diss. München 2016).

Grigoleit, Hans Christoph: Aktiengesetz Kommentar, 2. Aufl., München 2020 (zitiert: Grigoleit/*Bearbeiter*).

Grabenwarter, Christoph/Pabel, Katharina: Europäische Menschenrechtskonvention – Ein Studienbuch, 7. Aufl., München 2021.

Grisse, Karina: Google ist nicht der richtige Gegner, aber manchmal der einzige – Rechtsschutzlücken bei Persönlichkeitsrechtsverletzungen im Internet – Umgang mit anonymen Behauptungen, AfP 2019, 189–197.

Grobys, Isabella/Panzer-Heemeier, Andrea (Hrsg.): StichwortKommentar Arbeitsrecht, 4. Aufl., Baden-Baden 2023 (zitiert: SWK-ArbR/*Bearbeiter*).

Groß, Nadja/Platzer, Matthias: Whistleblowing: Keine Klarheit beim Umgang mit Informationen und Daten, NZA 2017, 1097–1104.

Gündel, Katharina: Beschwerden im Mehrfamilienhaus und Datenschutz, ZWE 2022, 250 f.

Gumpp, Tobias: Stellenwert der Erwägungsgründe in der Methodenlehre des Unionsrechts, ZfPW 2022, 446–476.

Gundel, Jörg: Der Schutz der unternehmerischen Freiheit durch die EU-Grundrechtecharta, ZHR 2016, 323–357.

Härting, Niko/Gössling, Patrick: Gemeinsame Verantwortlichkeit bei einer Facebook-Fanpage, NJW 2018, 2523–2526.

Härting, Niko: Was ist eigentlich eine „Kopie"? – Zur Auslegung des Art. 15 Abs. 3 Satz 1 DSGVO, CR 2019, 219–225.

Häußinger, Sarah: Das Ende der Ära des Whistleblowerschutzes? – Zugleich Besprechung des Urteils EGMR vom 16.2.2021 – Nr. 23922/19 (Gawlik/Liechtenstein), EuZA 2021, 268–377.

Hartung, Jürgen/Degginger Marco: Die Reichweite des datenschutzrechtlichen Auskunftsrechts – Zugleich Besprechung des Urteils des BGH vom 15.06.2021 – VI ZR 576/19, DB 2021, 2744–2748.

Hauschka, Christoph/Moosmayer, Klaus/Lösler, Thomas (Hrsg.): Corporate Compliance, Handbuch, 3. Aufl., München 2016.

Henssler, Martin/Willemsen, Heinz Josef/Kalb, Heinz-Jürgen (Hrsg.): Arbeitsrecht Kommentar, 10. Aufl., Köln 2022 (zitiert: H/W/K/*Bearbeiter*).

Herfurth, Constantin: Interessenabwägung nach Art. 6 Abs. 1 lit. f DS-GVO – Nachvollziehbare Ergebnisse anhand von 15 Kriterien mit dem sog. „3x5-Modell", ZD 2018, 514–520.

Herresthal, Carsten: Grundrechtecharta und Privatrecht – Die Bedeutung der Charta der Grundrechte für das europäische und das nationale Privatrecht, ZEuP 2014, 238–279.

Heselhaus, Sebastian/Nowak, Carsten (Hrsg.): Handbuch der Europäischen Grundrechte, 2. Aufl., München 2020 (zitiert: Heselhaus/Nowak/*Bearbeiter*).

Heuschmid, Johannes: Datenschutzgrundverordnung und Betriebsverfassung – Eine Positionsbestimmung unter besonderer Berücksichtigung des primären Unionsrecht, SR 2019, 1–11.

Hinrichs, Lars/Sander, Charlotte: Auskunftsanspruch des Arbeitnehmers, AuA 2019, 467–469.

Hoeren, Thomas/Sieber, Ulrich/Holznagel, Bernd (Hrsg.): Handbuch Mulitmedia-Recht, 59. Aufl., München 2023 (zitiert: Hoeren/Sieber/Holznagel/*Bearbeiter*, Teil Rn.).

Hofmann, Kai: Assistenzsysteme in der Industrie 4.0 – Arbeitsrechtliche und beschäftigtendatenschutzrechtliche Fragestellungen in einem automatisierten Arbeitsumfeld, Baden-Baden 2021 (zugleich Diss. Passau 2020).

Holoubek, Michael/Lienbacher, Georg (Hrsg.): GRC Kommentar Charta der Grundrechte der Europäischen Union, 2. Aufl., Wien 2019.

Hunold, Wolf: Optimales Office-Management – Personalakten richtig führen, AuA 2007, 724–726.

Jarass, Hans D. (Hrsg.): Charta der Grundrechte der Europäischen Union, 4. Aufl., München 2021.

Jarass, Hans D.: Die Bedeutung der Unionsgrundrechte unter Privaten, ZEuP 2017, 310–334.

Johannes, Paul C./Richter, Philipp: Privilegierte Verarbeitung im BDSG-E: Regeln für Archivierung, Forschung und Statistik, DuD 2017, 300–305.

Jung, Alexander/Hansch, Guido: Die Verantwortlichkeit in der DS-GVO und ihre praktischen Auswirkungen – Hinweis zur Umsetzung im Konzern- oder Unternehmensumfeld, ZD 2019, 143–148.

Karpenstein, Ulrich/Mayer, Franz C.: Konvention zum Schutz der Menschenrechte und Grundfreiheiten, Kommentar, 3. Aufl., München 2022.

Kaufmann, Muriel/Wegmann, Simon/Wieg, Florian: Beschäftigtendatenschutz – Spielräume und Herausforderungen mitgliedstaatlicher Regelungen – Überlegungen vor dem Hintergrund der Entscheidung des EuGH vom 30.3.2023 – C-34/21, NZA 2023, 487, NZA 2023, 740–746.

Kipker, Dennis-Kenji/Reusch, Philipp/Ritter, Steve (Hrsg.): Recht der Informationssicherheit Kommentar, München 2023.

Kiethe, Kurt: Auskunft und sekundäre Behauptungslast – Anspruchsdurchsetzung bei ungeklärten Sachverhalten, MDR 2003, 781–784.

Klaas, Arne: Mehr Beteiligungsrechte des Verdächtigen – Der Einfluss des Transparenzgrundsatzes der DS-GVO auf die Durchführung interner Ermittlungen, CCZ 2018, 242–250.

Literatur- und Quellenverzeichnis

Klaas, Arne: Unternehmensinterne Verstöße und „Whistleblowing": Zum Grundrechtsschutz der Beteiligten und den Anforderungen an eine einfachrechtliche Regelung, CCZ 2019, 163–171.

Klachin, Sarah/Schaff, Nadia/Rauer, Nils: Datenschutzrechtliche Auskunftsansprüche von (ehemaligen) Arbeitnehmer*innen – Leitfaden zur praktischen Handhabe, Das Auskunftsverlangen als „Modeerscheinung" in Kündigungsschutzklagen, ZD 2021, 663–668.

Klachin, Sarah/Schaff, Nadia: Auskunft über personenbezogene Daten – Art. 15 DSGVO als Druckmittel, AuA 2021, 20–23.

Klasen, Evelyn/Schaefer, Sandra: Einsichtsrechte von Arbeitnehmern und Beteiligten bei unternehmensinternen Untersuchungen, DB 2012, 1384–1387.

Knauer, Christoph/Kudlich Hans/Schneider, Hartmut (Hrsg.): Münchener Kommentar zur StPO, 1. Band, 2. Aufl., München 2023 (zitiert: MüKo StPO/*Bearbeiter*).

Knaup, Martin/Vogel, Jan-Patrick: Compliance der Compliance bei Internal Investigations aus arbeitsrechtlicher Sicht, CB 2023, 211–217.

Konferenz der unabhängigen Datenschutzbehörden des Bundes und der Länder: Orientierungshilfe der Datenschutzaufsichtsbehörden zu Whistleblowing-Hotlines: Firmeninterne Warnsysteme und Beschäftigtendatenschutz, 14.11.2018: https://www.datenschutzkonferenz-online.de/media/oh/20181114_oh_whistleblowing_hotlines.pdf (Stand: 20.11.2023).

Konferenz der unabhängigen Datenschutzbehörden des Bundes und der Länder: Entschließung der 97. Konferenz der unabhängigen Datenschutzaufsichtsbehörden des Bundes und der Länder am 03.04.2019: https://www.datenschutzkonferenz-online.de/media/en/20190405_Entschliessung_Unternehmenshaftung.pdf (Stand: 12.12.2023).

Konferenz der unabhängigen Datenschutzbehörden des Bundes und der Länder: Kurzpapier Nr. 13, Auftragsverarbeitung, Art. 28 DS-GVO, https://www.datenschutzkonferenz-online.de/media/kp/dsk_kpnr_13.pdf (Stand: 12.12.2023).

Körner, Marita: Beschäftigtendatenschutz in Betriebsvereinbarungen unter der Geltung der DS-GVO, NZA 2019, 1389–1395.

Korch, Stefan/Chatard, Yannick: Reichweite und Grenzen des Auskunftsanspruchs auf Erhalt einer Kopie gemäß Art. 15 DSGVO, CR 2020, 438–447.

Koreng, Ansgar: Reichweite des datenschutzrechtlichen Auskunftsanspruch, NJW 2021, 2692–2694.

Kort, Michael: Neuere Rechtsprechung zum Beschäftigtendatenschutz, NZA-RR 2018, 449–460.

KPMG Law Rechtsanwaltsgesellschaft mbH: Stellungnahme zum Entwurf eines Gesetzes für einen besseren Schutz hinweisgebender Personen sowie zur Umsetzung der Richtlinie zum Schutz von Personen, die Verstöße gegen das Unionsrecht melden, 11.05.2022, https://www.bmj.de/SharedDocs/Downloads/DE/Gesetzgebung/Stellungnahmen/2022/0511_Stellungnahme_kpmg_HinSchG-E.pdf?__blob=publicationFile&v=3 (Stand: 20.12.2023).

Krämer, Michael/Burghoff, Ramon: Praxisgerechter Umgang mit Auskunftsersuchen nach Art. 15 DS-GVO – Empfehlungen für Unternehmen, ZD 2022, 428–433.

Krieger, Gerd/Schneider, Uwe H (Hrsg.): Handbuch Managerhaftung, 4. Aufl., Köln 2023 (zitiert: Krieger/Schneider/*Bearbeiter*, Hdb. Managerhaftung).

Krohm, Niclas/Müller-Peltzer, Philipp: Wunsch nach Identifizierung anonymer Internetnutzer – Spannungsverhältnis von Kommunikationsfreiheit und Persönlichkeitsrechten, ZD 2015, 409–415.

Kühling, Jürgen/Klar, Manuel/Sackmann, Florian: Datenschutzrecht, 5. Aufl., Heidelberg 2021.

Kühling, Jürgen/Buchner, Benedikt (Hrsg.): Datenschutz-Grundverordnung, Bundesdatenschutzgesetz, 4. Aufl., München 2024.

Kühling, Jürgen/Sackmann, Florian: Das Mehrebenensystem der Datenschutzgrundrechte im Lichte der Rechtsprechung von BVerfG und EuGH, JURA 2018, 364–377.

Kühling, Jürgen/Martini, Mario et al.: Die DSGVO und das nationale Recht – Erste Überlegungen zum innerstaatlichen Regelungsbedarf, 2016.

Kühling, Jürgen: Datenschutz und die Rolle des Rechts, in: Stiftung Datenschutz (Hrsg.), Daten Debatten Band 1, Zukunft der informationellen Selbstbestimmung, München 2016, S. 49–62.

Kühling, Jürgen: Die Europäisierung des Datenschutzrecht: Gefährdung deutscher Grundrechtsstandards? Baden-Baden 2014.

Kühling, Jürgen/Klar, Manuel: Transparenz vs. Datenschutz – erste Gehversuche des EuGH bei der Anwendung der Grundrechtecharta – Zugleich eine Besprechung des Urteils EuGH vom 09.11.2010, Rs. C-92/09 und C-93/09 (Schecke und Eifert), JURA 2011, 771–777.

Kuznik, Christoph: Die Grenzen des Anspruchs auf Zugang zu personenbezogenen Daten – Unter besonderer Berücksichtigung des Rechts auf Kopie, NVwZ 2023, 297–304.

Laber, Jörg/Niewiadomski, Kamil: Das neue Hinweisgeberschutzgesetz – ein Überblick, öAT 2023, 70–74.

Lapp, Thomas: Informations- und Auskunftspflichten von Anwaltskanzleien, NJW 2019, 345–348.

Laumen, Hans-W.: Die „Beweiserleichterung bis zur Beweislastumkehr" – Ein beweisrechtliches Phänomen, NJW 2002, 3739–3746.

Lembke, Mark: Der datenschutzrechtliche Auskunftsanspruch im Anstellungsverhältnis, NJW 2020, 1841–1846.

Lembke, Mark/Fischels, André: Datenschutzrechtlicher Auskunfts- und Kopieanspruch im Fokus von Rechtsprechung und Praxis, NZA 2022, 513–521.

Lembke, Mark/Fischels, André/Djordjevic, Dragana: Entwicklungen des Arbeitsrechts im Jahr 2021, NJW 2022, 292–299.

Lensdorf, Lars: LAG Baden-Württemberg: Datenschutzrechtlicher Auskunftsanspruch im Arbeitsverhältnis – Zugleich Besprechung des Urteils LAG Baden-Württemberg vom 20.12.2018 – 17 Sa 11/18, CR 2019, 304–308.

Lentz, Alexander: Der Auskunftsanspruch nach Art. 15 DSGVO – Aktuelle Herausforderungen bei der Umsetzung im Arbeitsrecht, ArbRB 2019, 150–154.

Leopold, Andreas/Wiebe, Andreas/Glossner, Silke (Hrsg.): IT-Recht – Recht, Wirtschaft und Technik.
der digitalen Transformation, 4. Aufl., München 2021.

Leuchten, Alexius: Der gesetzliche Schutz für Whistleblower rückt näher, ZRP 2012, 142–145.

Lücke, Oliver: Die Betriebsverfassung in Zeiten der DS-GVO – „Bermuda-Dreieck" zwischen Arbeitgeber, Betriebsräten und Datenschutzbeauftragten!? NZA 2019, 658–670.

Lüneborg, Cäcilie: Neue Pflichten zur Einrichtung von Hinweisgebersystemen – Integrierte Umsetzung in der Unternehmenspraxis, DB 2022, 375–384.

Lühning, Torsten: Auskunftsersuchen des Beschuldigten bei internen Ermittlungen – Kriterien zur Interessenabwägung zwischen Daten- und Hinweisgeberschutz, ZD 2023, 136–140.

Mahnhold, Thilo: „Global Whistle" oder „deutsche Pfeife" – Whistleblowing-Systeme im Jurisdiktionskonflikt, NZA 2008, 737–743.

Maier, Natalie: Der Beschäftigtendatenschutz nach der Datenschutz-Grundverordnung – Getrennte Regelungen für den öffentlichen und nicht öffentlichen Bereich? DuD 2017, 169–174.

Marsch, Nikolaus: Das europäische Datenschutzgrundrecht: Grundlagen, Dimensionen, Verflechtungen, Tübingen 2018 (zugleich Habil. Freiburg 2017).

Maschmann, Frank: Datenschutzgrundverordnung: Quo vadis Beschäftigtendatenschutz? Vorgaben der EU-Datenschutzgrundverordnung für das nationale Recht, DB 2016, 2480–2486.

Maschmann, Frank: Der Anspruch auf Datenkopie: ein neues Geschäftsmodell? NZA-Beil. 2022, 50, 56.

Maschmann, Frank: Der Betriebsrat als für den Datenschutz Verantwortlicher, NZA 2020, 1207–1215.

Maschmann, Frank/Fritz, Hans-Joachim (Hrsg.): Matrixorganisationen, München 2019.

Mengel, Anja: Compliance und Arbeitsrecht, 2. Aufl., München 2023.

Meyer-Ladewig, Jens/Nettesheim, Martin/von Raumer, Stefan (Hrsg.): EMRK Europäische Menschenrechtskonvention, 5. Aufl., Baden-Baden 2023 (zitiert: HK-EMRK/*Bearbeiter*).

Michl, Walther: Das Verhältnis zwischen Art. 7 und Art. 8 GRCh – zur Bestimmung der Grundlage des Datenschutzgrundrechts im EU-Recht, DuD 2017, 349–353.

Mohn, Matthias: Das Recht auf Auskunft nach Art. 15 DSGVO und der Schutz des Hinweisgebers, NZA 2022, 1159–1167.

Moosmayer, Klaus: Compliance – Praxisleitfaden für Unternehmen, 4. Aufl., München 2021.

Müller-Glöge, Rudi/Preis, Ulrich/Schmidt, Ingrid (Hrsg.): Erfurter Kommentar zum Arbeitsrecht, 24. Aufl., München 2024, (zitiert: ErfK/*Bearbeiter*).

Von Münch, Ingo/Kunig, Philip (Begr.): Grundgesetz-Kommentar, Band 1, hrsg. von v. Kämmerer, Jörn-Axel/Kotzur, Markus, 7. Aufl., München 2021 (zitiert: v. Münch/Kunig/*Bearbeiter*).

Müller, Michael: Whistleblowing – Ein Kündigungsgrund? NZA 2002, 424–437.

Müller-Petzer, Sabine: Verlangt die Treuepflicht im Beschäftigungsverhältnis Missstände aufzudecken und Rechtskonformität einzufordern? CCZ 2018, 162–167.

Musielak, Hans-Joachim/Voit, Wolfgang (Hrsg.): Zivilprozessordnung mit Gerichtsverfassungsgesetz Kommentar, 20. Aufl., München 2023.

Musiol, Philip, Hinweisgeberschutz und Datenschutz – Datenschutzrechtliche Implikationen bei Einrichtung und Betrieb einer internen Meldestelle nach dem HinSchG, Baden-Baden 2023 (zugleich Diss. Bonn 2023).

Nebel, Maxi: Schutz der Persönlichkeit – Privatheit oder Selbstbestimmung? – Verfassungsrechtliche Zielsetzung im deutschen und europäischen Recht, ZD 2015, 517–522.

Nickel, Christian: Datenschutzrechtliche Informationspflichten im Compliance-Hinweismanagement – Unter besonderer Berücksichtigung des Hinweisgeberschutzes, CB 2022, 20–23.

Nikol, Dominik: Zum Spannungsfeld von Hinweisgeberschutz und Datenschutzrecht, CB 2023, 351–355.

Nöbel, Eileen/Veljovic, Miguel: Strafbarkeitsrisiken des Whistleblowers in Deutschland, CB 2020, 34–38.

Paal, Boris P./Pauly, Daniel A. (Hrsg.): Datenschutz-Grundverordnung Bundesdatenschutzgesetz, 3. Aufl., München 2021.

Paal, Boris P./Nikol, Dominik: Zur Identifizierung von Hinweisgebern im Spannungsfeld von Hinweisgeberschutzgesetz, Whistleblowing-Richtlinie und Datenschutz-Grundverordnung – Zugleich Besprechung von BGH, Urt. v. 22.2.2022 – VI ZR 14/21, CB 2022, 466–471.

Paal, Boris P./Nikol, Dominik: Datenschutzrechtliche Verantwortlichkeit von Handelsvertretern, PinG 2022, 211–214.

Pauly, Daniel/Mende, Luisa: Der Bundesgerichtshof zur Reichweite des Auskunftsanspruchs nach Art. 15 DS-GVO, CCZ 2022, 28–31.

Pechstein, Matthias/Nowak, Carsten/Häde, Ulrich (Hrsg.): Frankfurter Kommentar zu EUV, GRC und AEUV, 1. Band, Tübingen 2017.

Peisker, Yannick: Der datenschutzrechtliche Auskunftsanspruch – Grundlagen, Reichweite und praktische Probleme des Art. 15 DSGVO im Beschäftigungsverhältnis, Baden-Baden 2023 (zugleich Diss. Bonn 2023).

Petri, Thomas: Faire und transparente Verarbeitung, Informationsrechte und Rahmenbedingungen für ihre Beschränkung – zur Auslegung der Art. 12 ff. und 23 DSGVO, DuD 2018, 347–350.

Petri, Thomas: Rechtsprechung zur DSGVO in den Jahren 2019 – 2020 – eine Auswahl, DuD 2020, 810–814.

Piltz, Carlo/Häntschel, Sandra/zur Weihen, Moritz: Die Weite des Auskunftsrechts nach Art. 15 DSGVO nach der aktuellen Rechtsprechung, DSB 2020, 243–245.

Literatur- und Quellenverzeichnis

Piltz, Carlo: „Sicherheit der Verarbeitung" als gesetzlicher Erlaubnistatbestand – Wann dürfen personenbezogene Daten zum Zweck der Daten- und IT-Sicherheit verwendet werden? in: Specht-Riemenschneider, Buchner u.a. (Hrsg.), IT-Recht in Wissenschaft und Praxis, Festschrift für Jürgen Taeger, Frankfurt am Main 2020, S. 351–359.

Pötters, Stephan: Grundrechte und Beschäftigtendatenschutz, Baden-Baden 2013 (zugleich Diss. Bonn 2013).

Pötters, Stephan/Traut, Johannes: Videoüberwachung im Arbeitsverhältnis, RDV 2013, 132–140.

Preis, Ulrich/Seiwerth, Stephan: Geheimnisschutz im Arbeitsrecht nach dem Geschäftsgeheimnisgesetz, RdA 2019, 351–360.

Prütting, Hanns: Gegenwartsprobleme der Beweislast – Eine Untersuchung moderner Beweislasttheorien und ihrer Anwendung insbesondere im Arbeitsrecht, München 1983 (zugleich Habil. Saarbrücken 1983).

Schulte, Willem/Welge, Jonas: Der datenschutzrechtliche Kopieanspruch im Arbeitsrecht, NZA 2019, 1110–1116.

Radtke, Tristan: Gemeinsame Verantwortlichkeit unter der DSGVO – Unter Berücksichtigung von Internetsachverhalten, Baden-Baden 2021 (zugleich Diss. Freiburg 2021).

Radtke, Tristan: Kommentar zum Urteil des EuGH vom 12.01.2023 – C-154/21 (RW/Österreichische Post AG), K&R 2023, 121–122.

Raji, Behrang: Auswirkungen der DS-GVO auf nationales Fotorecht – Das KUG im Zahnradmodell der DS-GVO, ZD 2019, 61–66.

Redder, Jan-Philipp: Kündigung eines Arztes wegen Vorwürfen gegen Chefarzt – Whistleblowing – Zugleich Besprechung des Urteils EGMR vom 06.02.2021 – 23922/19 (Gawlik / Liechtenstein), NVwZ 2021, 1047–1049.

Richter, Tim: Der Arbeitnehmer als Verantwortlicher für die Einhaltung datenschutzrechtlicher Bestimmungen, ArbRAktuell 2020, 613–616.

Riemer, Martin: Der Datenauskunftsanspruch gemäß Art. 15 DSGVO als pre-trial discovery und prima lex des Auskunftsrechts, DSB 2019, 223–225.

Riemer, Martin: Der Datenauskunftsanspruch als „discovery" im deutschen Zivilprozess – Zugleich Besprechung des Urteils LG Köln v. 19.06.2019 – 26 S 13/18, ZD 2019, 413–415.

Riemer, Martin: Der Datenauskunftsanspruch gemäß Art. 15 DS-GVO als Tool zur Informationsgewinnung – Wie die discovery light Einzug in den deutschen Zivilprozess erhielt, DAR 2022, 127–132.

Röller, Jürgen (Hrsg.): Küttner, Personalbuch 2023, 30. Aufl., München 2023 (zitiert: Küttner/*Bearbeiter*).

Rolfs, Christian/Giesen, Richard u.a. (Hrsg.): Beck'scher Online-Kommentar Arbeitsrecht, 70. Edition, München 01.12.2023 (zitiert: BeckOK ArbR/*Bearbeiter*).

Rosenberg, Leo/Schwab, Karl Heinz/Gottwald, Peter (Begr.): Zivilprozessrecht, 18. Aufl., München 2018.

Roßnagel, Alexander: Das neue Datenschutzrecht – Europäische Datenschutz-Grundverordnung und das deutsche Datenschutzgesetz, Baden-Baden, 2018.

Roßnagel, Alexander (Hrsg.): EU-Datenschutz-Grundverordnung – Vorrang des Unionsrechts – Anwendbarkeit des nationalen Rechts, Baden-Baden, 2017.

Roßnagel, Alexander: Konflikte zwischen Informationsfreiheit und Datenschutz? MMR 2007, 16–21.

Roßnagel, Alexander: 20 Jahre Volkszählungsurteil, MMR 2003, 693.

Rudkowski, Lena: Kernprobleme einer gesetzlichen Regelung zum Schutz von Whistleblowern, CCZ 2013, 204–209.

Rüdiger, Andreas/Adelberg, Philipp: Datenschutzrechtliche Herausforderungen des neuen Hinweisgeberschutzgesetzes, K&R 2023, 172–178.

Ruhmannseder, Felix/Behr, Nicolai/Krakow, Georg: Hinweisgebersysteme: Implementierung in Deutschland, Österreich und der Schweiz, 2. Aufl., Heidelberg 2021.

Ruhmannseder, Felix/Lehner, Dieter/Beukelmann, Stephan: Compliance aktuell, 23. EL Stand September 2023, Heidelberg 2023 (zitiert: *Bearbeiter*, Compliance aktuell)

Sachs, Michael (Hrsg.): Grundgesetz Kommentar, 9. Aufl., München 2021.

Sandhu, Aqilah: Datenschutzrecht: Umfang des datenschutzrechtlichen Auskunftsanspruchs – Zugleich eine Besprechung des Urteils EuGH vom 04.05.2023 – C-487/21, EuZW 2023, 575–580.

Schantz, Andreas/Wolff, Heinrich Amadeus (Hrsg.): Das neue Datenschutzrecht, München 2017.

Scheja, Gregor: Externe Ombudsperson als „interne" Meldestelle nach HinSchG im Rahmen einer Auftragsverarbeitung? DSB 2023, 158–160.

Scherbarth, Sandra: EGMR-Urteil Gawlik ./. Liechtenstein – Pflicht von Whistleblowern zu einer zumutbaren Informationsprüfung, CB 2021, 490–492.

Schlachter, Monika: Kündigung wegen „Whistleblowing"? – Der Schutz der Meinungsfreiheit vor dem EGMR – Zugleich eine Besprechung des Urteils EGMR vom 21.07.2011 – 28274/08, RdA 2021, 108–112.

Schlachter, Monika: Verdeckte Video-Überwachung am Arbeitsplatz bei Verdacht auf Diebstahl – Zugleich eine Besprechung des Urteils EGMR vom 17.10.2019 – 874/13, 8567/13 (López Ribalda und andere/Spanien), EuZA 2020, 533–544.

Schlachter, Monika/Lehnhart, Thomas: Kündigungsschutz für Hinweisgeber – Vorgaben der Europäischen Grundrechtecharta, EuZA 2022, 431–452.

Schmidt, Bernd/Freund, Bernhard: Perspektiven der Auftragsverarbeitung – Wegfall der Privilegierung mit der DS-GVO? ZD 2017, 14–18.

Schmidt, Carla Charlotte: Regelungsoptionen des deutschen Gesetzgebers zum Whistleblower-Schutz in Umsetzung der EU-RL 2019/1937, Berlin 2022 (zugleich Diss. Gießen 2022).

Schmitt, Laura: Geheimnisschutz und Whistleblowing – Aktuelle Rechtslage und Überlegungen zur Umsetzung in Deutschland, NZA-Beil. 2020, 50–57.

Schwarze: EU-Kommentar, hrsg. v. Becker, Ulrich/Hatje, Armin/Schoo, Johann/Schwarze, Jürgen, 4. Aufl., Baden-Baden 2019 (zitiert: Schwarze/*Bearbeiter*).

Schleicht, Katrin/Loy, Daniela: Arbeitsrechtliche Aspekte des Whistleblowings, DB 2015, 803–807.

Schreiber, Kristina/Brinke, Pauline: Der Auskunftsanspruch als discovery-Ersatz? RDi 2023, 232–239.

Schröder, Georg F.: Datenschutzrecht für die Praxis, 4. Aufl., München 2021.

Schulze, Marc-Oliver/Pfeffer, Julia: Datenschutzkonforme Rahmenbetriebsvereinbarung zur Informations- und Kommunikationstechnik (IKT), ArbRAktuell 2017, 358–361.

Sesing, Andreas: Keine Aufklärungsverpflichtung gegenüber volljährigen Internetnutzern – Silver Linings Playbook – Zugleich Anmerkung zum Urteil BGH vom 12.5.2016 – I ZR 86/15, MMR 2017, 101–105.

Siemen, Birte: Datenschutz als europäisches Grundrecht, Berlin 2006 (zugleich Diss. Kiel 2004).

Siemes, Christiane: Die hinreichend begründete Annahme des Whistleblowers nach Art. 6 Abs. 1 lit. a Richtlinie (EU) 2019/1937 – Auslegung und Umsetzung, CCZ 2022, 293–303.

Simitis, Spiros/Hornung, Gerrit/Spiecker gen. Döhmann, Indra (Hrsg.): Datenschutzrecht, Baden-Baden 2019.

Skouris, Vassilios: Der Vorrang des Europäischen Unionsrechts vor dem nationalen Recht. Unionsrecht bricht nationales Recht, EuR 2021, 3–28.

Söhl, Bernhard: Auskunftsanspruch über Gespräche mit anonymen Hinweisgebern, ArbRAktuell 2023, 414.

Sörup, Thorsten/Zikesch, Philipp: Der datenschutzrechtliche Auskunftsanspruch im Beschäftigtenverhältnis (Teil 2), ArbRAktuell 2020, 382–384.

Soehring, Jörg/Hoene, Verena: Presserecht – Recherche, Darstellung, Haftung im Recht der Presse, des Rundfunks und der neuen Medien, 6. Aufl., Köln 2019.

Sorber, Dominik: Auskunftsanspruch nach der Datenschutzgrundverordnung, BC 2021, 342–346.

Spiecker, Indra gen. Döhmann/Eisenbarth, Markus: Kommt das „Volkszählungsurteil" nun durch den EuGH? – Der Europäische Datenschutz nach Inkrafttreten des Vertrags von Lissabon, JZ 2011, 169–177.

Spindler, Gerald: Die neue Datenschutz-Grundverordnung, DB 2016, 937–947.

Sporn, Stefan: Das Grundrecht der Meinungs- und Informationsfreiheit in einer Europäischen Grundrechtscharta, ZUM 2000, 537–545.

Stern, Klaus/Sachs, Michael (Hrsg.): Europäische Grundrechte-Charta Kommentar, München 2016.

Streinz, Rudolf/Michl, Walther: Die Drittwirkung des europäischen Datenschutzgrundrechts (Art. 8 GRCh) im deutschen Privatrecht, EuZW 2011, 384–388.

Sydow, Gernot (Hrsg.): Europäische Datenschutzgrundverordnung, 3. Aufl., Baden-Baden 2022.

Taeger, Jürgen/Gabel, Detlev (Hrsg.): Kommentar DSGVO – BDSG, 4. Aufl., Frankurt am Main, 2022.

Teichmann, Fabian/Weber, Laura: Die Whistleblowing-Richtlinie, ihr Missbrauchspotential und Implikationen für Compliance-Beauftragte, CB 2022, 157–161.

Terracol, Marie: Building on the EU Directive for Whistleblower Protection – Analysis and Recommendations, Transparency International, Position Paper 1/2019, https://images.transparencycdn.org/images/2019_EU_whistleblowing_EN.pdf (Stand: 20.12.2023).

Thüsing, Gregor: Beschäftigtendatenschutz und Compliance, 3. Aufl., München 2021.

Thüsing, Gregor/Fütterer, Johannes/Jänsch, Melanie: Petzen ist doof – Zu den datenschutzrechtlichen Grenzen des Whistleblowings, RDV 2018, 133–144.

Thüsing, Gregor/Peisker, Yannick: Datenschutzrechtliches Glasperlenspiel? Zum Antrag des Generalanwalts Sánchez-Bordona im Verfahren Rs. C-34/21, BeckRS 2022, 24515, NZA 2023, 213–215.

Tinnefeld, Marie-Theres/Rauhofer, Judith: Whistleblower: Verantwortungsbewußte Mitarbeiter oder Denunzianten? Fragen an Grundrechte, Ethikrichtlinien und Arbeitsrecht, DuD 2008, 717–723.

Ulber, Daniel: Whistleblowing und der EGMR, NZA 2011, 962–964.

Wagner, Bernd: Disruption der Verantwortlichkeit – Private Nutzer als datenschutzrechtliche Verantwortliche im Internet of Things, ZD 2018, 307–312.

Vitt, Tillmann: Nachforschungs- und Sorgfaltspflichten des Whistleblowers? (Teil I), BB 2022, 1780–1785.

Vitt, Tillmann: Nachforschungs- und Sorgfaltspflichten des Whistleblowers? (Teil II), BB 2022, 1844–1848.

Weidmann, Golo: Datenschutzrechtliche Anforderungen an die Einrichtung interner Hinweisgebersysteme unter Berücksichtigung der EU-Whistleblowing-Richtlinie, DB 2019, 2393–2398.

Weyland, Dag (Hrsg.): Bundesrechtsanwaltsordnung Kommentar, 11. Aufl., München 2014.

Winzer, Thomas/Baeck, Ulrich/Schaaf, Stefan: Neuere Entwicklungen im Arbeitsrecht – Auswirkungen der EuGH-Rechtsprechung zum datenschutzrechtlichen Auskunftsanspruch auf das Arbeitsrecht, NZG 2023, 408–412.

Wolff, Heinrich Amadeus/Brink, Stefan/v. Ungern-Sternberg, Antje (Hrsg.): Beck'scher Online-Kommentar Datenschutzrecht, 46. Edition, München 01.11.2023 (zitiert: BeckOK DatenschutzR/*Bearbeiter*).

Wollenschläger, Ferdinand: Die unternehmerische Freiheit (Art. 16 GRCh) als grundrechtlicher Pfeiler der EU-Wirtschaftsverfassung – Konturen in der Charta-Rechtsprechung des EuGH, EuZW 2015, 285–288.

Wünschelbaum, Markus: Zur Einschränkung des DSGVO-Auskunftsanspruchs durch Betriebsvereinbarungen, BB 2019, 2102–2106.

Wünschelbaum, Markus: Kollektivautonomer Datenschutz – Kollektivvereinbarungen nach Art. 88 DS-GVO und ihre Gestaltungskontrolle, Tübingen 2022 (zugleich Diss. Hamburg 2022).

Wünschelbaum, Markus: Tabula rasa im Beschäftigtendatenschutz? – EuGH setzt neue Maßstäbe: Rechtsfolgen und Handlungsoptionen – Zugleich Besprechung von EuGH Urt. v. 30.03.2023 – C-34/21, NZA 2023, 487, NZA 2023, 542–547.

Literatur- und Quellenverzeichnis

Wybitul, Tim/Brams, Isabelle: Welche Reichweite hat das Recht auf Auskunft und auf eine Kopie nach Art. 15 I DSGVO? Zugleich eine Analyse des Urteils des LAG Baden-Württemberg vom 20.12.2018, NZA 2019, 672–677.

Wybitul, Tim/Sörup, Thorsten/Pötters, Stephan: Betriebsvereinbarungen und § 32 BDSG: Wie geht es nach der DS-GVO weiter? Handlungsempfehlungen für Unternehmen und Betriebsräte, ZD 2015, 559–564.

Wybitul, Tim: Der neue Beschäftigtendatenschutz nach § 26 BDSG und Art. 88 DSGVO, NZA 2017, 413–419.

Wybitul, Tim (Hrsg.): Handbuch EU-Datenschutz-Grundverordnung, Frankfurt am Main 2017.

Wybitul, Tim: Neue Spielregeln bei Betriebsvereinbarungen und Datenschutz, NZA 2014, 225–232.

Wybitul, Tim: „Whistleblowing" – datenschutzkonformer Einsatz von Hinweisgebersystemen? Für und Wider zum rechtskonformen Betrieb, ZD 2011, 118–122.

Wybitul, Tim: Betriebsvereinbarungen im Spannungsverhältnis von arbeitgeberseitigem Informationsbedarf und Persönlichkeitsschutz des Arbeitnehmers – Handlungsempfehlungen und Checkliste zu wesentlichen Regelungen, NZA 2017, 1488–1494.

Ziegenhorn, Gero/v. Heckel, Katharina: Datenverarbeitung durch Private nach der europäischen Datenschutzreform, NVwZ 2016, 1585–1591.

Ziegenhorn, Gero/Fokken, Martin: Rechtsdienstleister: Verantwortliche oder Auftragsverarbeiter? Rechtsanwälte und Inkassounternehmen als Adressaten der DS-GVO, ZD 2019, 194–199.

Zikesch, Philipp/Sörup, Thorsten: Der Auskunftsanspruch nach Art. 15 DS-GVO, ZD 2019, 239–245.

Zöller, Richard (Begr.): Zivilprozessordnung, 35. Aufl., Köln 2024.